하고 싶다,
카페

하고 싶다, 카페

지은정 지음

결심한 사람들을 위한 카페 창업 교과서

조선앤북

PROLOGUE

제가 커피와 관련된 일을 해온 지도 어느덧 10년이 훌쩍 넘었습니다. 고등학교 때부터 커피의 매력에 푹 빠져 커피를 즐기고 사랑하다가 결국 커피를 교육하는 사업까지 하게 되었으니 전 꽤나 행복한 사람임에 틀림없습니다. 좋아하는 것에 대해 지식을 쌓고, 이를 다른 이들에게 진심으로 전달하는 일은 분명 큰 기쁨이라고 생각합니다.

커피를 가르치는 일을 하다 보니 자연스레 카페를 준비하는 이들에게 이런저런 도움과 조언을 줄 기회도 많이 생겼습니다. 그런 과정에서 참고 자료를 얻기 위해 관련 서적을 수시로 찾아보았는데, 시중에 꽤 많은 카페 창업 서적이 있지만 막상 실제로 카페를 준비하는 사람에게 유용한 내용은 찾기 어렵다는 사실에 아쉬움을 느끼고 있었습니다.

그러던 중 2012년 봄, 저는 이때까지의 경험을 살려 직접 매장을 운영해보기로 하고 가로수길에 초콜릿 카페 '꼬모 쎔쁘레'를 오픈했습니다. 그 과정에서 또 생각하지도 못한 많은 시행착오들을 직접 겪었습니다. 누구도 이야기해주지 않은, 그 어떤 책에서도 보지 못한 많은 일들이 그 속에 있었습니다. 이 책은 제가 카페를 직접 열어보면서 느꼈던 경험, 절망, 고통, 한계, 가능성 등에 대한 살아있는 기록이며 비슷한 고민을 가진 다른 이들과 경험을 나누고 소통해보려는 취지에서 만들어졌습니다.

항상 느끼는 것이지만 사람들은 너무 쉽게 카페 창업에 대해 말을 하곤 합니다. 금방이라도 살 수 있는 백화점 물건처럼 돈만 있으면 다 가능하다고 생각하지만 카페 창업을 그렇게 쉽게 보다간 큰 코 다칠 수 있습니다. 3개월도 못가서 문을 닫는 경우도 많이 보았습니다.

이 책에는 카페 기획, 준비, 운영 및 현재 상황까지 카페 창업에 대한 모든 것이 고스란히 담겨 있습니다. '해준'이라는 가상의 인물이 카페 창업에 뛰어들면서 맞닥뜨리게 되는 상황을 이야기 형식으로 풀었고 각 단계에서 필요한 핵심 정보는 '창업 노트'로 따로 정리하였습니다. 제가 직접 겪은 일들과 단계마다 도움이 되었던 자료들을 바탕으로 풀어가되 너무 경험으로만 흘러가는 것을 피하기 위해 각 분야의 전문가들로부터 얻은 정보들을 중간 중간 배치하였습니다. 또 실제 매장의 도면, 인테리어 견적서, 비품 주문 목록 등 제가 가게를 준비할 때 사용한 각종 자료들도 가감 없이 그대로 실었습니다. 각 케이스마다 상황이나 조건이 다른 만큼 일반적으로 적용할 수는 없겠지만 어디서부터 시작해야 할지 몰라 막연한 사람들이 '이런 과정을 거쳐 카페 창업이 진행되는구나' 하는 대략적인 감을 잡는 데에는 도움이 될 거라 생각합니다.

먼저 카페를 열어본 선배에게서 듣는 조언이라 생각하고 이 책을 읽어주셨으면 좋겠습니다. 이 책을 접하는 예비 카페 창업자들은 제가 겪은 시행착오를 바탕으로 정보를 얻어 부디 성공적인 카페 대표가 되길 바라는 소망도 같이 담아봅니다.

지은정

등장인물

34세. 여. 대학 졸업 후 지금까지 평범한 직장인으로 살아왔다. 예전부터 카페 창업을 꿈꿔오던 중 더 늦기 전에 실행에 옮겨보기로 결심, 과감하게 사표를 내고 창업 전선에 뛰어든다.

36세. 남. 해준의 대학 선배다. 적은 돈으로 카페를 연 후 5년 만에 3호점까지 낸 입지전적인 인물. 해준이 카페를 창업하는 과정을 옆에서 지켜보며 많은 도움을 준다.

34세. 여. 해준의 대학 동기. 직장생활에 염증을 느끼던 중 해준의 권유로 함께 카페 창업에 관심을 갖게 된다.

39세. 여. 제과제빵 학원 강사로 일하다 카페 창업을 준비하던 중 해준과 만난다. 제과제빵 공부를 하며 얻은 다양한 노하우를 해준에게 가르쳐준다.

일러두기

- 책 중간에 등장하는 가게 도면, 인테리어 견적서 등을 비롯한 매장 관련 자료는 실제 저자가 신사동에 '꼬모 쎔쁘레'라는 매장을 열 때 사용했던 자료들입니다. 개인 정보에 해당하는 내용은 삭제하거나 바꾸었으며, 기기나 재료의 종류와 단가, 구매 개수 같은 구체적인 내용은 2012년 당시 '꼬모 쎔쁘레' 매장 사용분 기준으로 정리된 것임을 밝혀둡니다.

- 책 말미에 부록으로 수록된 디자인 콘셉트 매뉴얼, 메뉴 북, 메뉴 레시피 북 샘플은 '꼬모 쎔쁘레' 매장에서 실제 사용하고 있는 자료들입니다. 카페 창업 시 어떤 매뉴얼이 필요한지에 대한 감을 잡는 데 도움이 되길 바라는 마음으로 소개합니다.

CONTENTS

머리말
등장인물 & 일러두기

CHAPTER 1
카페 오픈을 준비하기 전에

12 카페를 차리고 싶어
창업 노트 1 프랜차이즈와 개인 카페, 무엇이 다를까

25 어디에다 차려야 할까
창업 노트 2 상권에 따른 장단점

45 동업에도 계약서는 필요하다
창업 노트 3 동업 계약서 작성하기

50 당신은 어떤 사람인가
창업 노트 4 나는 카페 창업에 어울리는 사람일까

58 무엇을, 어디서, 어떻게 배울까
창업 노트 5 카페를 차리기 전 받으면 좋은 교육

66 지출 예산을 계산하라
창업 노트 6 지출 예산 계산법

71 꼭 알고 넘어가야 하는 권리금
창업 노트 7 권리금의 종류

75 창업 지원금 알아보기
창업 노트 8 기관별 창업 지원금

81 자금 중장기 계획
창업 노트 9 사업 자금 계획 시 단기와 중장기를 동시에 고려할 것

84 손익분기점 산출하기
창업 노트 10 손익분기점 산출법

90 상가건물 임대차보호법 정확하게 알기
창업 노트 11 상가건물 임대차보호법

CHAPTER 2
카페 창업의 가장 큰 숙제, 입지 선정

100 선택한 지역의 상권을 분석하라
창업 노트 12 상권 분석 포인트

104 부동산 중개업자와 친해져라
창업 노트 13 부동산 알고 찾아가기

114 상가 계약에 관한 모든 것
창업 노트 14 입지 선정 및 계약 시 주의 사항

119 상가 계약서를 작성하기 전 알아야 할 점
창업 노트 15 상가 계약서 작성 시 체크 포인트

CHAPTER 3
카페의 꽃, 인테리어

126 카페에 스타일을 입히자
창업 노트 16 카페 스타일 알아보기

130 나만의 카페를 그려보자
창업 노트 17 자신이 즐겨 찾는 카페의 스타일을 분석하기

136 잘나가는 카페는 이유가 있다
창업 노트 18 잘되는 카페의 조건

142 인테리어를 준비하는 자세
창업 노트 19 인테리어 전 생각할 점

148 인테리어 업체와 좋은 파트너 되기
창업 노트 20 인테리어 FAQ

162 공간 구성과 전기 증설
창업 노트 21 전기 증설 절차와 공간 구성 팁

169 위생 교육에서 사업자 등록까지, 각종 인허가 받기
창업 노트 22 카페 창업에 반드시 필요한 세 가지 인허가

175 일반과세와 간이과세
창업 노트 23 과세 선택과 계좌 개설

CHAPTER 4
무엇을 팔까, 메뉴 선정

182 메뉴도 콘셉트가 중요하다
창업 노트 24 메뉴 콘셉트 잡기

189 성공적인 메뉴 구성을 위한 준비
창업 노트 25 메뉴 구성 프로세스

195 메뉴 구성의 필수 조건
창업 노트 26 메뉴 구성과 원가 분석

204 메뉴는 그 자체로 마케팅이다
창업 노트 27 메뉴 마케팅 활용법

CHAPTER 5
카페에 필요한 장비, 가구, 원두 선정

218 주방 기기와 집기, 비품 구입 목록 짜기
창업 노트 28 카페 오픈 시 준비해야 할 물품 리스트

226 카페의 생명은 커피 머신
창업 노트 29 커피 머신 비교 분석

232 가구와 식기도 경쟁력이다
창업 노트 30 프랜차이즈 카페가 가질 수 없는 개성 만들기

243 중고여도 괜찮아
창업 노트 31 신제품 및 중고품 장단점

246 원두 구입하기
창업 노트 32 매장 분위기와 어울리는 커피 원두 선정하기

CHAPTER 6
마케팅, 직원 모집, 고객 관리

262 우리 카페를 어떻게 홍보하는 것이 좋을까
창업 노트 33 카페 마케팅, 기본에 충실하기

267 프랜차이즈 카페 마케팅 사례
창업 노트 34 프랜차이즈 카페 업체별 마케팅 방법

271 매장 활성화를 위한 다양한 홍보 방법
창업 노트 35 카페 홍보, 어떻게 하는 것이 좋을까

279 우리 직원 챙기기
창업 노트 36 직원에겐 쉴 곳이 필요하다

286 직원 선발, 어떻게 하는 게 좋을까
창업 노트 37 직원 채용 시 주의 사항

295 아르바이트보다는 직원
창업 노트 38 직원 구하기

301 내 직원은 내가 믿어주자
창업 노트 39 바람직한 오너의 자세

306 카페 오너가 알아야 할 직원 관리 원칙
창업 노트 40 직원 관리 지침

310 카페 성공의 기본은 고객 관리
창업 노트 41 고객 관리 기본 개념

314 고객 관리에도 전략이 필요하다
창업 노트 42 고객 관리 노하우

319 끈기를 가지고 버텨라
창업 노트 43 미처 묻지 못한 질문들

부록
꼬모 쎔쁘레 로고 및 비품 디자인 콘셉트 매뉴얼
꼬모 쎔쁘레 메뉴 북
꼬모 쎔쁘레 메뉴 레시피 북 샘플

CHAPTER 1

카페 오픈을
준비하기 전에

CAFE

카페를
차리고 싶어

"뭐? 직장을 그만둬?"

경희는 마치 못들을 소리라도 들은 듯 놀라서는 되물었다.

"이젠 진짜 한계에 온 것 같아. 다람쥐 쳇바퀴 돌듯 사는 것도 괴로운데 툭하면 야근에 쓸데없는 회식까지 줄줄이야. 도대체 내 시간이란 게 없어. 앞으로 이렇게 돈 벌 생각을 하니 갑갑하다."

해준은 빠른 속도로 말을 끝낸 뒤 깊은 한숨까지 내쉬었다. 아무리 생각해도 지금의 삶은 그녀가 꿈꾸던 삶이 아니었다. 좀 더 능동적으로 재미있게 살고 싶었다. 그런데 지금의 일은 그녀의 적성에도 맞지 않았다. 대학 졸업 후 1년 동안 수십 군데의 업체에 이력서를 넣었지만 그 어떤 곳도 그녀를 선택해주지 않았다. 백수로 살았던 그 1년이 어찌나 끔찍했던지 그녀는 어떤 곳이라도 좋으니 직장을 다닐 수만 있다면 더 이상 바랄 것이 없다는 생각을 하게 되었다. 그럴 무렵 아버지 친구의 소개로 중소 무역업체에 취직하게 되었다. 그것도 전공인 불어불문학을 전혀 살릴 수 없는 행정 부서였다. 그렇게 10여 년을 일하고 나니 그럭저럭 돈을 모을 수는 있었지만 사는 게 행복하지 않았다.

"넌 행복하니?"

해준은 뜬금없이 물었다.

"프리랜서로 일하는 친구가 그러더라. 요즘 같은 때에 너처럼 직장 생활 하며 월급 받는 것을 행복하게 생각해야 한다고. 내 생각도 그래."

"돈도 돈이지만 즐겁게 사는 것도 중요하잖아."

"돈이 없으면 즐겁게 살 수도 없어."

"돈은 당연히 벌어야지."

"직장을 관둔다며? 그런데 무슨 수로 돈을 벌어?"

"돈을 벌 수 있는 방법이 직장을 다니는 것만 있는 건 아니잖아."

"그럼?"

"사업을 하는 방법도 있지."

"사업?"

"우리 대학 다닐 때 카페 차리기로 약속했잖아. 우리들만의 공간, 우리들만의 시간, 이런 거 꿈꾸면서."

"야, 그때가 언젠데."

"10년도 더 지났지."

"그러니까, 내 말이……."

"하자!"

"뭘?"

"카페 차리자. 솔직히 지금 직장을 그만두지 않아도 수년 뒤엔 쫓겨날 수도 있는 거잖아. 너나 나나 정년이 보장된 것도 아니고. 한 살이라도 더 젊을 때 우리 사업을 시작하는 게 좋잖아. 그리고 카페를 차리면 지금보다는 더 능동적이면서 즐겁게 살 수도 있고."

경희는 어이가 없다는 듯 해준을 쳐다봤다. 얼핏 들으면 다 옳은 말 같지만 조금만 따져봐도 함정이 많은 말이었다. 카페를 차린다고 무조건 돈을 벌 수 있나? 오히려 자기 사업을 하면 돈에 더 쫓기지 않나? 아니, 그 전에 무슨 돈으로 카페를 차리나? 적어도 5~6억 원은 필요할 텐데 당장 그 많은 돈을 어디서 구하나? 경희가 생각하기에 해준의 말은 현실성이 전혀 없었다. 그녀는 자신의 생각을 해준에게 그대로 말했다. 그러자 해준은 자기가 알아본 바에 의하면 1~2억 원만 있어도 카페를 차릴 수 있다며 네가 생각하듯 그렇게 큰돈이 필요한 것은 아니라고 했다.

"그래, 네 말대로 그 정도 돈으로도 차릴 수 있다고 치자. 하려면 할 수도 있겠지. 못 할 건 또 뭐가 있겠어? 그런데 카페를 열기만 하면 되는 거야? 그건 아니잖아. 경쟁력이 있어야지. 그 경쟁력은 자금에서 오는 거고. 우리에게 그런 자금이 어디 있어?"

"돈이 많지 않아도 경쟁력은 가질 수 있어. 사람들이 유명 프랜차이즈 카페나 대형 카페만 찾는 건 아니잖아. 작은 카페라도 분위기나 커피 맛이 좋으면 가잖아. 왜, 밥집도 그렇잖아. 입지도 좋지 않고 건물도 허름한데 굳이 그곳까지 찾아가 줄을 서서 먹기도 하잖아."

"그건 밥집이고. 넌 카페를 한다면서 어떻게 밥집이랑 비교하냐? 시장이 다르잖아, 시장이. 밥집은 아무리 허름하거나 외진 곳에 있어도 맛만 좋으면 찾아가는 사람들이 있어. 요즘 사람들은 먹을거리에 관심 많으니까. 자칭 미식가도 많고. 좋은 먹을거리를 위해서는 시간과 노력, 돈을 아끼지 않지. 그 때문에 줄을 서서 기다리는 수고까지 할 수도 있는 거고. 하지만 카페는 커피가 제 아무리 맛있어도 그런 수고를 하면서까지 찾아가지는 않아. 무조건 입지가 좋아야 해. 좋은 입지를 구하려면 돈이 필요한 거고. 그런데, 너랑 나랑 자금을 모아봤자 얼마나 되겠어? 가맹비나 낼 수 있겠어?"

"가맹비?"

"그렇잖아. 이왕 할 거면 유명 프랜차이즈 회사를 선택해야 할 거 아니야? 그런 회사일수록 가맹비가 세잖아."

"프랜차이즈를 왜 해?"

"너나 나나 카페는 물론이고 사업이란 건 전혀 해본 적이 없잖아. 완전 초짜야. 나중에 개인 카페를 내더라도 처음 시작은 프랜차이즈를 하는 게 낫지."

"프랜차이즈 할 생각이었다면 카페를 하자는 말을 하지도 않았을 거야. 난 우리가 원하는 카페를 만들고 싶은 거라고. 직장에서 상사 눈치 보는 것도 신물이 나는데 프랜차이즈 본사 눈치까지 보면서 카페를 해야겠어?"

"아니, 가맹점주도 당당한 사업주인데 눈치를 왜 봐?"

"눈치까지는 아니어도 우리 방식으로 카페를 운영할 수는 없잖아. 본사가 시키는 대로 해야 해. 많은 부분에서 개인 카페보다 편할 수는 있지만 독립적으로 운영할 수는 없어. 가맹비나 로열티 지불하는 것도 아깝고."

"그럼 넌 개인 카페를 하려는 거야?"

"당연하지. 우리 둘이 힘을 합치면 못 할 게 뭐가 있겠어?"

"자신감 하나는 갑이다."

"자신감만 가지고 하는 말이 아니야. 오늘 갑자기 하는 말은 더더욱 아니고. 사실 몇 달 전부터 카페 창업을 해야겠다는 생각에 시장조사까지 해봤어."

"시장조사?"

해준은 가방에서 서류를 꺼내 경희에게 건넸다.

"프랜차이즈 카페와 개인 카페의 장단점을 조사한 거야. 읽어봐."

"이건 언제 다 했대?"

"말했잖아. 감정적으로 카페 창업하자는 게 아니라고."

"그러네. 너 진짜 할 생각이구나."

경희는 서류를 보면서 중얼거렸다.

"이제까지 무슨 말을 들은 거야? 함께 하자. 친구야."

1 창업 노트

프랜차이즈 카페와 개인 카페, 무엇이 다를까

프랜차이즈 카페

프랜차이즈는 특정 상품이나 서비스를 제공하는 주재자(가맹 본사)가 일정한 자격을 갖춘 사람(가맹점주)에게 자기 상품에 대한 영업권을 주고 그 대가로 로열티를 받는 것이다. 이때 가맹점주는 가맹 본사에 일정 금액을 지불하는 조건으로 가맹 본사의 노하우와 물류 등을 제공받는다.

대형 프랜차이즈와 중소형 프랜차이즈

대형 프랜차이즈 카페로는 스타벅스, 커피빈&티리프, 투썸 플레이스, 탐앤탐스, 카페 베네, 커핀 그루나루, 할리스, 파스쿠치 등이 대표적이다. 중소형 프랜차이즈 카페로는 모노레일 에스프레소, 이디야, 더 카페, 카페 띠아모, 카페 토스피아, 타미 하우스, 커피 베이 등이 있다. 중소형 프랜차이즈 카페는 창업 비용이 많이 드는 대형 프랜차이즈 카페의 부담감을 줄이면서도 프랜차이즈 카페를 운영할 수 있는 장점이 있다. 하지만 상대적으로 브랜드의 힘이 부족하다는 것이 단점이다.

GOOD
- 경험이나 노하우 없이도 창업이 가능하다.
- 유동 인구의 흐름 파악, 주변 상권 분석 등 체계적인 데이터를 바탕으로 카페 운영 전략이 이미 짜여 있다.

- 브랜드 인지도에 따라 홍보 마케팅의 효과를 볼 수 있다.
- 카페 창업에 필요한 많은 일들을 가맹 사업 본부에서 해결해준다.
- 커피 및 사이드 메뉴의 맛을 일정 수준으로 낼 수 있다.
- 실패의 위험이 상대적으로 적다.

BAD

- 가맹 본사에 로열티를 지불해야 한다.
- 영업의 주체는 가맹점 본사이며 가맹점은 본사 경영에 적극적으로 참여할 수 없다. 이 때문에 가맹 본사와 가맹점의 관계는 수평적이라기보다 수직적이다.
- 본사가 부실해지면 동반 위험 부담이 있다.
- 독자적인 아이디어나 영업 전략을 펼 수가 없다.
- 본사의 부실이나 변동이 있을 때 가맹점도 손해를 볼 수 있다.
- 어딜 가도 커피 및 사이드 메뉴의 맛이 동일하다. 이는 장점인 동시에 단점이다. 프랜차이즈의 동일한 맛을 선호하는 고객이 있는가 하면, 개성이나 특출한 맛이 없어 기피하는 고객도 있다.
- 프랜차이즈는 작은 카페와 달리 변화에 빠르게 대응하지 못한다. 조직이 큰 만큼 내부 시스템을 변화시키는 게 힘들기 때문이다.

프랜차이즈 업체 선택 시 주의사항
- 사실과 다르거나 과장된 광고에 현혹되어서는 안 된다.
- 로열티나 인테리어, 설비 비용을 과하게 요구하는 곳은 지양한다.
- 계약을 서두르는 업체는 의심해본다.
- 가맹점 수가 너무 많거나 너무 적은 곳은 피한다.
- 모집 광고를 필요 이상으로 많이 하는 곳도 의심한다.

이 모든 사항을 객관적으로 파악하기 위해서는 프랜차이즈 업체의 재정과 운영 상태를 먼저 알아봐야 한다. 이를 위해선 본사에 정보나 자료를 요청하거나 본사에서 개최하는 창업 설명회에 참석하는 것도 좋다. 브랜드마다 영업 전략 및 운영 방법이 다르기 때문에 가급적 다양한 설명회에 참석하여 꼼꼼히 비교해볼 것을 권한다. 기존의 점주들을 찾아다니며 경험담을 듣는 것도 도움이 된다.

개인 카페

개인 카페는 기존 카페를 인수하는 것과 신규 카페를 창업하는 것으로 나눈다. 기존 카페를 인수하면 권리금이 들지만 인테리어나 비품 구입비 등을 줄일 수 있다. 신규 카페의 경우, 권리금 부담은 줄어들지만 인테리어 비용과 비품 구입비 등이 지출된다.

대형 카페를 제외한 개인 카페는 대부분 20평에서 30평 이내의 규모로 좌석 수는 10~30석 정도가 적당하다.

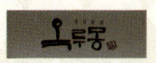
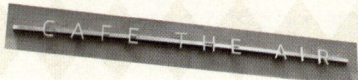

GOOD
- 상대적으로 적은 금액으로 창업 가능하다.
- 나만의 개성이 있는 공간을 연출할 수 있다.
- 내 방식으로 운영하며 개성 있는 맛을 추구할 수 있다.
- 프랜차이즈 업체에 지급해야 하는 로열티를 지급하지 않아도 된다.
- 이익에 대한 결정권을 확보할 수 있다.
- 독자적인 경영으로 시장 환경이나 트렌드에 민첩하게 대응할 수 있다.

BAD
- 점포 입지 선정이나, 업종 전략 등의 계획 수립에 있어서 상대적으로 불리하다.
- 모든 것을 스스로 해내야 하고 그만큼 책임도 막중하다.
- 인테리어부터 각종 기자재를 직접 다 비교하고 선택해야 하는 어려움이 있다.
- 프랜차이즈 업체와 같은 광고 효과를 기대하기는 어렵다.
- 직원 교육 및 수급이 쉽지 않다.

프랜차이즈 카페와 개인 카페의 특징 비교

분류	프랜차이즈 카페	개인 카페
창업 비용	가맹비, 보증금, 로열티 등의 비용이 들어간다. 소형 2~4억 원, 대형 5~10억 원	가맹비, 로열티 등의 비용을 절감할 수 있다. 평균 1억 5,000만~4억 원
서비스 유형	셀프서비스	테이블 서비스 및 셀프서비스
지역	시내 중심지, 번화가	동네, 번화가 뒤편, 이면 도로 오피스 타운
상권 조사	가맹 본사에서 확보한 체계적인 데이터를 바탕으로 상권을 조사한다.	창업자가 발로 뛰어다니며 스스로 조사해야 한다.
창업까지의 기간	상권 조사에서 인테리어까지, 기존 만들어진 데이터를 바탕으로 창업 시간을 단축할 수 있다.	창업자의 능력과 노력에 따라 창업까지의 기간은 길 수도 짧을 수도 있다. 하지만 프랜차이즈 카페에 비해 비교적 시간이 더 많이 걸리는 편이다.
인테리어	가맹 본사의 콘셉트로 통일되어 있어 자의적으로 비용을 줄이기 힘들다.	창업자의 자본 상태, 취향에 따라 자율적으로 선택 가능하다.
운영 비용	가맹 본사에서 제공하는 재료를 구입해야 하다 보니 비싼 비용을 제시해도 울며 겨자 먹기로 지불해야 하는 경우가 있다.	창업자의 수완에 따라 운영 비용을 적절하게 조절할 수 있다.
홍보	가맹 본사에서 공동 마케팅을 지원한다.	SNS나 입소문 등 독자적인 홍보 방법이 필요하다.
고객 신뢰도	프랜차이즈의 이름값만으로도 신뢰를 가지고 들어간다.	고객의 신뢰를 쌓기 위해서는 얼마간의 시간이 필요하다.

프랜차이즈 카페 매장 크기별 기본 비용

구분	내용	소형(8평 기준)	중형(24평 기준)	대형(40평 기준)
가맹비	상표 사용권, 상권 조사 및 지역 영업권 보장, 경영노하우 제공, 교육 및 홍보	1,000만 원	1,000만 원	1,000만 원
물품(거래) 보증금	본사가 취급하는 원·부자재의 보증금	1,000만 원	1,000만 원	1,000만 원
인테리어	목공, 전기, 조명, 타일, 도장, 설비, 바닥, 방수, 유리 등 내부 인테리어	1,600만 원	4,800만 원	8,000만 원
기기 장비	쇼케이스, 커피 머신, 그라인더, 제빙기, 온수기, 블렌더, 냉장고, 냉동고, 컨벡션 오븐, pos, 진동 벨 등	1,700만 원	2,800만 원	3,600만 원
가구 및 집기	홀 가구류	800만 원	1,500만 원	2,100만 원
간판	메인 간판 및 내부 사인물	1,000만 원	1,500만 원	1,800만 원
주방 집기 및 비품	주방 집기 및 비품	450만 원	550만 원	700만 원
합계		7,550만 원	1억 3,150만 원	1억 8,200만 원

- 물품(거래) 보증금: 가맹 계약 해지 시 환급
- 간판 시공은 실측 후, 별도 추가 견적 발생할 수 있음
- 별도 견적: 외관 공사, 철거 공사, 외부 테라스, 냉·난방기, 전기증설

프랜차이즈 카페와 개인 카페의 창업 비용 비교

구분		T 커피 전문점	개인 카페
계약	가맹비	1,000만 원	
	이행 보증금	1,000만 원	
시설	인테리어	250만 원/평(7,500만 원)	180만 원/평(5,400만 원)
	주방 기기 및 설비	3,000만 원	2,000만 원
	간판	인테리어에 포함	500만 원
	초도 물품(집기 비품)	1,000만 원	300만 원
	추가항목	-	가구 및 소품 700만 원
기타	로열티	80만 원/월	
	기타 교육비		300만 원
합계		1억 5,880만 원	9,200만 원

(30평 기준, vat 별도)

T사 프랜차이즈 카페 예상 투자 비용

구분	금액(부가세 별도)	내용
가맹금	1,000만 원	영업 표시의 사용 및 영업 관리 및 지도 제공 대가로서 가맹 계약 기간 종료 시 소멸
보증금	1,000만 원	계약 이행 및 물품 대금 지급 보증금으로서 가맹 계약 해지 시 반환
인테리어 (시설비)	7,500만 원	내·외부 사인물, 의자·탁자, 냉난방 시설, 테라스 공사, 외부 공사는 별도 협의(평당 250만 원, 전용면적 30평 기준)
기자재	5,296만 6,000원	커피 머신, 오븐, 냉장고, 제빙기, POS, 쇼케이스 등
초도 물품 비용	1,166만 3,000원	원두, 생지, 머그컵, 냅킨, 파우더, 소스 등
로열티	80만 원	매출과 관계없이 매월 80만 원(부가세 별도)
합계		1억 6,042만 9,000원

C사 프랜차이즈 카페 예상 투자 비용

구분	금액(부가세 별도)	내용
가맹금	2,000만 원	소멸성(영업 표시의 사용 및 영업 관리, 지도의 대가)
보증금	1,000만 원	계약 종료 시 반환(물품 대금 지급 보증금, vat 없음)
교육비	1,500만 원	이론, 실습 교육(12일)
시공비	8,820만 원	45평 기준(196만 원/평), 설계비 포함
간판, 사인물	1,200만 원	전면 15m 점포 기준(1면 추가 시 400만 원 추가 / 1m당 100만 원 추가)
장비, 설비류	8,800만 원~ 9,450만 원	커피 머신, 케이크 쇼케이스, 의자·탁자 등
냉난방기	1,400만 원	냉난방기 구입 비용(점주 직접 구매. 모델에 따라 금액 상이)
합계	2억 3,370만 원~ 2억 4,020만 원	45평. 전면 15m 표준 점포 기준

- 별도 공사: 철거 공사, 화장실 공사, 외부 테라스 공사, 계단 공사, 전기 증설(70kw), 용도 변경
- 점주(자체) 공사 시 감리비 평당 15만 원 별도

서비스 유형
- 셀프서비스: 고객이 직접 주문, 음료나 메뉴를 테이블까지 옮기는 형태
- 카운터 서비스: 조리 과정을 지켜보며 카운터에서 바로 음식을 서빙 받음
- 테이블 서비스: 고객 테이블에서 주문과 서비스가 이뤄짐

매장이 10평 미만으로 작은 경우

매장이 작은 가게를 살리려면 테이크아웃으로 승부하는 것도 한 방법이다. 이태원의 '스탠딩 커피'와 신사동 가로수길의 '이코복스' 같은 카페들은 공간의 약점을 테이크아웃으로 극복하고 다른 카페에서는 흔히 볼 수 없는 특이한 메뉴를 판매하는 것으로 평당 대비 높은 매출을 올리고 있다.

스탠딩 커피   이코복스

대형 프랜차이즈, 무조건 믿을 수 있을까

많은 사람들이 흔히 가지고 있는 오류 중 하나는 개인 카페나 프랜차이즈 가맹점은 망할 수 있어도 대형 프랜차이즈 본사는 망하지 않을 거라고 생각하는 것이다. 하지만 대형 프랜차이즈 본사라고 무조건 탄탄한 것만은 아니다. 따라서 프랜차이즈 선정 시 본사의 재무 상태를 살펴봐야 한다. 프랜차이즈 본사가 망하면 당연히 가맹점도 온전할 수가 없다. 또한 프랜차이즈 본사의 궁극적인 목표는 가맹점 확보를 통한 본사의 이익 창출이라는 것을 잊어서는 안 된다. 가맹점주의 성공이 곧 프랜차이즈 본사의 성공이라고 생각하며 본사에서 물심양면으로 지원해줄 수밖에 없다고 생각하는 것은 착각이다. 프랜차이즈 카페는 본사가 항상 든든하게 버텨줄 거라는 막연한 의존감을 버리고 언제든 위기에 대비하는 자세를 견지해야 한다.

우리나라의 커피 시장 규모는 어느 정도일까?

시장조사 업체인 AC닐슨과 커피업계는 2011년 국내 커피 시장 규모를 3조 6,910억 원으로 추정하였다. 2010년 2조 9,380억 원에 비해 25.7%나 성장했고 2009년 2조 3,520억 원보다는 무려 56.9% 커진 수치였다. 최근 많은 업종의 시장 규모가 줄어들어드는 데 반해 커피 시장은 폭풍 성장을 하고 있는 셈이다. 커피 시장의 성장을 한눈에 알아볼 수 있는 건 바로 대형 상권에 위치한 커피 전문점의 숫자다. 2010년 9,400개, 2011년 1만 2,381개이던 커피 전문점이 2012년에는 1만 5,000개에 육박하였다.

최근 대한상공회의소에서 발표한 자료에 따르면 외식업 창업을 희망하는 예비 창업자들의 창업 아이템 1위가 커피, 2위가 치킨이라고 한다. 실제 새로 생기는 10개의 외식업 창업 점포 중 6개는 커피 전문점이라고 한다. 2000년대 들어 외환 위기로 인해 성장률이 둔화됐던 2007년과 2008년을 제외하곤 커피 시장은 꾸준하게 높은 성장세를 유지하고 있다. 하지만 이런 성장세 뒤에 서서히 포화 시장의 특성이 나타나고 있다. 이미 대형 상권에는 여러 브랜드의 커피 전문점이 몰려 있는 상태다.

하지만 커피업계 관계자들은 아직도 커피 시장은 상당한 수준까지 성장할 것으로 예상하고 있다. 믹스 커피 같은 인스턴트커피를 소비하던 소비자들이 맛을 알아가며 원두커피 시장으로 옮겨오고 있기 때문이다. 커피 시장은 향후 3~4년 정도는 계속해서 성장할 것으로 기대된다. 업계의 전문가들은 적어도 2014년까지 연 10% 이상의 성장세를 이어갈 것으로 보고 있으며, 시장 성숙기에 접어들 것으로 내다보는 2014년 이후에도 연 3% 정도 꾸준히 성장할 것으로 예상한다.

커피 시장의 크기만 본다면 분명 장밋빛 전망을 내놓아야 하는 게 맞지만 국내 업계 특성상 하나가 잘되면 그곳으로 몰리는 경향이 강한 만큼 단순히 시장의 크기가 아니라 치열해진 경쟁 상황을 염두에 두고 카페 창업을 고려해야 한다. 업계에서는 향후 1~2년 안에 큰 조정이 있을 것으로 보고 있다. 이미 부동산 업계에는 커피 전문점 매물이 넘쳐나고 있다. 이젠 더는 목 좋은 곳에 알려진 브랜드로 커피를 팔 수 있는 시대는 끝났다는 걸 의미한다.

어디에다
차려야 할까

경희는 해준이 정리한 자료를 다 읽고도 아무 말 없이 커피만 마셨다. 사실 그녀도 카페 창업에 대한 꿈이 없는 것은 아니었다. 하지만 덜컥 직장을 그만두고 사업에 뛰어드는 게 생각만큼 쉬운 일은 아닐 것이다. 무엇보다 그녀는 아직 준비가 되어 있지 않았다.

"역시 우리가 하기엔 프랜차이즈 카페보다 개인 카페가 낫겠지?"

해준이 물었다.

"아직 난……."

"그래, 넌 아직 결정 안 했어. 하지만 결정했다 치고, 둘 중에서 하나를 고른다면 어떤 게 더 나은지 묻는 거야."

"결정했다 치고? 말이 돼?"

"말 돼. 일단은 상상만 해보라니까."

"그게 무슨 의미가 있냐?"

경희는 그렇게 말하면서도 슬그머니 개인 카페 부분을 짚었다.

"그렇지? 개인 카페가 좋겠지?"

"운영도 운영이지만 인테리어도 자율적인 게 좋으니까."

"그럴 줄 알았다니까. 사실 처음엔 나도 프랜차이즈 카페가 낫지 않을까 생각했어. 우리처럼 경험이나 노하우가 없는 사람들도 쉽게 차릴 수가 있잖아. 게다가 개인 카페보다 시행착오를 덜 겪을 수도 있고. 창업 기간을 단축할 수 있을 뿐 아니라 카페 홍보에도 유리하잖아. 하지만 딱히 매력이 느껴지지 않아. 그 카페만의 개성이라는 게 없잖아. 예전에 우리가 카페를 하자고 마음을 모은 건 우리의 공간을 만들고 싶어서였는데."

"공간이라. 우리만의 공간……."

"그래, 우리만의 공간. 친구를 만날 때도 다른 카페를 전전할 필요가 없잖아. 쳇바퀴처럼 도는 일상을 벗어날 수도 있어. 그러니까 우리가 만드는 공간은 우리의 생활을 훨씬 자유롭게 만들 수 있는 탈출구가 되어줄 거야."

해준은 반짝반짝 눈을 빛내며 말했다. 그 때문에 경희도 거의 설득당할 뻔했다. '그냥 해봐? 해준이랑 카페 한번 차려봐? 인생 별거 있나? 저지르고 보는 거지.' 경희는 이성보다 먼저 치고 올라오는 감정에 충실하고 싶은 욕망에 휩쓸렸다. 하지만 그녀는 곧 고개를 도리도리 저었다.

"요즘은 어딜 가도 카페가 있잖아. 이미 포화 상태라고. 우리가 비집고 들어갈 틈이 있겠어? 비집고 들어갔다고 쳐. '창업수성(創業守成)'이라는 말도 있잖아. 창업보다 어려운 게 수성이라고. 시작하는 것보다 어려운 건 지키는 일이야. 우리가 얼마나 오랫동안 살아남을 수 있을까?"

경희는 진지하게 물었다. 그러자 해준은 그런 질문이 나올 줄 알았다며 가방에서 또 다른 자료를 꺼냈다.

"네 말이 맞아. 창업보다는 수성이지. 수성을 하기 위해 필요한 건 상권 분석이고."

해준은 프랜차이즈 카페와 개인 카페를 비교·분석하는 것으로 끝내지 않고 일명 카페 거리로 유명한 상권을 조사해보았다고 덧붙였다.

"카페 거리?"

"일단 내가 조사한 건 홍대, 서래마을, 역삼(선릉), 삼청동이야. 지역마다 각기 다른 특색을 지니고 있더라고."

"그래?"

"응. 홍대는 작고 특색 있는 카페들이 많고, 서래마을은 이국적인 분위기의 카페들이 많아. 가로수길 카페들은 대체로 고급스러운 분위기를 자아내고. 역삼이나 선릉은 주변에 오피스가 많다 보니 테이크아웃 위주더라고. 삼청동은 근처에 갤러리가 많아서인지 모르겠지만 북 카페가 많은 편이었어. 지금 들고 있는 자료를 보면 좀 더 구체적으로 나와 있어. 한번 봐봐."

지역별 상권 특징

홍대

전반적인 특성 중소형 개인 카페가 많으며 그 카페만의 개성이 강함

가격대 중저가(아메리카노 평균 4,000원대. 카페 라테, 카푸치노, 카페 모카 등 평균 5,000~6,000원대)

특이사항 대학생 및 쇼핑객 등의 유동 인구가 많음. 홍대에서 시작된 카페 거리가 주변으로 확대되고 있는 중

마카롱

비 스윗 온

옥루몽

치카리셔스

카페 디에어

테일러 커피

서래마을

전반적인 특성 이국적 분위기의 카페가 많음

가격대 고가(아메리카노 평균 6,000~7,000원대. 카페 라테, 카푸치노, 카페 모카 등 평균 8,000~9,000원대)

특이 사항 주택가 분위기 상권이라 브런치를 판매하는 카페가 많은 편. 주변에 이탈리아 레스토랑이 많음

리블랑제

담장 옆에 국화꽃

시실리

오시정

가로수길

전반적인 특성 비주얼이 좋으며 고급스러운 분위기의 카페가 많음

가격대 고가 메뉴와 중저가 메뉴가 혼합되어 있음(아메리카노 평균 4,000원대. 카페 라테, 카푸치노, 카페 모카 등 평균 5,000~6,000원대), 대표 메뉴는 7,000~1만 2,000원대의 고가

특이 사항 디자인, 패션, 광고 등 문화 관련 사업체가 많다 보니 여타의 오피스 거리와는 다른 자유로운 분위기가 형성되어 있음. 스타일링 위주의 메뉴 다수

고디바

듀 크렘

르 알래스카

레이 브릭스

커피 렉

삼청동 · 북촌

전반적인 특성 고풍스러운 분위기의 카페, 문화적 공간을 표방하는 카페, 북 카페 등이 많음

가격대 중고가(아메리카노 평균 5,000원대. 카페 라테, 카푸치노, 카페 모카 등 평균 6,000~7,000원대)

특이 사항 데이트족이 많음. 프랜차이즈 커피 전문점과 음식점이 대거 들어서기 시작하면서 초기 자본금이 많이 드는 상권으로 변화. 소자본으로 창업하기 힘듦

레미니스

레트로나 파이

룸 앤 로움

밀크

아몬디에

이태원

전반적인 특성 다양한 나라의 특색을 반영한 이국적 분위기의 중소 규모의 카페가 많음

가격대 중저가(아메리카노 평균 4,000원대. 카페 라테, 카푸치노, 카페 모카 등 평균 5,000원대)

특이 사항 중대형 카페의 경우 대부분 브런치를 판매하고 있음. 독특한 매장 콘셉트가 없으면 힘든 상권임

글래머러스 펭귄

리쉬스벨루

찬스브로스

보통커피

이코복스 커피

역삼 · 선릉

전반적인 특성 테이크아웃을 전문으로 하는 소형 매장과 미팅을 할 수 있는 30평대의 중소형 매장으로 양극화 현상이 강함. 주말에는 영업을 하지 않는 곳도 많음

가격대 저가(아메리카노 평균 2,000원대. 카페 라테, 카푸치노, 카페 모카 등 평균 3,000~4,000원대)

특이 사항 회사원과 원룸 거주자를 상대로 하는 오피스 상권. 회사원들이 많다 보니 평일과 주말의 매출 차이가 극심함. 점심 매출이 가장 큼

에잇 스트리트 커피

할리스

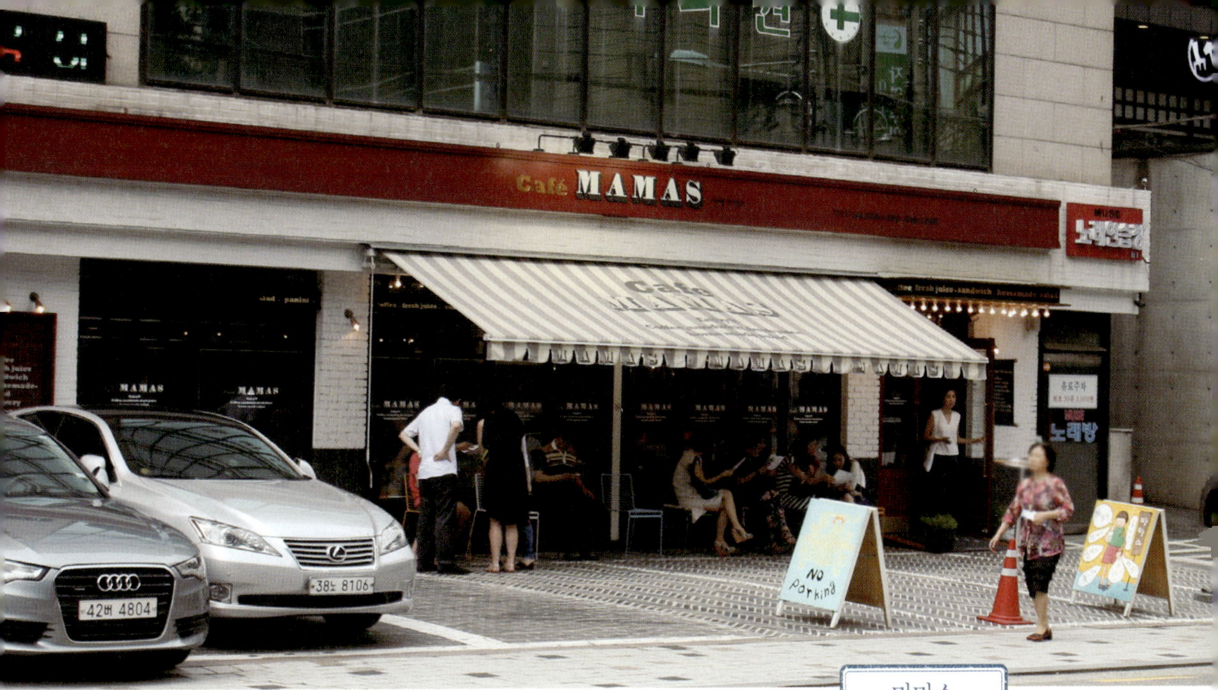
Café MAMAS
NO Parking
노래방

마마스

자스

노래방
노래연습장
Beer Cellar
JASS
ROASTERY COFFEE HOUS

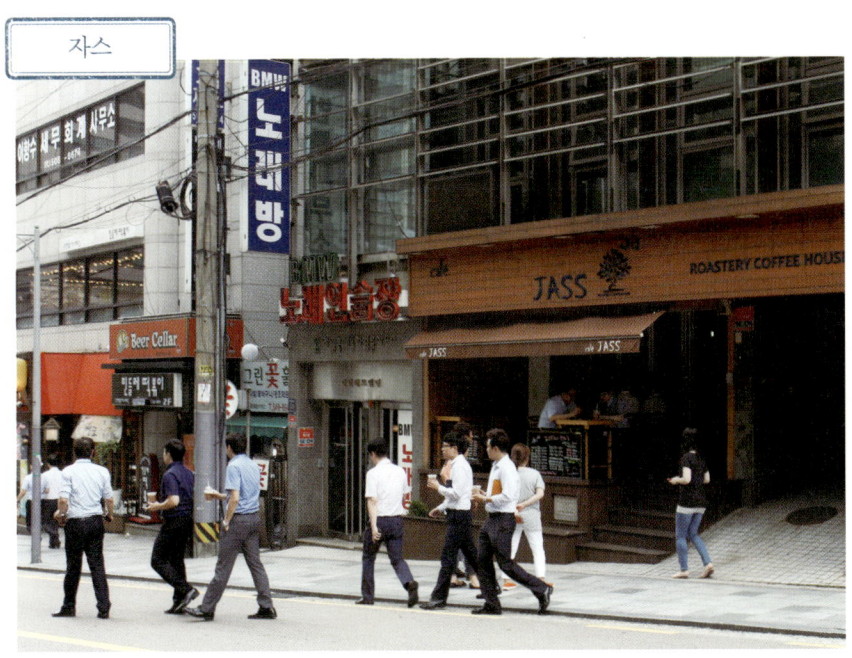

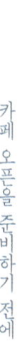

"네 말대로 여기 나오는 카페 거리는 다 유명세를 타고 있는 곳들이잖아. 그만큼 권리금도 높을 거고. 진입할 수나 있겠어?"

경희가 물었다.

"꼭 유명 카페 거리에 진입하기 위해 이곳들을 조사한 건 아니야. 각 지역의 상권을 분석해서 고객들의 니즈를 파악해보려는 거지. 일단 네 말대로 이러한 상권에 진입하자면 꽤 많은 창업 자금이 필요하니까. 하지만 동네 상권으로 눈을 돌리면 아주 승산이 없는 싸움은 아니야."

"동네 상권?"

"역세권이나 유명 카페 거리에만 카페가 있는 것도 아니고, 사람들이 그런 카페만 찾는 것도 아니잖아. 편안한 분위기에서 차 한잔 마시기 위해 동네 카페를 찾는 사람들도 많아. 아이들이 유치원이나 학교에 가 있는 동안 주부들이 카페에서 자기만의 시간을 가지기도 하는 것처럼 말이지. 일본은 이미 동네 카페가 보편적인 문화가 되었대. 시내까지 나갈 것도 없이 동네 카페에서 차를 마시며 시간을 보내는 거야. 동네 카페는 일단 번잡하지 않은 데다 익숙하고 편안하니까. 일종의 사랑방 같은 역할을 하기도 하고."

"하지만 그건 어디까지나 일본의 경우잖아."

"아니야. 우리나라에서도 동네 카페가 점차 자리를 잡아가는 추세야."

"동네에서 카페를 차리면 승산이 있나?"

"상권은 크게 네 가지로 나누어지더라고. 역세권 및 유명 거리, 유명 거리 뒤편의 골목, 사무실 밀집 지역, 주택가로 말이야. 상권들마다 각각의 장단점이 있어. 당연히 동네 카페도."

"너 정말 카페를 할 생각이구나."

"그럼, 정말이지. 당연히 너도 하게 될 거고."

"떡 줄 사람은 생각도 안 하는데."

"우리가 예전에 한 약속 때문만은 아니야. 요즘은 동업이 대세라잖아."

"누가 그래? 대세라고?"

"그래, 인정. 대세까지는 아니야. 하지만 자금이 부족한 사람들끼리 동업으로 카페를 차리는 것도 한 방법이지. 일단, 시너지 효과가 크잖아."

"이를테면?"

"요즘은 직원 구하는 게 힘들대. 그런데 동업을 하면 직원을 구하지 않아도 되잖아. 덜 심심하고. 하지만 뭐니 뭐니 해도 좋은 건 좀 더 좋은 조건으로 카페를 차릴 수 있다는 거지. 일단 자금이 많아지니까."

"하지만 잘못하다 우리 사이가 나빠질 수도 있잖아."

"그러니까 시작할 때부터 역할 분담을 철저하게 해야지. 서로의 장점을 살리고 단점은 보완할 수 있게 말이야. 쉬운 일은 아니겠지만 우린 서로에 대해 잘 알고 있잖아. 무엇보다 취향도 맞고. 취향이 맞지 않은 상황에서 동업을 하면 서로를 이해시키기 위한 노력까지 해야 하겠지. 게다가 서로를 바꾸려 들 테고. 그래서 취향이 맞는 사람끼리 동업을 하는 게 가장 좋대."

"너랑 말하다 보니 자꾸만 말려드는 느낌이 든다. 이러다 진짜 사표 내고 카페 창업에 뛰어들 것 같아."

"그러라고 설득하는 거잖아."

"어휴, 말이나 못하면."

경희는 밉지 않게 눈을 흘기며 해준이 조사한 자료를 이어서 읽기 시작했다.

상권에 따른 장단점

역세권 및 유명 상권

GOOD
유리한 입지 조건으로 유동 인구가 많으며 접근성이 뛰어나다.

BAD
유명 프랜차이즈 카페나 대형 카페 등이 이미 들어서 있기 때문에 경쟁 업체를 뛰어넘을 수 있는 특별한 아이템이 필요하다. 보증금 및 권리금이 높아 소규모 카페를 창업하기엔 재정적 부담이 크다. 또한, 유동 인구가 많다고 해서 입지 조건이 무조건 좋은 것은 아니다. 유동 인구의 수보다 중요한 것은 동선이다. 같은 역세권이라고 해도 동선에 따라 장사가 잘되는 곳이 있고 잘되지 않는 곳이 있다. 역세권이라고 무조건 믿고 들어가기보다는 시간을 투자해 동선을 잘 살펴야 한다.

POINT
프랜차이즈 카페 및 대형 카페가 많이 들어서 있는 만큼 경쟁에서 이기기 위한 우리 카페만의 특별함이 필요하다. 그 특별함은 분위기나 맛에서 찾을 수 있다.

골목 상권

GOOD
보증금 및 권리금 등이 높지 않아 고정 지출 비용을 줄일 수 있다.

BAD
카페의 존재 자체가 드러나지 않는다. 입소문이 나기까지 얼마간의 기간이 필요하다.

POINT

번잡하지 않은 곳을 선호하는 고객층의 니즈를 파악한다.

오피스 상권

GOOD

역세권 및 유명 상권에 비해 잠재 고객들의 니즈가 무엇인지 비교적 분명하게 파악할 수 있다. 또한 점심을 먹은 뒤 후식으로 커피를 마시려는 고객이 많다 보니 테이크아웃으로도 매출을 올릴 수 있다.

BAD

사무실 거리에는 주로 유명 프랜차이즈 커피 전문점이 많이 들어서 있으며 월세도 골목 상권이나 주택가보다 비싼 편이다. 주말 매출은 주중에 비해 눈에 띄게 낮아진다.

POINT

오피스 상권의 고객층은 주로 20대에서 40대의 직장인일 가능성이 높기에 그들이 선호하는 메뉴를 파악해 점심시간을 공략한다. 매일 점심을 먹는 사람들을 위해 메뉴에 변화를 자주 준다.

주택가 상권

GOOD

비교적 낮은 창업 비용으로 틈새시장을 개척할 수 있다. 단골 고객 위주의 장사(자리를 잡았을 경우)이기 때문에 경쟁 업체가 들어서도 비교적 타격을 덜 입는 편이다.

BAD

유동 인구가 많지 않으며 입소문이 잘못 퍼졌을 경우엔 회복이 어렵다.

POINT

주민들을 단골로 만들어야 한다. 그러자면 그 카페만의 메리트가 있어야 하며 다른 상권에 비해 커피 값이 비싸지 않아야 한다. 동네 사랑방으로서의 기능을 가지며 고객들이 언제든 편안하게 오갈 수 있는 이미지를 확보한다.

카페 거리 상권

GOOD

홍대, 가로수길, 삼청동 등이 대표적이다. 이곳을 찾는 사람들은 애당초 카페에 들어갈 의지를 가지고 있다는 것이 장점이다. 잠재 고객을 많이 확보하고 있어 매출에 도움이 된다.

BAD

카페 거리는 카페가 활성화되어 있는 만큼 경쟁도 치열하다. 또한 월세 및 권리금이 높아 소자본으로는 진입이 쉽지 않다.

POINT

수많은 카페와의 경쟁에서 살아남기 위해서는 고객의 시선을 끌 만한 특별한 콘셉트가 필요하다. 아웃테리어부터 남달라 자연스럽게 고객의 발걸음을 이끌거나 흔히 볼 수 없는 메뉴를 개발해 카페의 개성을 살려야 한다.

대학가 상권

GOOD

학생들이 주 고객층이다 보니 다른 상권에 비해 확실하게 고객의 니즈를 파악하고 그에 알맞은 콘셉트를 찾을 수 있다. 또한 입소문이 잘 나면 고객 확보가 용이하며 오랫동안 인기를 유지할 수 있다.

BAD

다른 지역에 비해 가격이 비교적 저렴해야만 경쟁력을 가질 수 있다. 또한 입소문이 빠르다는 것은 장점이기도 하지만 단점이기도 하다. 좋은 소문이 나면 곧 매출 증대로 이어지지만 나쁜 소문이 나면 회복이 거의 불가능하다.

POINT

주머니가 가벼운 학생들을 상대로 하는 곳이니만큼 대부분의 메뉴를 저렴하게 판매해야 한다. 또한 방학 기간 동안에는 매출이 뚝 떨어질 위험이 있는 만큼 그 기간에도 고객을 끌 수 있는 전략이 필요하다.

동업에도
계약서는
필요하다

"만약 우리가 카페를 차리면 골목 상권이나 주택가 쪽을 공략하는 것도 괜찮겠네."

경희는 자신이 말해놓고도 깜짝 놀라서는 입을 닫았다.

"내 그럴 줄 알았다. 이미 카페 창업 쪽으로 마음이 돌아섰지?"

"아니라니까."

"이제 우리에게 필요한 건 창업 가이드뿐이네."

"어? 아직 결정 안 했다니까."

"너도 멋진 카페 차려서 좀 더 즐겁게 살고 싶지?"

"뭐 그렇긴 하지만……."

"그러니까 일단 내 말 들어봐. 시장조사를 하는 동안 꽤 많은 카페를 다녀봤거든. 안면 있는 사장님들에게 이런저런 질문을 해보기도 하고. 다들 호의적이긴 한데 친분이 깊지 않아 꼬치꼬치 캐묻기는 그렇더라고. 그런데 며칠 전부터 호남형의 남자 얼굴이 딱 떠오르지 않겠어?"

"제이 선배?"

"이럴 줄 알았어. 이렇게 마음이 통할 줄 알았다니까."

제이는 해준과 경희의 대학 선배였다. 직장을 그만두고 카페를 창업한 후 5년 만에 3호점까지 낼 정도로 카페 운영에서 두각을 나타낸 인물이기도 했다.

"그러게. 몇 달 전부터 카페 창업을 생각했으면 진즉 제이 선배에게 조언을 구할 것이지 왜 이제야 생각한 거야?"

"할까 말까 망설이던 상황에서는 그냥 안면 있는 사람들에게 물어보는 게 나을 거라고 생각했나 봐. 확실하지도 않은데 친한 사람에게 물어보다 실없는 사람이 될까 봐."

"그럴 때는 또 소심해요."

"그래서 말인데, 지금 제이 선배에게 가볼까?"

"지금?"

"쇠뿔도 단김에 빼라고. 말 나온 김에 그냥 가보자."

"야, 난……."

"너도 좀 더 많은 이야기를 듣다 보면 결정을 내리는 데 도움이 되지 않겠어?"

"누가 말리겠냐. 그래, 그러자."

경희는 결국 못 이기는 척하며 자리에서 일어섰다.

동업 계약서
작성하기

많은 사람들이 동업을 생각하는 이유는 부족한 창업 비용과 서로의 단점을 보완하고 장점을 배가시키는 시너지 효과를 염두에 두어서이기 때문일 것이다. 하지만 친한 사람일수록 동업을 하지 않는 것이 좋다는 말도 있듯이 동업은 오래된 친구 사이를 한순간에 원수처럼 만들어버릴 수 있는 위험도 따른다. 그래서 차라리 사업적으로 만난 사람끼리의 동업이 더 나은 측면도 있다. 감정적인 측면에 치우치지 않고 서로를 사업적 파트너로서만 대하기 때문이다. 하지만 가까운 사이라도 동업에 성공할 수는 있다. 가까운 사람일수록 동업에 실패하는 가장 큰 요인은 서로의 관계에 대한 맹신 때문이다. 그 맹신은 사람이란 상황이나 위치에 따라 달라질 수도 있는 존재임을 간과하게 만든다. 그렇다면 어떤 동업이 바람직할까.

- 취향이 맞는 사람들끼리 동업하는 것이 바람직하다. 취향이 안 맞는 사람들끼리 동업을 하면 서로를 이해시키는 데 상당한 시간을 소비하게 된다.
- 취향이 맞지 않을 때는 반복해서 설득하는 정성과 열정이 필요하다. 문제점을 하나씩 함께 해결해 나간다는 자세로 대한다.
- 큰 욕심을 내지 않는다. 과한 욕심은 동업자와의 신뢰를 깨트리는 가장 빠른 지름길이다. 나와 동업자는 같은 배를 타고 있는 동지라는 것을 항상 기억하자.
- 철저한 역할 분담이 필요하다. 역할 분담은 각자의 일에 집중할 수 있는 계기

를 마련해준다. 또한 각자 잘할 수 있는 분야를 전적으로 맡음으로써 서로의 분야에 불필요한 참견을 하지 않도록 하는 장치가 되어주기도 한다.
- 부부가 카페를 차렸을 때는 서로를 동업자로 보는 시각이 필요하다. 부부가 창업하면 세제상 혜택을 받을 수 있다(단, 상대방의 근로소득이 없는 경우).
- 동업을 하기로 했다면 동업 계약서부터 작성해야 한다. 서로를 신뢰하지 못해 동업 계약서를 작성하는 것은 아니다. 동업은 혼자 하는 창업과 달리 서로에 대한 시스템을 필요로 하는 일이다. 사업의 성공을 위해서는 시스템을 만드는 것이 기본이며, 그것은 동업하는 사람들 사이에서도 마찬가지라는 걸 서로 충분히 이해해야 한다. 서로의 관계나 정에 흔들려 감정적인 결정을 내리기보다는 동업 계약서를 작성하는 것이 서로의 관계를 위해서도 바람직하다.
- 동업자를 선택할 때에는 그 사람이 가지고 있는 사업적 역량을 살펴보는 것이 중요하다. 단순히 친해서 동업하는 것은 사업을 안 되게 하는 지름길일 뿐만 아니라 친한 사람과의 관계를 끊는 길이기도 하다. 내가 가지고 있는 역량은 무엇이며 동업자가 가지고 있는 역량은 또 무엇인지 면밀히 살펴 서로에게 플러스가 될 때 동업하는 것이 현명하다.
- 수입과 지출을 투명하게 하고 이익 분배는 정확하게 해야 한다.

동업 계약서는 어떻게 만드는 것이 좋을까?

동업은 사업이 잘되든 못되든 항상 분쟁의 소지를 가지고 있다. 동업 계약서는 앞으로 일어날 수도 있는 이러한 상황을 미연에 방지하기 위해 만드는 것이다. 때문에 동업 계약서는 동업자들의 상황과 계약 조건에 따라 꼼꼼히 작성해야 한다. 다만 동업 계약서를 작성한 후에는 꼭 공증을 받도록 한다. 공증을 받지 않아도 계약서의 형식이나 내용이 정당하면 법적 효력은 있다. 하지만 법적 분쟁이 발생할 때 공증을 한 계약서가 강력한 증거력을 갖게 되므로 일단 공증을 받아두는 것이 좋다.

동업 계약서 샘플

동 업 계 약 서

갑) 성　　　명 :
　　주민등록번호 :
　　주　　　소 :

을) 성　　　명 :
　　주민등록번호 :
　　주　　　소 :

상기 동업자 _____을 '갑'이라 칭하고, _____을 '을'이라 칭한다.
아래와 같이 동업 계약서를 작성한다.

- 아　래 -

1. 갑과 을은 공동 운영자로 한다.
2. 사업장은 _____ 이다.
3. 동업자 갑은 _____, 을은 _____의 금액을 출자하며, 손익 분배를 갑은 _____ , 을은 _____로 한다.
4. 영업상 발생하는 사고 및 제반 문제에 대해서는 손익 분배 비율로 책임진다.
5. 갑과 을 중 어느 일방이 동업 기간 내에 탈퇴하고자 할 때는 탈퇴 시점까지 채권, 채무를 정산한 후 나머지는 동업자 간 합의 하에 결정한다.
6. 상기 제반 사항 이외에는 일반 상거래 관행에 따른다.
7. 상기 제반 사항을 확실히 하기 위해 갑과 을은 서명 날인한 동업 계약서를 1부씩 보관한다.

　　　　　　　　　　　　　　　　　　　　년　　월　　일

　　　　　　　　　　　　　　　　　　갑 :　　　　　　　인

　　　　　　　　　　　　　　　　　　을 :　　　　　　　인

※ 첨부 서류 : 인감증명서 각 1부

당신은
어떤 사람인가

제이는 연락도 없이 자신의 카페를 찾아온 해준과 경희를 반갑게 맞이해주었다. 최근엔 다들 일이 바빠 자주 만나지는 못했지만 대학 다닐 때만 해도 셋은 꽤 친하게 붙어 다니던 사이였다. 그렇기 때문에 해준은 제이가 자신의 얘기를 일단 듣게 되면 카페 창업의 A부터 Z까지 다 가르쳐줄 거라 기대했다. 그런데 그녀들이 찾아온 이유를 들은 제이는 전혀 뜻밖의 질문부터 던졌다.

"자신이 생각하기에 카페를 하기에 적당한 사람인 거 같아?"

해준과 경희는 제이의 카페를 찾아가는 동안에도 창업 자금이 많지 않은 것만을 문제로 삼았다. 둘이 모아봐야 3억 원을 넘지 않을 것 같은데 그 돈으로 어떤 카페를 차릴 수 있는지, 자금으로 밀어붙이는 대형 카페를 이기기 위해서 무얼 해야 하는지 등에 대한 이야기만 미주알고주알 나누었던 것이다. 그런데, '카페를 하기에 적당한 사람인 거 같아?'라니. 해준은 이제껏 생각도 해본 적이 없는 말에 적잖이 당황했다.

"카페 창업에 적당한 사람이 따로 있나? 돈이 있으면 차릴 수 있는 게 카페 아닌가?"

해준이 물었다.

"네 반응을 보니 내가 더 놀라운데. 창업할 생각이라면서 그런 고민도 해보지 않았단 말이야? 경희 네 생각도 그래?"

"카페잖아."

경희가 가볍게 항의하듯 말을 이었다.

"딱히 기술이 필요한 것도 아니고. 게다가 다른 분야에 비해 익숙한 것이기도 하고."

"익숙한 것?"

"카페는 항상 드나드는 데니까. 친구들과 만날 때도 카페를 찾고, 밥을 먹은 뒤에도 카페를 찾고."

"손님이었지. 주인으로서는 아니잖아."

"그야 그렇지만……."

"자주 다니는 곳이니까 쉬워 보이는 거야? 카페를 열기만 하면 절로 돈을 벌 수 있을 것 같아?"

"설마. 그렇지 않다는 건 우리도 알아. 그래서 시장조사까지 한 거고. 선배를 찾아온 것도 쉽지 않은 걸 아니까 도움을 요청하려는 거잖아."

"물론 그렇겠지. 그래서 하는 말이야. 쉬운 일이 아닌 만큼 그 일을 해낼 수 있는 사람인지 아닌지 자기 자신을 먼저 점검할 필요가 있다는 거야. 무슨 일이든 적성에 맞지 않으면 하기 힘든 법이니까. 카페도 마찬가지고."

"해보지 않고 어떻게 알아? 하고 싶다고 생각하는 것 자체가 적성일 수도 있지."

해준은 사뭇 전투적인 어조로 대꾸했다. 조언을 해주기보다 찬물부터 끼얹는 제이가 얄미웠기 때문이다.

"하고 싶다고 생각하는 것과 할 수 있는 것은 달라. 취미 생활로 하는 거라면 잘하고 못하고 별로 상관없지. 하지만 창업은 그런 게 아니잖아. 돈이 들어가는 일이야. 그리고 생활이 달려 있는 문제고."

"그래서 뭐야? 오르지 못할 나무라는 거야? 아예 할 생각을 하지 말라고?"

"할 생각을 할 수는 있지. 사실 카페는 많은 사람들의 로망이기도 하잖아. 얼핏 보기엔 자기 사업이라 자유롭지, 자기 공간을 가질 수 있지, 다양한 사람들과 인연을 맺을 수도 있지. 식당에 비해 일거리가 많은 것 같지도 않고 폼도 나잖아. 그러니 많은 사람들이 한두 번쯤은 '카페나 차릴까?'라고 생각할 만도 하지. 사실, 생각처럼 자유롭지도 여유롭지도 않지만 말이야."

"카페나 차릴까 정도의 각오만 가지고 선배를 찾아온 거 아니란 말이야."

"알아. 내가 네 성격을 모르냐? 이럴까, 저럴까 생각한 것만으로 쪼르르 달려오지 않는다는 것쯤은 잘 알고 있어. 하지만 스스로가 카페를 차릴 만한 사람인지에 대한 검사 같은 건 해보지 않았겠지. 지금이라도 해보라는 거야. 그 검사를 한 다음에 해도 늦지 않으니까."

"검사?"

"검사를 어떻게 해? 카페를 하기에 적당한 사람인지 검사하는 방법이 따로 있어?"

"보통은 직업 적성검사 같은 걸 하지. 마침 나한테 카페를 할 만한 사람인지 아닌지 체크해보는 문제지가 있어. 지금 해볼래?"

"할게."

"나도. 이왕 왔으니 해볼 건 다 해봐야겠다."

경희까지 하겠다고 나서자 제이는 직원 휴게실로 들어가 노트를 하나 들고 나왔다.

"검사지 치고는 꽤나 두껍네."

"검사지만 있는 게 아니니까."

"그럼 뭐가 있어?"

"카페 창업에 대한 이런저런 메모가 있지."

"아!"

"너희도 정말 창업을 하게 되면 그 과정을 꼼꼼히 기록해둬. 이렇게 기록으로 남기면 다음에 2호점이나 3호점을 낼 때 시행착오를 덜 겪을 수가 있으니까."

"그럼 여기에 카페 창업에 대한 모든 노하우가 담겨 있겠네!"

해준은 눈을 반짝이며 노트의 내용들을 훑어보기 시작했다.

"선배 찾아온 보람이 있네. 이 노트를 참고해 카페를 만들면 되겠다."

"아, 잠깐. 난 너희에게 이 노트를 주겠다고 말한 적 없어."

"에이, 너무 박하게 군다."

"박하게 구는 게 아니야. 너희도 직장 생활을 해봐서 알겠지만 직장에선 모든 일을 다 잘하는 전천후가 될 필요는 없잖아. 자신이 해야 할 일과 역할에만 집중하면 되니까. 하지만 카페를 차리면 여러 역할을 혼자서 다 수행해야 해. 그런 일을 할 수 없는 사람이 무턱대고 카페를 차리겠다고 나선다면 나는 이 노트를 주기보다 말리는 게 옳다고 생각해. 당장엔 섭섭할 수 있겠지만, 먼 미래를 내다봤을 때 그게 훨씬 더 바람직하니까."

해준은 그제야 제이의 마음이 이해되었다. 직장까지 그만두며 카페 창업을 하려는 후배들을 걱정하는 마음에서 좀 더 신중하길 바라는 것이 느껴졌기 때문이다. 그러는 중 제이는 해준과 경희 앞에 질문이 적힌 종이 한 장을 내놓았다.

나는 카페 창업에 어울리는 사람일까

많은 사람들이 카페를 차리는 게 꿈이라는 말을 한다. 직장을 그만두고 싶거나 마땅히 하고 싶은 일을 찾지 못했거나 자유롭게 살고 싶을 때 등등 가장 쉽게 떠올리는 것이 카페다. 다른 일에 비해 그다지 힘들지 않아 보이는 데다 쾌적하고 멋진 공간의 주인이 되고 싶다는 마음 때문일 것이다.

하지만 모든 분야가 다 그렇듯 카페 사업 또한 녹록하지 않다. 어찌어찌 오픈까지는 했다 쳐도 1년을 견디지 못하고 문을 닫는 카페가 부지기수다. 그것은 다만 창업 비용의 많고 적음의 문제가 아니다. 위치 선점부터 자신만의 콘셉트나 스타일 찾기까지 모두 제대로 해내지 못한다면 경쟁에서 살아남기 힘들다.

그런데도 카페를 차리고 싶은가? 그래서 바로 계산기를 두드리며 창업 자금을 따져보고 있는가? 만약 그렇다면 당신은 카페 창업에서 가장 기초적인 단계를 고려하지 않고 움직이는 것이다.

카페 창업의 시작은 '내가 어떤 사람인지를 아는 것'이다.

나는 카페 창업에 어울리는 사람일까

- 좋은 인간관계로 신뢰를 얻는 사람인가?
- 외향적이며 진취적인 성격인가?
- 처음 만나는 사람과 스스럼없이 대화를 나눌 수 있는가?
- 한 공간에 진득하니 머물 수 있는 성격인가?

- 나만의 개성 및 스타일이 있는가?
- 부지런한 편인가?
- 평소 커피를 사랑하는가?
- 나만의 스타일로 공간을 꾸려나갈 자신이 있는가?
- 센스가 좋다는 이야기를 자주 듣는가?
- 손재주가 좋은 편인가?
- 평소 아이디어가 많은 편인가?
- 적극적인 성향이 강한가?
- 숫자에 강한가?
- 주변 관찰을 잘하는가?
- 나는 정말 카페를 하고 싶은가?

위의 질문 중 최소 10개 이상에서 YES가 나왔다면 당신은 카페 창업의 성공 인자를 가진 사람이다.

자신의 적성을 좀 더 전문적으로 검사하고 싶다면

- **직업 적성검사** 노동부에서 지원하는 포털 사이트인 'worknet(www.work.go.kr)'에서 직업 적성 검사를 무료로 받을 수 있다.
- **성격 유형 검사(MBTI)** 인터넷 사이트를 검색하면 약식 MBTI로 자가 진단이 가능하다. 하지만 되도록 전문 기관에서 검사해 전문가의 진단과 해석을 듣기를 추천한다.

해준은 카페를 할 만한 사람인지를 묻는 질문에서 모두 'YES'가 나와 버렸다. 반면 경희는 '인간관계가 좋은가'와 '부지런한 편인가'라는 질문에서만 'YES'였다.

"경희야. 넌 카페 창업에 대해 다시 생각해보는 게 어때?"

제이는 경희에게 카페 창업을 진지하게 재고할 것을 권했다.

"선배한테는 말하지 않았는데, 사실 나는 해준과 달리 카페를 하겠다고 확실하게 결정한 건 아니었어. 그래도 결과가 이렇게 나오니 왠지 서운하네."

경희의 말에 해준은 괜히 미안해졌다.

"내가 괜히 너무 부추겼나 봐."

"얼굴 펴. 따지고 보면 적성검사에서 내가 아니라 네가 좋은 점수를 받아 다행인 거지. 넌 아주 많이 하고 싶어 했잖아. 그런데 적성까지 맞으니 얼마나 좋아? 그리고 나도 한 번쯤은 해볼 만한 검사였어. 어쨌든 언젠가는 뭐가 나만의 일을 하겠다고 생각하고 있었으니까. 이참에 다른 사업을 구상해보지, 뭐."

경희는 좀 전과는 달리 밝은 어조로 덧붙였다.

"네가 원하는 일이고, 적성까지 맞는다면, 이제 즐길 일만 남았네. 즐겁게 창업 준비해봐. 난 옆에서 재미나게 지켜볼게. 꼭 카페가 아니어도 언젠간 창업을 해볼 생각이니까. 이 모든 과정이 나한테도 도움이 되겠지."

"경희야, 고맙다."

해준은 경희 어깨에 손을 얹으며 씩씩하게 말했다. 경희도 웃으며 제이에게 한마디 거들었다.

"그러니까, 선배. 선배도 그 창업 노트 좀 빌려줘라. 해준이 원하는 일이잖아."

무엇을, 어디서, 어떻게 배울까

해준은 창업 결심을 굳힌 후 회사에 사표를 제출했다. 몇몇 동료들은 요즘처럼 직장 구하기 힘든 시대에 사표가 웬 말이냐며 걱정이었다. 사실 해준 또한 속이 시원한 것만은 아니었다. 지난 10년 동안 많은 일들이 있었고, 또 그만큼 많은 사람들과 추억이라는 걸 쌓았던 장소이기도 했다. 그 안에 소속되어 있을 때는 지긋지긋했던 일도 떠난다고 생각하니 그리워졌다. 게다가 매달 통장으로 입금되는 월급이 사라진다는 것은 하나의 공포일 수밖에 없었다. 하지만 새로운 일을 하기 위해서는 겪어야 할 일들.

시간 사용이 자유로워진 해준은 우선 커피 학원부터 알아보았다. 커피는 가장 일반적인 기호식품이지만 같은 맛이라도 취향에 따라 천차만별로 느끼는 까다로운 식품이기도 한 만큼 제대로 준비해야 한다고 생각했다.

"잘 생각했어."

본격적으로 점포를 찾아다니기 전에 커피 학원 등록부터 할 생각이라는 말에 제이는 이렇게 말해주었다.

"바리스타 자격증까지 따면 좋겠지만, 꼭 자격증이 아니어도 커피를 전문적으로 배워두는 게 좋겠지. 뭐니 뭐니 해도 카페는 커피가 맛있어야 하니까."

"그래서 학원은 정했어?"

"아직. 학원 두 군데를 비교하고 있는 중이야. 한 군데는 집에서 가까워 편할 것 같고 다른 한 군데는 카페 창업 과정까지 있어 꽤 도움을 받을 수 있겠더라고."

"요즘 대부분의 커피 학원은 취미 과정, 바리스타 전문 과정 외에도 카페 창업 과정을 운영하고 있지. 이왕이면 카페 창업 과정이 있는 곳에서 커피를 배우는 게 어때?"

"나도 그럴까 생각 중이야. 커피뿐 아니라 카페 푸드도 과정에 포함되어 있어 나중에 메뉴 구성할 때 도움이 되겠더라고. 그런데 카페 창업 과정을 끝내는 데만도 4개월 내지 5개월이 걸려. 생각보다 시간이 많이 걸리더라고. 이제 곧 부동산을 돌아다니며 점포를 구할 건데 너무 늦지 않나?"

"아직 카페를 할 지역을 선정한 것도 아니잖아. 지역을 정했어도 여러 부동산을 찾아다니며 점포를 알아보는 데엔 꽤 많은 시간이 걸려. 조건과 입맛에 맞는 점포를 구하는 게 그리 만만한 일은 아니니까."

"그런가? 그럼 시간에 쫓길 필요는 없겠네. 잘하면 로스팅 과정도 들을 수가 있겠어."

"로스팅까지?"

"이왕 배우는 거 제대로 배워두면 좋잖아. 당장은 아니지만 언젠간 로스팅 카페를 해보고 싶거든."

"나쁜 생각은 아니야. 어차피 이쪽 길로 들어설 생각이라면 커피에 대한 모든 것을 배우는 것도 괜찮겠지. 설령 바리스타를 따로 고용하더라도 말이야."

"대신에 돈이 좀 드네. 카페 창업 과정만 해도 250만 원 정도 되더라고. 각각의 과정을 따로 들으면 300만 원 이상은 들겠고. 독학도 생각해 봤는데 아무래도 그건 좀 무리겠지?"

"어차피 네가 선택할 일이야. 하지만 굳이 조언을 하자면 돈이 좀 들더라도 커피 공부에는 좀 투자를 하는 게 좋지 않을까 싶어. 로스팅 과정까지 관심을 보일 정도라면 제대로 된 커피를 만들고 싶은 거잖아. 만약 몇 년 후 카페를 할 생각이라면 지금부터 혼자서 천천히 공부하는 것도 나쁘진 않아. 하지만 몇 년 후가 아니라 몇 달 안에 카페 문을 열 건데 그 안에 어느 정도 내용을 파악하려면 아무래도 전문가의 도움을 받는 편이 효율적이지."

"나도 그렇게 생각해. 아, 맞다. 국비 지원 교육과정도 있던데. 그건 어때?"

"넌 해당 사항이 없을 텐데."

"왜?"

"국비 지원 교육과정은 고용보험에 가입한 비정규직 근로자만 받을 수 있는 거야. 하지만 넌 정규직이었잖아."

"아, 그렇구나."

"아무튼 커피 공부가 필요한 시점인 건 확실해. 하지만 어떤 과정을 수강할 것인지에 대한 선택 폭은 넓으니까 시간, 자금 등을 고려해서 잘 선택해봐. 바리스타 과정은 카페 창업 후 들어도 늦지 않으니까 급하게 마음먹지 말고. 뭐든 급해서 좋을 건 없어."

"선배의 조언 접수!"

해준은 어쩐지 머리가 맑아지는 기분이 들었다. 지금까지는 빠른 시간에 모든 과정을 다 들어야 한다는 생각을 하다 보니 비용이나 시간이 부담으로 다가왔던 것이다. 하지만 이제부터는 꼭 필요한 것부터 선택해 한 단계씩 밟아나가야겠다고 결심했다.

카페를 차리기 전 받으면 좋은 교육

커피 수업의 종류 및 내용

카페는 여러 요소가 복합적으로 조화롭게 구성되어야 하는 공간인 만큼 카페를 준비하는 사람들은 커피, 베이킹, 요리, 인테리어, 세무·회계, 음악 등 다양한 분야를 공부해두는 것이 좋다. 이런 지식들은 전문 서적을 통해 간접적으로 배울 수도 있지만 커피 수업이나 베이킹, 요리 등은 직접 학원을 다니면서 실기와 함께 습득하는 것이 필요하다.

카페 창업을 위해서는 크게 커피 파트 수업과 베이킹 파트 수업으로 나누어 학원을 알아보는 것이 좋다. 커피 수업은 에스프레소 기초 과정, 라테 아트 과정, 카페 음료 과정, 로스팅 및 핸드 드립 과정이 있다. 특히 로스팅 수업은 꼭 로스터리 카페를 하지 않더라도 들어두는 것이 좋은데 로스팅을 알아야 커피를 더욱 전문적으로 응용 및 활용할 수 있기 때문이다. 베이킹 수업은 제과와 제빵으로 나누어지는데 베이커리 카페를 기획하고 있다면 제빵 수업을 필수적으로 들어야

하지만 그게 아니라면 제과 수업을 들으면 된다. 최근에는 레스토랑과 카페의 경계선이 없어지고 있기 때문에 간단히 요기를 할 수 있는 브런치에 대한 수업도 듣는 것도 좋다.

에스프레소 기초 과정

커피에 대한 이론(역사, 기원, 품종 등) 및, 에스프레소를 비롯한 다양한 커피 추출, 원리 등에 대해 학습하며 바리스타 2급 자격증 취득까지 가능하다.

라테 아트 과정

라테 아트란 황금색의 에스프레소 위에 벨벳 밀크를 이용하여 여러 가지 그림을 그리는 작업을 말한다. 벨벳 밀크를 만드는 원리 및 기술, 핸들링을 이용해 하트나 나뭇잎을 그리는 기술을 배울 수 있다.

카페 음료 과정

커피 전문점에서 판매하는 커피 메뉴에 대해 공부한다. 나만의 메뉴를 직접 구성하여 만들어보는 프로그램으로 예비 취업자나 창업자들에게 유용하다. 메뉴 구성 및 관리뿐만 아니라 재고 관리와 위생 관리, 메뉴의 원가 산출 방법 등을 배울 수 있다.

로스팅 과정

로스팅이란 초록색의 생두에 열을 가하여 갈색의 원두를 만드는, 즉 커피 콩을 볶는 작업을 말한다. 로스팅 수업에서는 로스팅의 기본 원리와 물리적·화학적 변화에 따른 특성, 커피 블렌딩 등의 내용을 다룬다.

핸드 드립 과정

핸드 드립이란 로스팅된 원두를 분쇄하고 그 위에 물을 부어 커피를 추출하는 작업을 말한다. 핸드 드립 도구와 기타 추출 도구, 핸드 드립 기술 등을 배우게 된다.

커피 학원, 어떤 곳을 선택할까

학원의 수강 평을 보고 선택하라

유명한 커피 학원은 홈페이지나 카페를 운영하고 있다. 학원을 선택하려고 알아보고 있다면 반드시 수강생이 쓴 살아 있는 그들의 평가를 보고 결정하는 것을 추천한다.

소수 정예의 수업을 하는 곳을 선택하라

요즘 커피 학원은 국비 지원 교육과정을 운영하는 곳이 많아져서인지 정원이 10명에서 많게는 20명이 넘는 학원이 많다. 따라서 학원을 선정할 때는 꼭 직접 방문해서 시설 및 정원을 체크해보는 것이 좋다. 소수 정예로 수업을 한다는 말은 그만큼 기기를 사용할 기회가 많다는 것을 의미하기 때문이다.

역사와 명성이 있는 전문 학원을 선택하라

학원이 오랫동안 유지되고 명성이 있다는 것은 그만큼 교육 커리큘럼이 검증되었다는 증거이다. 또한 이런 학원은 창업에도 많은 노하우가 있으므로 나중에 창업할 때 많은 도움을 받을 수 있다. 요즘은 요리 학원이나 제빵 학원에서도 커피를 가르치고 있는데 아무래도 교육 역량이 분산되기 때문에 이런 학원은 피하는 것이 좋다. 커피는 커피 전문 학원에서 배울 것을 권한다.

강사 프로필을 꼭 확인하라
커피 학원은 개인이 운영하는 영세한 곳이 많으며 강사의 자질 및 실력 또한 제각각이다. 커피 학원을 알아볼 때 우선 강사의 프로필을 확인한다. 실력과 경력을 갖춘 강사를 보유하고 있는지 꼭 확인한 후에 선택하도록 하자. 그 강사의 실력과 경험은 곧 내 실력과 경험이 될 것이기 때문이다.

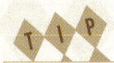

내일배움카드 제도(국비 지원 교육과정)

국비 지원 교육은 나라가 구직자 및 실업자에게 교육비를 지원해주는 제도이다. 내일배움카드 홈페이지(www.hrd.go.kr)에 들어가면 신청 자격이 되는지, 교육을 실시하는 학원은 어디인지 등에 대한 자세한 정보를 얻을 수 있다. 국비 지원 교육과정은 대상(실업자와 재직자)에 따라 2가지 제도로 나누어진다. 고가의 커피 교육을 비교적 저렴하게 수강할 수 있는 기회이므로 잘 알아보고 활용할 것을 추천한다.

지출 예산을 계산하라

"그건 그렇고 창업 자본은 얼마 정도야?"

제이가 물었다.

"살고 있는 아파트 전세 빼고 모아놓은 돈을 합치니 1억 5,000만 원이 조금 넘더라고. 창업 자금으로 그 정도 생각하고 있어."

"20평대의 개인 카페라면 평균적으로 그 정도의 자본이 들어가지. 그런데 아파트 전세를 빼면 어디서 살아?"

"다시 부모님 집에 들어가야지. 자리 잡을 때까지."

"혼자 살다가 부모님이랑 함께 사는 게 그리 쉬운 일은 아닐 텐데."

"그건 부모님도 마찬가지지. 어쩔 수 없잖아. 그렇게 안 하면 아예 불가능하니까."

"뭐, 대부분의 사람이 그래. 여유 가지고 사업 시작하는 사람은 드무니까. 바로 그렇기 때문에 적절한 분배에 대단히 신경을 많이 쓰는 거고."

"분배?"

"카페 창업에 필요한 자본은 크게 부동산 비용, 인테리어 비용, 집기 비품 비용, 예비 비용으로 나눌 수가 있어. 그 비용들을 분배하는 기준을 정해둬야 창업 자금을 효율적으로 관리할 수 있지."

"아! 그렇구나. 난 일단 부동산을 둘러보고 마음에 드는 점포가 있으면 계약부터 한 뒤 남은 돈으로 인테리어나 집기, 비품에 쓸 생각이었어."

"어떻게 그렇게 위험한 생각을?"

제이가 정말 깜짝 놀라서는 물었다.

"카페의 승패를 결정짓는 건 입지잖아. 좋은 입지에서 카페를 열려면 부동산 비용이 많이 들 수밖에 없을 거라고 생각한 거지. 그렇다고 바보처럼 창업 자금의 대부분을 부동산 비용에 쓸 생각은 아니었어. 그냥 가장 중요한 것에 투자한 다음 다른 것들은 나머지 돈으로 나눠 쓰면 되지 않을까, 한 거야."

"안 되겠다."

"뭐가?"

"예산서부터 작성해."

"예산서?"

"지출 예산 계획을 구체적으로 세운 다음 움직여. 아무 계획도 없이 무턱대고 점포를 찾아다니지 말고.

"부동산 비용은 8,000만 원, 인테리어 비용은 3,000만 원, 집기 비용은 1,000만 원 정도로 잡는 것으로는 안 되나?"

"주먹구구식이잖아. 예산을 짤 때도 황금비율이라는 게 있어."

"황금비율?"

"이를테면, 부동산 임대료는 전체 예산의 40%를 넘지 않도록 계획하는 거지. 인테리어 비용은 전체 예산의 30%를 넘지 않도록 하고. 자금의 규모에 상관없이 적절한 비율에 따라 예산을 나누는 게 좋아."

"아, 그렇구나."

"창업 노트를 보면 지출 예산을 계산하는 방법이 있어. 그 방법을 읽은 뒤 네가 가진 1억 5,000만 원을 어떻게 분배할지 계산해봐."

해준은 제이의 말대로 창업 노트를 펼쳐 '지출 예산 계산법' 부분을 찾았다.

지출 예산 계산법

카페 창업에 소요되는 비용

창업 전 구체적으로 시행할 일은 지출 예산을 짜는 것이다. 나는 얼마를 가졌고 얼마를 더 활용할 수 있는지를 먼저 파악한 후 자신의 예산에 맞는 비용을 계산해야 한다. 카페 창업에서 가장 큰 비중을 차지하는 것은 부동산 임대료와 인테리어 비용이다.

- 부동산 임대료: 전체 예산의 40%를 넘지 않도록 한다. 부동산 임대료는 보증금(공인중개사 수수료 포함), 권리금, 월 임대료 등으로 구분된다.
- 인테리어 비용(인테리어, 공사비, 테이블 및 의자): 전체 예산의 30%를 넘지 않도록 한다.
- 집기 비품 구매 예산 비용(장식품, 조리 도구, 식기, 초도 원재료, 소모품 등 초도 기물): 전체 예산의 15%를 넘지 않도록 한다. 카페에서 필요로 하는 커피 머신, 찻잔 등의 그릇류, 냉장고, 냉동고, 소품 등도 여기 해당된다.
- 예비 비용: 3~6개월간의 운영 자금, 예산 외의 경비를 위한 예비 비용. 앞서 말한 비용을 제외하고 남는 예산은 15%이다.

임대료 40% + 인테리어 30% + 집기 비품 15% + 예비비 15%

지출 예산서

구분	내용	비고
점포 구입비	보증금	
	권리금	
	임대료	
시설 및 설비	기기 및 설비	커피 바와 키친 포함
	가스 및 냉난방 설비	
인테리어	내장공사	화장실 포함
	외장공사	간판 및 테라스 등
	가구	식탁, 의자 등
초도 기기, 기물 및 부재료	기기, 기물 및 부재료	
초도 원재료	커피 재료	커피, 베이커리 생지 등
소모품	일회용품	컵, 컵리드, 컵홀더, 냅킨 등
브랜드 컨설팅 비용	컨설팅	
	판촉	브로셔, 쿠폰, 다양한 pop
전산	통신 관련 시설	pos기 & 인터넷 설치
예비비	예비 자금	

지출 예산서에 나오지 않는 항목들

창업을 하기 전 지출 예산서에 잡히지 않는 항목들로는 카드 수수료, 감가상각비, 로스율, 기물 파손, 시설 유지 보수, 기계 고장 AS, 난방기, 방향제 등이 있다. 이외에도 막상 카페를 운영하다 보면 구입해야 할 물품들이 끊임없이 생기기 마련이다. 또한 예산보다 더 좋은 물품을 구입하기 시작하면 자신도 모르는 사이 돈이 줄줄 샌다. 이런 사항들은 사업을 해봐야 알 수 있는 항목들이다.

꼭 알고
넘어가야 하는
권리금

해준의 지출 예산
- 총 창업 비용 1억 5,000만 원
- 부동산 임대료 6,000만 원 이내
- 인테리어 및 공사 비용 4,500만 원 이내
- 물품 구매비 2,250만 원 이내

- 지출 예산 비용 1억 2,750만 원
- 남은 비용(카페 초기 진행비) 2,250만 원

"이 기준대로라면 부동산 임대료 예산이 6,000만 원밖에 안 돼. 무조건 권리금이 없는 곳을 찾아야겠다. 그러려면 아무래도 기존의 카페를 인수하는 건 포기해야겠지."

해준은 한숨을 푹 내쉬며 중얼거렸다. 막상 예산을 짜고 보니 각 분야마다 책정된 비용이 턱없이 부족해 보였던 것이다.

"임대료를 줄이고 월세를 좀 더 내는 방법도 있으니까 그렇게 풀 죽을 일은 아니야. 그리고 새 점포인데도 권리금을 요구하는 곳도 있어."

해준의 지출 예산을 살피던 제이가 말했다.

"그게 무슨 말이야? 카페를 인수하는 것도 아니고 새로 들어가는 건데 어떻게 권리금이 붙어?"

"바닥 권리금이라는 게 있잖아."

"바닥 권리금?"

해준은 생전 처음 들어보는 말에 깜짝 놀라서는 되물었다.

"바닥 권리금? 그건 또 뭐야?"

"권리금은 크게 세 가지로 분류돼. 영업 권리금, 시설 권리금, 바닥 권리금이지. 영업 권리금은 일반적으로 기존 점포를 인수할 때 그 영업에 대한 가치를 지불하는 권리금이야. 해당 점포를 인수받은 뒤에도 일정 기간 이상 이전의 수익을 확보할 수 있다는 게 전제되는 거지. 이 때문에 영업 권리금은 장사가 잘되는 곳일수록 높을 수밖에 없어. 시설 권리금은 기존 임차인이 점포를 운영하면서 투자했던 시설 비용이야. 각종 물품비나 인테리어 비용이 여기에 포함되는 거지. 바닥 권리금은 유명 상권이나 입지 조건이 좋은 곳에 붙는 자릿세야. 아무 시설이 되어 있지 않아도 자리가 좋은 곳이라는 이유만으로 붙는 권리금이지."

"그렇구나. 그럼 입지가 좋은 곳은 바닥 권리금이 붙을 확률이 그만큼 높겠네."

"그렇지. 좋은 입지는 곧 매출과도 직결되니까. 누구나 다 눈독을 들이기 마련이고 그러다 보니 일종의 프리미엄이 붙을 수밖에. 공급에 비해 수요가 많으니까."

"어쩌지? 욕심이 더 생겨. 돈이 더 많으면 좋겠어. 이래서 내가 경희에게 동업하자고 한 건데. 경희와 동업하면 좀 더 좋은 카페를 만들 수도 있을 텐데."

"무조건 돈이 많다고 좋은 카페를 만들 수 있는 건 아니야. 돈이 없다고 나쁜 카페가 되는 것도 아니고. 규모에서 차이가 날 뿐이지. 이 정도는 알고 있지 않아?"

"알아. 하지만 그래도 자꾸만 욕심이 생기는걸."

"그렇다고 할 상황도 안 되는 친구에게 억지로 동업하자고 하냐?"

"그럼 어떻게 해?"

"방법이 아예 없는 건 아니야."

"무슨 방법?"

"창업 지원금을 받는 거지."

"아!"

해준은 창업 지원금이라는 말이 사막의 오아시스처럼 들렸다. 부족한 자금을 조달받을 수 있다니, 이처럼 좋은 방법이 어디 있을까.

권리금의 종류

영업 권리금
기존의 점포를 인수했을 때 일정 부분의 수익을 계산해서 지불하는 권리금이다. 관례적으로 영업 권리금은 6개월에서 2년까지 발생한 순이익을 기준으로 한다. 예를 들어 한 달 순이익이 500만 원이고 기한을 1년으로 잡았다면 영업 권리금은 500만 원 × 12개월 = 6,000만 원이 된다. 적절한 영업 권리금을 책정하기 위해서는 매출 장부를 확인하는 것이 좋다.

시설 권리금
이전 주인이 그 가게에 들인 비용(인테리어, 물품비 등의 시설비)을 지불하고 그 시설을 그대로 이용하는 것이다.

바닥 권리금
유동 인구가 많고 입지 조건이 좋은 곳일 경우, 건물주가 임차인에게 요구하는 권리금이다. 바닥 권리금을 주고받을 땐 임대차 계약서에 권리금 반환의 의무에 대한 조항을 특약으로 써넣는 것이 좋다. 만약 건물주가 계약서에 명기된 대로 임차 기간을 준수해주었다면 임차인은 바닥 권리금을 받을 수 없다. 반대로 임차 기간을 채우지 못하고 나가게 될 때는 남은 기간에 상응하는 권리금을 받을 수 있다. 그런데도 건물주가 권리금을 내주지 않는다면 반환을 청구하는 내용증명을 보낸다.

창업 지원금
알아보기

"창업 지원금에 대한 이야기를 듣기 전에 먼저 알아야 할 것이 있어."

제이는 반짝반짝 눈까지 빛내며 창업 지원금에 대한 이야기를 기다리고 있는 해준에게 차분한 어조로 말했다.

"뭔데?"

"카페는 주인장과 연결되어 있는 생명체야."

"뭐야 그게……."

해준은 어찌나 어이가 없던지 손사래까지 치며 등받이 깊숙이 몸을 기댔다. 내심 제이가 아주 긴요한 정보를 줄 줄 알았던 것이다.

"어, 중요한 말인데 그냥 귓등으로 흘려들을 기세네."

"그렇잖아. 생명체라니."

"이런 말 들어본 적 있지? 사람이 살지 않는 집은 쉽게 허물어진다고."

"응."

"왜 그런 것 같아?"

"관리를 하지 않기 때문이겠지."

"관리를 하지 않아도 허물어지지 않는 사물은 많아. 하지만 집은 사람의 온기를 필요로 하지. 그건 살림집에만 해당되는 얘기는 아니야. 카페라는 공간도 마찬가지야. 주인이 누구냐에 따라 그 공간은 온기를 뿜기도 하고 서늘한 기운을 뿜기도 해. 그러니까 공간이란 그 공간의 주인장을 닮는다는 말이야."

"주인장을 닮는다?"

"그래, 주인장이 편안하면 편안한 공간을 만들어. 주인장이 불편하면 공간도 불편해져. 불편한 공간의 느낌은 그 공간을 찾는 사람들에게도 고스란히 전해지지."

"무슨 말인지 알겠어. 나도 불편한 공간을 만들고 싶지는 않아. 그럴 것 같으면 카페를 하려고 하지도 않았을 테니까. 하지만 지금 하는 말이 창업 지원금 신청이랑 거랑 무슨 상관이야?"

"창업 지원금도 일종의 대출이야. 이자 없이 빌려 쓰는 돈이 아니라고. 당연히 갚아야 하는 돈이고.

"그런데?"

"일단 돈을 빌려 쓰기 시작하면 그 돈에 대한 책임을 지는 거야. 원금 상환과 이자 때문에 더 많은 돈을 벌어야 하겠지. 만약 그달 매출이 좋지 않으면 대출금 갚을 일이 걱정일 테고. 그럼 그 다음 달엔 자신의 카페를 찾는 고객들의 편안함을 살피기보다 고객들을 돈으로만 보게 되겠지. 오너가 불안하고 조급하면 그 공간도 그 마음을 그대로 담아내. 그런 곳에 누가 찾아오고 싶겠어? 어찌 되었든 카페는 사람과 사람이 만나는 공간이야. 그 만남이 누군가에겐 아주 중요한 어느 한때가 될 수도 있고, 또

누군가에겐 결코 잊을 수 없는 기억이 될 수도 있어. 때문에 카페의 오너는 자신의 공간뿐 아니라 그 공간을 찾아오는 사람들의 기억까지도 살펴야 한다는 거야."

"음, 무슨 뜻으로 말하는지 알겠어."

"그리고 멀리 내다봤을 때, 편안한 공간은 매출 향상을 이끄는 중요한 전략이기도 해. 카페를 살리고 카페에 가치를 부여하는 건 단골 고객이야. 단골이 많을수록 그 공간은 중요한 가치를 지니게 되지."

"그렇구나. 좋은 자리에 가게를 얻고 싶은 욕심에 내가 카페를 하려고 할 때 가졌던 초심을 잊을 뻔했어."

"되도록 자기 자본 안에서 해결하는 게 가장 좋은 방법이라는 것만 명심하면 돼."

"응. 일단 가지고 있는 돈 안에서 해결해볼게. 그래도……."

"그래도, 뭐?"

"앞일을 어떻게 알겠어? 사람 일이라는 게 그렇잖아. 늘 변수라는 게 있어. 사업은 오죽하겠어? 그러니까, 일단 창업 지원금에 대한 정보는 가지고 있는 게 좋지 않을까?"

"그냥 알고만 있을 거 같진 않은데."

"진짜야. 예비 차원에서 알고 싶은 거라니까."

해준은 천연덕스레 대꾸했다.

기관별 창업 지원금

대부분의 소자본 예비 창업자는 창업 자금이 그리 여유롭지 못하다. 이런 경우 대출을 생각하지만 은행권 대출은 확실한 담보를 요구하므로 쉽지 않다. 이때 정부 정책 자금을 잘 이용하면 창업 자금의 일정 부분을 해결할 수 있다. 정책 자금은 나라에서 일정 부분 보증을 서주기 때문에 담보 없이도 대출 가능하며 금리가 은행보다 비교적 낮다는 장점이 있다.

하지만 유의해야 할 것은 창업 지원금도 엄연한 빚이라는 사실이다. 대출을 받게 되면 아무래도 심적인 부담이 커질 수밖에 없고, 카페의 주인장이 돈에 쫓기면 그 장소를 찾는 고객들 역시 편안함과 안정감을 느끼기 힘들다. 카페라는 공간은 주인장을 그대로 닮은 거울과 같은 곳임을 잊지 말자.

꼭 창업 지원금을 받아야 하는 상황이라면, 금리가 낮으며 상환 조건이 유리한 정책 자금을 잘 알아보고 활용하자.

소상공인경영지원센터(서울특별시 서울신용보증재단)
- 명칭: 서울시 특별보증 창업 자금 및 임차 보증금
- 지원 대상: 창업 교육 이수 및 창업 컨설팅을 받은 사람. 창업 교육은 소상공인경영지원센터의 홈페이지에서 신청할 수 있다(재단에서는 창업 교육 및 창업 컨설팅을 무료로 지원).
- 지원 한도: 운영비 2,000만 원. 임차 보증금 5,000만 원

- 지원 기간 및 상환: 1년 거치 2년(혹은 3년, 4년) 균등 분할 상환과 2년 만기 일시 상환이 있음
- 금리: 연 4.5%(보증 수수료 1%)
- 필요 서류: 사업성 컨설팅 보고서
- 홈페이지: www.seoulsbdc.or.kr
- 전화: 1577-6169

중소기업청

- 명칭: 소상공인 창업 및 경영 개선 자금
- 지원 대상: 3개월 이내 서울시 사업자 등록
- 지원 한도: 5,000만 원 이내
- 지원 기간 및 상환: 5년(거치 1년)
- 금리: 연 4.5% (보증 수수료 1%)
- 필요 서류: 상담 컨설팅 확인서
- 홈페이지: www.sbdc.or.kr, www.smba.go.kr
- 전화: 소상공인진흥원 042-363-7725

근로복지공단

- 명칭: 장기 실업자 자영업 창업, 실직 여성 가장 자영업
- 지원 대상: 사실상의 여성 가장, 6개월 이상 실직 상태
- 지원 한도: 1억 원
- 지원 기간 및 상환: 1~2년 단위(최장 6년 연장)
- 금리: 연 3.0%
- 필요 서류: 사업 타당성 분석 및 상담 결과 통보서
- 홈페이지: www.kcomwel.or.kr
- 전화: 1588-0075

한국여성경제인협회

- 명칭: 여성가장창업자금 지원 제도
- 지원 대상: 배우자와의 이혼이나 배우자의 사망, 사고, 질병 등의 사유로 사실상 가족을 부양해야 하는 여성. 재산 기준 6,000만 원 이하. 소득 기준 월 117만 원 이하
- 지원 한도: 3,000만 원 이내
- 지원 기간 및 상환: 2년. 만기 일시 상환
- 금리: 연 3.0%
- 필요 서류: 창업 자금 대출 신청서 외
- 홈페이지: www.womanbiz.or.kr
- 전화: 서울 02-702-4244, 경기 031-211-2235. 그 외 지역은 홈페이지에서 확인 가능

서울신용보증재단

- 명칭: 자영업자 보증 지원
- 지원 대상: 저소득 자영업자, 창업 희망자. 신용 불량이나 연체가 없는 자
- 지원 한도: 5,000만 원
- 지원 기간 및 상환: 5년(거치 1년)
- 필요 서류: 신용보증 신청서
- 홈페이지: www.seoulsbdc.or.kr
- 전화: 1577-6119

카페 운영 3년이 지나 웬만큼 자신감도 생겼고, 규모를 더 키우고 싶다면 신용보증기금센터에서 청년 사업 자금을 최대 5,000만 원까지 대출받을 수 있다. 신용보증기금센터에서 신용보증을 받아 그 서류를 가지고 시중의 은행을 선택하면 된다. 각 은행마다 이자율이 다르지만 연 4%에서 4.5% 수준이다. 대출 조건은 만 39세 이하로 사업자 등록을 한 지 3년이 지난 사람으로 현재 개인 사업을 하고 있으며 매출이 발생하는 것을 증명하기만 하면 어렵지 않게 신용보증을 받을 수 있다.

자금 중장기 계획

"그건 그렇고 사업 자금의 중장기 계획은 언제 세울 거야?"

제이는 창업 지원금에 대한 설명을 한 뒤 물었다.

"중장기 계획? 그것까지 세워야 해? 창업 비용 배분만으로도 빠듯한데. 일단 2,000만 원가량의 예비비로 3개월이나 4개월 정도 운영할 수 있을 거야. 그럼 그 돈이 곧 중장기 계획이 되는 거 아닌가?"

"3개월 치의 운영비는 단기 자금 계획이야. 중장기 자금 계획은 적어도 6개월 이상의 운영비를 말하는 거야."

"개점 후 두어 달 운영비를 남겨두는 걸로도 빠듯한걸."

"개점을 한다고 무조건 이익이 발생하는 건 아니야. 그러니까 여유 자금이 필요한 거고. 창업 자금이 100이면 100을 다 쓸 생각을 하지 말고, 차라리 사업 규모를 줄이는 게 나아. 사업은 항상 예측 불가능하다는 걸 명심해. 예산을 짰다고 그 예산대로만 지출이 되는 것도 아니고 생각지도 못한 곳에 돈이 나가는 경우도 많아. 이런 경우를 대비하려면 자금을 보다 안정적으로 운영해야 해. 가진 돈에서 자금을 안정적으로 운영하려면 당연히 규모를 줄이는 방법밖에 없는 거고."

"규모를 어떻게 줄여?"

"부동산 비용을 조금 낮추는 방법도 있고, 인테리어를 할 때 너무 욕심을 부리지 않는 방법도 있지. 앞으로 돈 들어갈 일이 많을 텐데 그때마다 최소한의 자금으로 최대한의 가치를 발휘할 수 있는 방법을 찾아내기 위해 고민해야 해. 어쨌든 나중에 힘들지 않으려면 6개월 치의 운영비 정도는 확보해두는 게 좋아. 사업은 그렇게 시작하는 거야."

"알았어. 눈앞의 일만 생각하지 않고 좀 더 멀리 내다보도록 할게."

해준은 집에 가면 중장기 자금 계획부터 다시 세워봐야겠다는 생각을 하며 대답했다.

사업 자금 계획 시
단기와 중장기를 동시에 고려할 것

사업이 본궤도로 올라가기까지 수많은 시행착오와 실패의 위험성이 존재하기 때문에 사업 자금을 계획할 때는 단기 계획뿐 아니라 중장기 계획까지도 세워야 한다.

단기 자금 계획: 점포 임대 및 설비비, 점포 운영 경비(3개월)
중장기 자금 계획: 예비비 6개월

사업은 항상 불확실하고 예측이 불가능하기 때문에 충분한 자금 확보가 중요하다. 때문에 사업 진행 중 필요한 자금은 사전에 조달해야 한다. 또한 규모를 예산에 맞게 조절하여 창업 자금에 알맞게 창업을 시도하는 것이 중요하다.
사업 규모는 보수성에 입각하여 자금 조달 능력의 50% 정도로 축소하는 것이 좋다. 정확한 자금 조달 계획이 있어도 안정적인 경영을 도모하기 위해서는 사업 규모 축소도 염두에 두어야 한다.

손익분기점
산출하기

"그런데, 선배. 선배는 몇 달 정도 지나 이윤을 남기기 시작했어?"

해준은 지출 예산을 짤 때부터 궁금했던 질문을 슬쩍 꺼냈다.

"난 비교적 빨리 이윤을 낸 편이야. 개업한 지 석 달 만에 그 달의 손익분기점을 넘겼으니까."

제이는 무덤덤하게 대꾸했다.

"손익분기점?"

"손익분기점을 넘어서야 이익을 내지."

"아! 그렇지······."

해준은 말끝을 흐렸다. 얼마를 벌어야 손익분기점을 넘겼다고 할 수 있지? 손익분기점에 관한 구체적인 개념이 잘 잡히지 않았다.

"손익분기점을 정확하게 알려면 먼저 고정비와 변동비를 알아야 해."

제이는 눈치 빠르게도 해준의 혼란을 눈치채고 말을 이어나갔다.

"고정비는 매월 매출과 상관없이 고정적으로 지출되는 비용이야. 인건비, 임대료, 이자 등이 고정비에 해당되지. 변동비는 매출에 비례하여 발생되는 비용이야. 재료비, 수도·광열비 등을 변동비라고 할 수 있지. 손익분기점은 매출과 원가가 같아져 이익도 손실도 없는 지점을 일컬어. 그러니까 손익분기점을 넘어서면 이익이 발생하고, 손익분기점을 넘어서지 못하면 손실이 발생한다고 보는 거지."

"손익분기점을 알아야 이익이 발생했는지 아닌지를 알 수 있겠네."

"그렇지."

"손익분기점을 알려면 어떻게 해야 해?"

"손익 계산서를 작성하면 돼."

"손익 계산서?"

"카페에 든 모든 비용을 일람표로 작성하는 걸 손익 계산서라고 해. 손익 계산서만 보고도 얼마나 벌고 얼마나 손해를 봤는지 한눈에 알 수 있지. 또 모든 비용이 계산되기 때문에 매출과 비교한 각 비용의 비율이 적정한 수준인지도 알 수 있어. 손익 계산서에 적힌 모든 숫자는 카페 경영과 관련하여 계수 관리의 기본이 된다고 할 수 있지."

제이는 말로만 설명하는 것으로는 성에 차지 않았는지 노트에다 손익분기점의 공식을 써주었다.

손익분기점 산출법

손익분기점

고정비/(1-변동비율)

***변동비율** 이익에 대한 변동비의 비율. 변동비/매출액

손익분기점 산출 방법 예시

	변동비				고정비	
		매출	원가율	비율	임대료	300만 원
재료비	음료수	60%	30%	0.18	인건비	150만 원
	음식	40%	30%	0.12	기타	150만 원
경비				0.1	합계	600만 원
합계				0.4		

손익분기점 = 고정비/(1-변동비율) = 600만 원/(1-0.4) = 1,000만 원

위의 경우 월 매출이 1,000만 원이면 손익분기점에 도달한다. 따라서 1일 약 33만 원(1,000만 원/30일)의 매출이 발생해야 한다.

손익분기점에 대해 알고 난 해준에게 또 다른 궁금증이 생겼다.

"매출액이 늘수록 손익분기점은 낮아지는 거잖아."

"그렇지."

"그럼 매출이 늘지 않으면 절대 손익분기점을 낮출 수 없는 건가?"

"그건 아니야. 매출액이 같을 땐 변동비를 낮추는 방법도 있지. 이를테면 식재료비를 낮추는 것으로 손익분기점을 낮추는 거야. 하지만 장기적으로 볼 때 이건 좋은 방법이 아니야. 메뉴의 품질이 나빠지면 곧 고객 감소로 이어지니까."

"그럼 고정비를 낮추는 건 어때?"

"그것도 그다지 좋은 방법이 아니야. 고정비는 말 그대로 고정으로 들어가는 비용이야. 일단 임대료는 낮추고 싶다고 낮출 수 있는 건 아니잖아. 그럼 인건비밖에 없는데, 인건비 삭감은 직원 수를 줄여야만 가능하지. 그런데 직원이 줄면 당연히 서비스의 품질이 저하될 수밖에 없겠지."

"그러니까 손익분기점을 낮추려고 꼼수를 부리지는 말라는 거구나. 멀리 내다보면 오히려 더 매출을 줄이는 악재가 될 수도 있으니까."

"물론 비용을 아낄 수 있으면 아껴야겠지. 하지만 비용을 아끼기 위해 서비스의 질을 떨어뜨리는 것보다는 비용이 좀 더 들고 손익분기점이 조금 더 높더라도 쓸 데는 쓰는 것이 좋아."

"그럼 손익분기점을 넘긴 후엔 매달 얼마를 벌어야 괜찮다고 할 수 있을까?"

"그야 투자 규모에 따라 다 다르겠지."

"내 경우 말이야. 월 300만 원? 아니면, 월 400만 원? 얼마를 벌어야 괜찮은 매출일까?"

"목표 수익률은 투자 금액의 2%가 적정선이야."

"2%?"

"네가 카페에 투자하는 금액은 1억 5,000만 원이잖아. 그럼 그 돈의 2%가 되는 거지."

"그럼 월 300만 원?"

"그렇지 월 순이익이 300만 원이 되어야 해. 네가 들고 가는 돈이지."

"목표 수익률치고는 너무 적은데?"

"거기다 너의 인건비를 책정하면 돼. 100만 원 내지 150만 원 정도가 네 인건비라고 보면 매달 들고 가는 돈이 400~450만 원이 되는 거지. 목표 수익률에 도달할 수만 있다면 웬만한 회사에서 주는 월급보다는 낫지."

"잠깐, 잠깐. 어째서 400~450만 원이 나오는지 한 번 더 계산 좀 해볼게."

해준의 목표 수익금
- 목표 수익률: 투자 금액의 2%
- 나의 목표: 수익률 1억 5,000만 원의 2% = 300만 원
- 월 순이익: 300만 원(나의 인건비 100~150만 원)
- 합계: 매달 400~450만 원

해준은 직접 계산해본 다음에야 고개를 끄덕이며 중얼거렸다.

"400만 원……. 순수익이 400만 원만 되어도 원도 한도 없겠다."

"그래서 목표 수익률이지. 순수익을 400이나 450까지 끌어내기 위해서는 그만큼 많은 노력을 기울여야지."

"노력도 노력이지만 진짜 입지 조건이 좋은 곳에 카페를 차려야겠네.

어쩌지? 자꾸만 욕심이 생겨. 권리금을 좀 주더라도 목 좋은 곳에 카페를 차리고 싶어. 만약에 지출 예산에서 부동산 비용의 비율을 20% 정도 올리고 인테리어 비용의 비율을 20% 낮추는 건 어떨까? 인테리어 업체에 맡기는 대신 내가 발품을 팔면 되잖아."

"정말 자신 있다면 그렇게 해도 괜찮겠지. 하지만 까딱 잘못하다간 카페의 스타일을 엉망으로 만들 수도 있어."

"선배는 왜 잘 안 되는 상황만 생각하는 거야?"

"그런 게 아니라 위험을 줄이려는 거야. 인테리어를 업체에 맡기지 않고 스스로 할 만큼 감각이 있는지는 시간을 두고 생각해봐. 하지만 그 전에 자신이 욕심을 부리고 있는 것은 아닌지도 판단해봐야 할 거야. 욕심은 금물이야. 욕심은 눈을 멀게 하는 원인이 되거든. 눈이 멀면 판단력이 흐려져. 좋은 걸 보고도 좋은 것인지 모르고, 나쁜 것인데도 좋은 것인 줄 알고 선택하게 돼."

"그래도, 선배. 좋은 입지를 선택하려면 부동산 비용에 좀 더 많이 투자하는 게 좋은 거 아니야? 그걸 꼭 욕심이라고 볼 수 있나?"

감가상각비와 캐시 플로(Cash Flow, 현금 흐름)

감가상각비의 사전적 의미는 건물이나 기계 설비 등의 고정자산의 가격 감소를 보상하기 위한 비용을 말하며 원가계산의 경비 또는 간접비 속에 포함된다. 또한 월 영업이익을 캐시 플로(cash flow, 현금 흐름)라고 하는데 이는 감가상각비와 경상이익(순이익)을 더한 금액을 말한다. 흔히 현금 흐름을 말할 때, 감가상각비를 누락시켜 말하는 경우가 종종 있는데 반드시 감가상각비를 포함시켜 생각해야 한다.

상가건물 임대차보호법
정확하게 알기

"욕심이야."

제이는 해준의 기대와는 달리 단호하게 말했다.

"진짜 그렇게 생각해?"

"조금 전에 지출 예산서를 작성했지?"

"그랬지."

"지출 예산서는 사업 계획서의 한 부분이야. 사업 계획서를 작성하는 건 말 그대로 계획에 따라 움직이기 위해서지. 그런데 그중 하나를 계획보다 더 지출하게 되면 도미노처럼 다른 부분들도 밀려나게 되어 있어. 그럼 정작 지출해야 하는 부분에서 돈이 부족해지는 거지. 그리고 막상 부동산을 돌아다니다 보면 좋은 매물들을 많이 보게 될 거야. 네 예산보다 훨씬 더 값비싼 매물을 말이야. 건물생심이라고 좋은 매물을 보면 당연히 마음이 생기지. 그럼 이렇게 생각하게 돼. 다른 걸 줄여서라도 이걸로 계약하자. 덜컥 계약한 뒤엔 부족한 자본금을 채우기 위해 대출을 알아보게 되겠지. 그런데 대출이 문제가 아니야. 원래 세운 계획 같은 건 깡그리 사라져버릴 테니까. 그렇기 때문에 처음 마음이 중요한 거야. 정확하게 현실을 인식하고 그 현실 안에서 움직여야겠다고 생각하는 마음. 본인이 가진 것보다 더 큰 돈을 지불해야 하는 것엔 애당초 눈을 돌리지 않는 게 좋아."

"하지만 내가 알고 있는 카페 오너들 대부분은 하나같이 카페의 성공 요인을 좋은 입지 조건으로 꼽더라고."

"입지가 중요하지 않다고 말하는 건 아니지. 네가 가진 예산 안에서 좋은 입지를 찾아야 한다는 거야."

"좋은 입지는 돈에 비례하는 거 아닌가?"

"확실히 보증금이나 권리금이 높을수록 장사가 잘되는 곳일 확률은 높아. 하지만 100%는 아니야. 높은 권리금을 내고도 매출이 좋지 않아 문을 닫는 곳도 있어. 그 반대의 경우도 있지. 그렇기 때문에 발품을 더 팔아야 하는 거야."

"그 말은 부동산을 될 수 있는 한 많이 둘러보라는 거지?"

"그건 기본이고. 창업 자금이 많지 않지만 좋은 입지 조건을 찾는 방법도 있어."

"그런 방법도 있어?"

"입지가 좋고, 장사가 잘되는 카페인데도 싸게 나온 걸 찾으면 되지."

"그런 게 어디 있겠어?"

"왜 없어? 사람마다 사정이라는 게 있잖아. 개인적인 사정상 점포주가 급하게 내놓은 매물을 기다리며 찾는 것도 한 방법이야. 또, 입지 조건이 좋은데도 커피 맛이 없거나 카페 분위기가 좋지 않아 망한 곳을 눈여겨 보는 방법도 있고."

"일단 운이 좋아야겠구나."

"운도 노력이야."

"그리고 또?"

"좋은 매물이지만 싸게 나온 곳을 찾지 못했다면 주택가나 골목의 틈새 상권을 개척해나가야겠지. 발품을 잘 팔면 의외로 싼 권리금으로도 좋은 상권의 점포를 구할 수가 있어. 진짜 능력은 자신이 가진 자금 안에서 최대치의 가치를 발휘하는 것을 찾는 거야. 그리고 그러한 능력은 온전히 노력으로 얻을 수 있는 거고."

"하기야, 돈이 많으면 어려울 게 뭐가 있겠어? 가진 돈에서 좋은 것을 구하려니 어려운 거지."

"그래서 급하면 안 된다는 거야. 뭘 하든 시일을 급하게 잡으면 그만큼 발품을 팔 시간이 없다는 거니까. 좀 두고 보면 좋은 매물이 나올 수도 있는데 시간에 쫓기거나 마음이 급하면 덜컥 계약부터 하려 들지. 점포 계약 후에도 마찬가지야. 계약 시점부터 월세가 빠져나가니까 최대한 빨리 매장의 문을 열려고 할 거 아니야? 그럼 인테리어부터 마케팅까지 시간에 쫓기게 돼. 시간에 쫓기면 짚고 넘어가야 할 것도 구렁이 담 넘어가듯이 대충대충 넘어가게 되지. 나중에야 문제점들을 발견하고 후회해도 소용없어. 그래서 창업의 가장 중요한 요인 중 하나는 충분한 시간 획득이라고도 할 수 있지."

"알았어. 입지 선정부터 시간을 두고 찬찬히 살펴볼게. 그리고 내가 운영만 잘하면 권리금을 받고 나올 수도 있는 거잖아. 권리금이 없는 곳에 들어가 권리금을 받을 정도로 잘하면 되지. 아! 그런데 권리금 말이야."

"권리금이 뭐?"

"영업 권리금이나 시설 권리금은 건물주와 상관없이 이전 점포주에게 주는 거잖아. 만약 내가 권리금을 지불하고 그곳에 카페를 차렸는데, 건물주가 2년이나 3년이 지나 그 점포의 업종을 전환시키겠다고 나가라고 한다면? 그때도 권리금을 받을 수 있나?"

"영업 권리금이나 시설 권리금은 관행적으로 인정될 뿐이야. 현행법상 권리금에 관한 법 규정은 없어. 그러니 때에 따라서는 받기가 힘든 돈이지."

"그럼 어떻게 해?"

"대신, 상가임대차보호법이라는 게 있어."

"상가임대차보호법?"

"임차인의 권리를 보호하는 법이야. 계약 기간에 상관없이 임차인이 5년까지 기한을 연장할 권리를 가지는 거지. 건물주는 임대료를 12% 내에서 올려야 하고. 하지만 이 법은 모든 임차인에게 해당되지 않아. 영세 상인만이 이 법의 적용을 받을 수 있어."

"그렇구나. 그런데 상가임대차보호법이랑 권리금이랑 무슨 상관이야?"

"권리금을 지불하고 들어갔는데 건물주가 상가에서 나가라고 하면 어떻게 되겠어?"

"권리금은 법적으로 보호를 받지 못하니 다 날릴 수도 있겠지."

"바로 그거야. 기껏 권리금을 지불했는데 제대로 장사도 못 하고 쫓겨

날 수도 있지. 하지만 상가임대차보호법의 적용 대상이 되면 함부로 쫓겨나는 일은 없다는 거야."

"적용 대상이 되는 영세 상인을 구분 짓는 기준이 뭐야?"

"영세 상인들에게만 해당이 돼. 창업 노트를 펼쳐봐. 그곳에 상가건물 임대차보호법과 이 법의 적용 대상에 대해 알 수가 있을 거야."

해준은 창업 노트를 펼쳐 '상가건물 임대차보호법' 부분을 찾았다.

상가건물 임대차보호법

우리나라 법에는 임차인의 권리를 보호하는 상가건물 임대차보호법이 있다. 상가건물 임대차보호법에는 계약 기간에 상관없이 임차인이 5년까지는 기한을 연장할 권리를 가지고 있으며 건물주는 임대료를 12% 내에서 올려야 한다. 임차인의 권리를 보호하기 위해 만든 법이지만 모든 임차인에게 해당되는 것은 아니다. 보증금(환산 보증금)이 일정 금액 이하인 영세 상인만이 이 법의 적용을 받을 수 있다.

영세 상인 구분 기준
- 서울: 환산 보증금 3억 원 이하
- 수도권정비계획법에 의한 과밀 억제 구역: 환산 보증금 2억 5,000만 원 이하
- 광역시(군 지역과 인천광역시 제외): 환산 보증금 1억 8,000만 원 이하

환산 보증금 = 보증금 + (월세×100)

"이 기준에 의하면 내가 가진 자본금으로 카페를 차릴 경우엔 상가건물 임대차보호법이 적용되는구나."

"자본금만 보면 그렇지. 하지만 만약 네가 월세를 250만 원 이상 내는 곳에 카페를 차린다면 임대차 보호를 받기는 힘들어."

"아! 그렇게 되나? 부동산 임대료를 6,000만 원으로 책정했으니까……."

해준은 그 자리에서 환산 보증금을 계산해보았다.

> **월세 250만 원의 점포일 경우** 보증금 6,000만 원 + (월세 250만 원 × 100) = 3억 1,000만 원

"서울은 환산 보증금이 3억 이내여야 보호를 받을 수 있으니, 정말 그러네."

"입지만 좋다면야 월세가 높아도 할 만해. 하지만 이왕이면 임대차 보호를 받을 수 있는 범위 내에서 구하는 게 좋잖아. 또, 소자본 창업인데 무리해서 월세를 내는 것은 위험 부담도 크고."

"그렇구나."

해준은 고개를 끄덕이다 말고 갑자기 제이를 빤히 쳐다봤다.

"왜 그래? 왜 그렇게 쳐다봐?"

이상해하며 제이가 물었다.

"내가 고맙다는 말을 했나?"

해준은 쑥스럽게 웃었다. 사실, 몇 번이나 감사의 뜻을 표현하고 싶었는데 그 말이 쉽게 나오지 않았던 것이다.

"말보다는 행동. 내 도움이 헛되지 않도록 빠른 시일 내에 손익분기점을 넘기도록 해."

기존 카페를 인수할 때 주의할 점

기존 카페 인수 시엔 설비, 가구, 집기 등을 통째로 인수받는 경우가 많다. 이 때문에 시설 권리금을 따로 지불하는 것이다. 하지만 막상 인수를 받은 뒤엔 설비가 고장 나 있거나 그냥 보기엔 아무 문제가 없었던 가구나 집기가 실제로는 문제투성이인 것들이 있을 수도 있다. 이렇게 되면 시설 권리금을 지불했지만 또다시 시설 투자, 물건 구입 등에 돈을 들여야 하는 이중 지불의 위험성이 따른다. 이런 경우를 피하기 위해서는 인계받을 시설의 기능을 확인하고 여타의 가구나 집기를 꼼꼼하게 살피는 노력이 필요하다. 또한, 전 주인의 영업 기간을 알아봐서 시설물 및 집기의 사용 기간을 추측하는 것도 도움이 된다. 시설 권리금의 인수 계약서는 따로 없지만 계약 시 꼭 체크해야 하는 내용은 다음과 같다.

비품 및 시설 인수를 위해 체크해야 할 점

- 비품 목록을 필히 작성한다. 이는 계약 전에 인수받기로 한 물품을 계약 후 받지 못하게 되는 일을 미연에 방지하기 위해서다.

비품 목록 항목 예시

번호	품명	규격	수량	AS 업체 연락처
1				
2				
3				

- 목록서 작성 후 양도인, 양수인, 중개업자가 목록을 확인했다는 표시로 각자의 도장을 찍는다.
- 정수기나 주류 냉장고 등의 렌털 용품의 승계나 해지 여부를 정확하게 살펴본다.
- 이전의 업주가 재고 물품의 정산을 정확하게 해두었는지를 살펴보고 각종 공과금에 대한 영수증을 받아두도록 한다.
- 거래 업체의 연락처를 받아두고 인수인계에 소홀함이 없어야 한다.
- 카드 단말기를 인수했을 경우에는 카드 단말기의 사업자 변경 신청을 확실히 해야 한다.

CHAPTER 2

카페 창업의
가장 큰 숙제,
입지 선정

선택한 지역의
상권을 분석하라

해준은 카페 창업을 결정했을 때부터 마음에 둔 지역이 두 군데 있었다. 한 곳은 그녀가 10여 년이나 살고 있어 구석구석 모르는 곳이 없을 정도로 익숙한 합정역 근처였고 또 한 곳은 그녀가 다니던 회사가 위치한 신사동이었다. 합정역은 홍대나 상수에서 형성된 카페 거리와의 접근성이 좋고 유동 인구도 꽤 많은 편이다. 신사동은 가로수길 이면 도로(차가 들어갈 수 있는 중앙선 없는 도로)에 있는 점포들의 임대료가 생각만큼 비싸지 않은 데다 오피스가 많아 유동 인구가 확보되는 지역이다. 인근에 주택가와 아파트 단지가 인접해서 단골 고객도 충분히 유치 가능하다는 장점도 있었다. 고민 끝에 해준은 신사동 쪽에 매장을 얻기로 결정했다.

일단 결정한 뒤 해준은 창업 노트를 참조해 신사동 이면 도로에서 그녀가 평소 눈여겨봤던 거리의 상권 분석에 들어갔다.

해준의 상권 분석

입지
- 지하철 3호선 신사동 이면 도로
- 도보로 7분에서 10분 거리에 위치한 거리
- 자가용 이용 가능(한남대교 2분 진입)
- 가로수길 도보 5분

주변 상권 분석 및 사업 기회
- 오피스가 많음
- 주변 식당은 오피스를 겨냥해 5,000원에서 7,000원의 중저가 식단으로 구성되어 있음
- 주변 카페는 식사 후 후식으로 커피를 찾는 고객을 대상으로 한 저가 커피 시장이 형성되어 있음
- 카페 자리로 눈여겨보는 거리에는 직경 500m 전후로 저가의 소형 카페가 약 7개 있음
- 특이사항: 미팅을 할 수 있는 편안한 공간으로 구성된 카페에 대한 니즈가 존재함

예상 고객
- 가로수길 이면 도로 → 유동 인구 有
- 주변에 원룸과 아파트 → 단골 고객 有
- 개성이 강한 디자인 회사 및 중견 기업들 → 고정 고객 有

해준은 원하는 지역의 상권 분석을 끝낸 후 본격적으로 그 지역의 부동산을 찾아다니기 시작했다. 사실 전셋집을 구하기 위해 부동산을 찾은 적은 몇 번 있지만 이번엔 점포를 찾는 것이라 적잖이 긴장되었다. 그러다 보니 부동산 문을 열고 들어설 때도 남의 옷을 입은 양 어색해서는 본인이 원하는 것이 무엇인지 정확하게 말하지 못하기 일쑤였다.

처음에 찾아간 부동산에선 업자가 서너 개의 매물을 보여주었지만 전부 구석진 곳에 위치해 카페 자리로는 적합하지 않았다. 다른 부동산에

서는 그녀가 원하는 지역에서 꽤 떨어진 곳에 데려가 그쪽보다는 이쪽이 훨씬 상권이 좋다며 설득하기까지 했다. 하지만 무엇보다 그녀를 당혹스럽게 만든 건 대부분의 중개업자들이 한결같이 "지금 당장 계약하지 않으면 이렇게 좋은 매물을 놓친다"라고 말하며 돌아서는 그녀의 등 뒤에서 혀까지 끌끌 차는 모습이었다. 중개업자가 그렇게 말하면 그냥 보기에도 문제가 많아 보이는 점포까지도 아깝게 놓친 것은 아닌가 하는 생각까지 들었다. 하지만 그런 생각을 하는 것도 하루 이틀 정도였고, 이후로는 중개업자들이 무슨 말을 해도 믿을 수가 없었다. 어떨 땐 작정하고 그녀를 속이려 드는 것 같기도 하고 어떨 땐 속이는 것까지는 아니지만 그 부동산의 매물이 죄다 좋지 않은 것만 있는 것 같기도 했다. 그러다 보니 며칠 부동산을 돌아다녀도 마음에 드는 매물은 하나도 소개받지 못했다.

"선배, 아무래도 부동산 사람들이 나를 너무 만만하게 보는 것 같아. 죄다 속이려고만 하고. 마음에 드는 매물은 통 보여주지도 않고. 정말 미안한데 며칠만 나랑 함께 부동산 좀 다녀주면 안 될까?"

결국 해준은 제이에게 달려가 하소연을 하고 말았다.

상권 분석 포인트

창업 전에 가장 중요하게 고민해야 하는 것은 위치 선정이다. 아무리 많은 투자 자금을 들여 창업을 한다 해도 위치가 좋지 않으면 성공하기 힘들다. 창업하고자 하는 지역을 정했다면 그 지역의 상권 분석이 선행되어야 한다. 상권 분석은 해당 지역의 주거 인구 성향, 유동 인구 수, 연령대 분포, 동종 업종 수 등을 객관적 자료로 분석하는 것을 말한다.

상권 분석의 포인트

- 고객층의 특성을 살펴라.
- 고객층의 동선을 파악하라.
- 주변 환경을 살펴라(학교, 오피스, 교회 혹은 성당, 아파트 단지나 주택가 등이 분포되어 있는 현황).

소상공인진흥원의 상권 정보 시스템을 활용하라

소상공인진흥원에서는 창업을 준비하는 사람들에게 무료로 상권 분석 정보를 제공하고 있다. 해당 지역의 상권 특성, 상권 현황, 점포 밀집도, 거주 인구, 유동 인구 등의 자료를 찾을 수 있으며 로드 뷰로 상권의 실제 모습도 확인할 수 있다.

- 소상공인진흥원 상권 정보 시스템 사이트: sg.seda.or.kr
- 상권 정보 시스템 활용법 콜센터: 1644-5302

부동산 중개업자와
친해져라

사실 해준은 부동산을 찾는 일부터는 혼자 힘으로 해내고 싶었다. 제이에게 조언을 구하되 그의 시간을 빼앗고 싶지는 않았던 것이다. 그리고 자신이 얼마나 잘해내는지 스스로에게 증명하고 싶은 마음도 컸다. 때문에 웬만하면 부동산을 함께 다녀달라는 부탁 같은 건 하고 싶지 않았지만 부동산을 몇 군데 돌다 보니 이대로는 곤란하겠다는 생각이 들어 구원 요청을 할 수밖에 없었다.

"한 이틀 함께 다니는 거야 못할 것도 없지. 네가 맛있는 저녁도 사줄 거잖아."

해준은 자신의 부탁을 선뜻 들어주는 제이가 고마워 저녁뿐 아니라 간식, 후식까지도 사줄 준비가 되어 있다고 말했다. 그러자 제이는 피식 웃으며 말을 이었다.

"그런데 지금 네 문제는 내가 함께 다니고 안 다니고의 종류가 아닌 것 같은데. 부동산에 찾아가서 뭐라고 했어?"

"카페를 할 만한 점포를 찾는다고 했지."

"그리고?"

"좋은 매물이 있으면 보여달라고 했지."

"그리고?"

"그리고……. 그냥 그 말만 듣고도 중개업자가 좋은 매물이 있다고 보여주겠다고 하던데? 카페 할 만한 자리로 이보다 적당한 곳이 없다면서. 다들 그랬어."

"그래서 틀렸다는 거야. 카페를 할 만한 자리라는 건 범주가 너무 넓잖아."

"그럼 어떻게 말해? 카페를 할 거니까 카페를 할 만한 점포라고 한 건데."

"구체적인 조건을 말해야지."

"구체적 조건?"

"무턱대고 카페 자리를 찾는다고 하면 그쪽에서도 대충 카페를 할 수 있을 만한 점포를 보여줄 수밖에 없어. 딱히 어떤 조건 안에서 보여줄 필요가 없으니까. 하지만 넌 네가 원하는 게 무엇인지 정확하게 알고 있잖아. 일단 부동산 비용은 6,000만 원 이내이고, 평수는 20평에서 30평 정도이지. 이면 도로지만 골목 안 구석진 곳이 아니라 사람들이 오가며 간판 정도는 볼 수 있는 곳이어야 해. 맞지?"

"응."

"그런데 왜 중개업자에겐 그런 내용을 말하지 않았어?"

"아, 그게…… 내 조건에 꼭 맞는 매물이 없을 수도 있고, 또 그쪽에서 이것저것 다 보여주면 내가 선택할 범위도 더 넓어질 것 같아서."

"부동산 중개업자가 이것저것 다 보여주면 구경이야 많이 할 수 있겠지. 하지만 그 전에 네가 원하는 조건이 무엇인지는 분명하게 해. 그래야 그쪽에서도 네 마음에 들 만한 점포를 보여줄 확률이 높아질 테니까. 괜히 아무거나 보면서 힘 뺄 필요는 없잖아, 서로."

"그러네."

"그리고 한 가지 더. 될 수 있으면 부동산 중개업자와 친해지도록 노력해봐. 그 지역의 모든 중개업자와 친해지라는 말은 아니고, 적어도 한두 사람 정도와는 긴밀한 친분 관계를 유지하도록 해봐."

"친해지고 싶다고 친해질 수 있는 건가?"

"적어도 노력을 할 수는 있잖아. 이를테면 한 부동산에는 매일 출근 도장을 찍으며 안면을 익히는 거야. 빈손으로 가지 말고 음료수라도 사 가는 성의도 보여. 가끔은 점심이나 저녁을 같이 하자고 하기도 하고."

"너무 속 보이지 않을까?"

"속 좀 보이면 어때? 사람 마음을 얻기 위한 노력인데. 카페 창업도 어차피 다 사람이 하는 일이야. 혼자만 잘나서 할 수 있는 일은 아니지. 부동산 중개업자를 만나는 일도 그렇고, 인테리어 업자를 만나는 일도 그래. 사람 마음을 얻을 때 훨씬 더 좋은 결과를 낼 수 있어. 그러니까 속 보이는 일이라 생각하지 말고 함께 일하는 사람들과 친분을 쌓는 일이라고 생각해. 웃는 얼굴에 침 못 뱉는 다잖아. 그리고 입장을 바꿔 네가 부동산 업자라 해도 한 번이라도 더 보고 친근하게 대화를 나눈 사람에게 좋은 매물을 주고 싶지 않겠어?"

"에휴. 차라리 합당한 돈을 지불하고 물건을 사는 일이라면 훨씬 쉬울 것 같네. 사람 마음까지 얻어야 하는구나."

"부동산 문제뿐만이 아니야. 카페의 본질이 그래. 사람 마음을 못 얻은 카페가 오래 살아남을 수 있겠어?"

"그건 그렇지."

"그럼 이제부턴 좀 다른 방식으로 부동산을 찾아다닐 수 있겠지?"

"응."

"그럼 내가 같이 안 가도 되는 거지?"

"응. 아, 아니. 하루만 같이 가줘. 선배가 하는 걸 지켜보고 좀 따라 해 보게."

부동산 알고 찾아가기

부동산 다닐 때 주의 사항

내가 원하는 점포의 구체적인 그림부터 그려라

자신이 원하는 카페의 구체적인 조건을 가지고 부동산을 찾는다. 무작정 찾아가 "카페를 할 건데요, 적당한 자리 좀 알아봐주세요"라고 하는 건 바람직하지 못한 태도다. 원하는 위치, 평수, 금액 등의 조건에 대한 그림을 가지고 있어야 하며 그것을 구체적으로 제시해야 한다.

되도록 많은 부동산을 찾아다녀라

똑같은 매물이라도 부동산마다 가격 차이가 있다. 발품을 많이 팔수록 좋은 점포를 얻을 수 있음을 잊지 말자.

급매물로 나왔다는 말에 덜컥 계약부터 하지 말자

일단 점포를 계약하면 당장 그달 월세부터 지불해야 한다. 월세를 낼 생각에 모든 일을 서두르다 보면 인테리어부터 집기를 구하는 일까지 여유를 두고 살필 수가 없다.

부동산도 싼 게 비지떡이다

무조건 싸다고 좋은 것은 아니다. 싼 것에는 이유가 있다. 주변의 다른 주인들이랑 이야기를 해보면 그 점포의 보증금이나 월세가 싼 이유를 알 수 있다. 만약 다른 가게의 삐끼가 있다면 삐끼들에게 물어보는 것도 좋은 방법이다.

부동산 업자와 친해져라
주변 시세, 건물주의 성향, 건물의 상황, 좋은 매물 등의 정보를 가장 잘 알고 있는 사람은 중개업자다. 한두 군데 부동산은 자주 방문하며 중개업자와 일상적인 대화라도 나누자. 이왕에 가는 걸음, 음료수라도 사 가는 정성을 보이는 것도 좋고 점심이나 저녁을 함께 먹자고 권하는 것도 괜찮다.

부동산 중개업자를 100% 믿지는 마라
부동산 중개업자는 철저히 건물주 편이라는 것을 잊지 말자. 건물주는 계속 좋은 관계를 유지해야 하는 고정 고객이지만 세입자는 뜨내기 손님에 불과하다. 당연히 그들의 입장에서는 건물주의 이익을 우선시하게 되어 있다. 이를테면 물이 새는 등의 하자가 있어도 부동산 중개업자는 절대 말해주지 않는다. 따라서 소개받은 건물에 대해서는 직접 발품을 팔면서 알아볼 필요가 있다.

부동산 방문에 임하는 바람직한 자세
- 어쩌다 부동산에 들어가 가볍게 묻는 것처럼 보여서는 안 된다.
- 자신이 진지한 고객임을 어필한다.
- '나는 아무것도 몰라요' 하는 자세는 버려야 한다. 부동산 관련 서적을 읽어 대략 어떤 내용을 챙겨야 할지는 공부해두는 것이 좋고, 일대의 건물들에 관한 정보도 어느 정도 알아두도록 한다.
- 입지가 좋은 점포가 나오면 바로 계약할 수 있다는 인상을 남긴다.
- 실제로 좋은 점포가 나왔을 때 그 기회를 놓치지 않고 바로 계약할 수 있도록 준비해두어야 한다.

해준이 다시 제이의 카페를 찾은 건 부동산을 들락거린 지 한 달쯤 지나서였다. 그녀는 그동안 두 군데의 부동산 중개업자와 농담을 나눌 만큼 친분을 쌓았고, 주변의 상권이나 건물주에 대한 정보를 심심찮게 알아내기도 했다. 그러다 보니 부동산을 찾는 게 처음처럼 어색하지 않았고 다양한 점포를 보고 비교 분석하는 걸 즐기는 단계에까지 이르렀다.

"잘하고 있네."

제이는 해준이 지난 한 달 동안 경험한 일들을 듣고는 칭찬해주었다.

"다 선배 덕이지. 선배랑 같이 부동산 찾아갔을 때 내가 얼마나 놀랐는지 알아? 선배가 그렇게 친화력이 높은 사람인 줄 몰랐다. 어쨌든 그 덕에 나도 한 수 배웠지만. 그런데 한 달을 헤매고 다니면서 공부는 많이 됐지만 결과는 없어. 자리가 좋으면 보증금이 높고, 보증금이 낮으면 자리가 좋지 않고. 심지어는 보증금과 권리금이 턱도 없이 높은데 자리가 좋지 않은 곳도 있더라니까. 마음에 딱 드는 점포를 찾는 게 이렇게 어려울 줄이야."

"조급해하지 말라니까. 이제 겨우 한 달이잖아."

"새삼 선배가 대단해 보여. 이런 자리는 어떻게 구했대?"

해준은 30여 평가량의 제이의 카페를 둘러보며 물었.

제이 역시 초기 투자 비용이 많지 않았기 때문에 1년여의 준비 기간을 두고 오랜 시간 발품을 팔았다. 그렇게 발품을 팔아 선택한 곳은 이면 도로에 새로 짓는 건물의 1층이었다. 덕분에 권리금을 내지 않아도 됐지만 아무것도 없는 공간에서 새로 시작하느라 인테리어 비용과 여타의 물품 비용이 많이 나갔다. 대신 세세한 부분까지 그의 손길이 미치지 않은 곳이 없었기에 카페의 분위기는 그를 많이 닮아 있었다.

"나도 빨리 카페를 열고 싶어."

"조급하게 생각하면 힘들지 않을 일도 힘들게 되어 있어. 시간을 최대한 활용한다고 생각해."

"선배 말을 들으면 그래야지 하다가도 돌아서면 잊어버린단 말이야."

"그래서 여길 자주 찾는 거잖아. 다짐을 잊지 않으려고. 그래, 오늘은 뭐가 궁금해서 온 거야?"

"실은 어제 한 부동산에서 꽤 괜찮은 점포를 보여줬어. 그런데 권리금이 엄청 비싼 거야. 그 일대의 다른 점포에 비해 1.5배는 높은 것 같더라고. 중개업자 말로는 다른 부동산을 돌아다녀봤자 여기처럼 좋은 점포는 없을 거래. 그래도 권리금이 너무 비싸다고 하니까 비싼 데엔 비싼 이유가 있다며 절대로 놓쳐서는 안 되는 매물이라고 하는 거야."

"네 말을 들어보니 권리금 장사를 하는 부동산일 확률이 높네."

"권리금 장사를 하는 부동산? 그건 또 뭐야?

"해당 상권마다 평균 권리금이라는 게 있어. 그런데 어떤 중개업자들은 그 액수보다 더 높은 권리금을 부르기도 하지."

"왜? 권리금을 받아 챙기는 건 부동산 중개업자가 아니라 점포주잖아. 그런데 왜 중개업자가 높게 부르는 거야?"

"세입자에게 평균 이상의 권리금을 받아내는 조건으로 부동산 업자는 일종의 보상금을 받아 챙기는 거지."

"보상금?"

"이를테면 중개업자가 점포주에게 이렇게 말하는 거지. '내가 다른 부동산보다 더 많은 권리금을 받게 해주겠다. 그러니 이 점포는 우리 부동산에만 내놓아라. 대신 다른 곳보다 더 받아낸 권리금의 몇 %는 내가 가지고 가겠다'."

"아!"

"이런 부동산을 두고 권리금 장사를 한다고 해. 덧붙여 독점 부동산이라고도 하고."

"그렇구나. 하지만 작정을 하고 속이는 건데 내가 어떻게 알아차릴 수 있어?"

"그러니까 그 일대 부동산을 되도록 많이 찾아다녀야 하는 거지. 평균 권리금이 어느 정도인지 알아봐야 하는 거고. 터무니없이 높게 책정된 금액을 부르면 가차 없이 뒤돌아서고."

제이는 그렇게 말해놓고도 걱정이 되었던지 다시 한 번 강조했다.

"중개업자들과 친분을 쌓되 그 한두 명의 말만 전적으로 믿어서는 안 돼. 그렇다고 무조건 사람을 의심해야 한다는 뜻이 아닌 건 알지? 계약 전에 필요한 서류는 꼭 직접 떼보고, 일일이 내 눈으로 다 확인해봐야 한다는 뜻이야."

"알겠어. 모든 서류는 다 직접 확인해볼게. 그리고 물어볼 게 한 가지 더 있는데."

"뭔데?"

"2층이나 3층은 어때? 중개업자들 말로는 꼭 1층이 아니어도 괜찮다고 하던데?"

"넌 평소에 1층 카페만 가?"

"꼭 그렇진 않지."

"카페의 분위기가 좋으면 고객들은 계단을 오르는 수고로움도 어느 정도까진 감수하는 편이야. 물론 2층 이상일 경우엔 승강기가 있는 건물이어야 하고. 아무튼 1층만 고집할 이유는 없어. 범위를 좀 더 넓혀도 괜찮아."

"그럼 이제부턴 1층 아닌 자리도 좀 봐야겠다. 아무래도 선택권이 더 많아지잖아."

해준은 그렇게 말하며 싱긋 웃었다.

상가 계약에 관한 모든 것

해준이 부동산을 들락거린 지 두 달쯤 됐을 때였다. 친하게 지내는 중개업자에게서 연락이 왔다.

"마땅한 점포가 하나 나왔는데 지금 보러 올래요?"

"네. 지금 갈게요."

해준은 통화를 끝낸 후 부리나케 외출 준비를 했다. 중개업자가 말한 점포는 그렇지 않아도 그녀가 눈여겨본 곳이었다. 이면 도로에 비교적 유동 인구가 많았고, 안에서 밖을 바라보는 풍광이 좋아 적잖게 마음에 들어 했었다. 다시 한 번 더 중개업자와 함께 점포를 보고나니 마음이 더 동했다. 게다가 테라스를 활용할 수 있어 실제 평수보다도 더 넓게 사용할 수 있을 것 같기도 했다.

"괜찮죠?"

가게를 보여준 뒤 중개업자가 물었다.

"아, 예……."

이런저런 조건을 따져본 해준은 당장이라도 계약하고 싶었다. 게다가 중개업자가 그동안 쌓은 친분을 봐서 해준에게 제일 처음 보여주는 것이라고 강조하는 통에 지금 계약하자는 말이 목구멍까지 차올랐다.

"에이, 딱 보니까 마음에 든 것 같은데, 뭘 그렇게 망설여요?"

"내일 다시 올게요. 하루 정도는 생각해봐야겠어요."

"그러다 놓쳐요. 이렇게 좋은 매물은 다른 사람이 바로 채간다니까."

해준은 또다시 유혹에 시달렸다. 중개업자의 말대로 지금 계약하지 않으면 처음으로 마음에 든 점포를 놓칠 수도 있다.

'어떡하지?'

해준은 휴대전화를 만지작거리며 잠시 망설였다. 제이에게 전화를 걸어 지금의 상황을 설명하고 조언을 구하고 싶었다. 그러다 문득 며칠 전 제이가 한 말이 떠올랐다.

"계약을 하기 전엔 등기부등본부터 꼭 확인해. 무턱대고 계약하지 말고. 설령 놓치게 되더라도 알아볼 건 다 알아봐야 해."

'맞다. 등기부등본부터 확인해야지. 그리고 또 뭐라고 했더라. 아! 건물 주인의 평판도 알아봐야 해. 상가 주변에 다른 카페가 오픈할 가능성이 있는지도 살펴야 하고. 이것저것 다 알아본 다음에 계약해도 늦지 않아. 선배 말대로 설혹 그것 때문에 놓치게 된다 하더라도 할 수 없는 거고. 위법 건축물인지 아닌지 같은 걸 알아보지도 않고 계약했다가 나중에 탈이 나는 것보다는 낫지.'

해준이 그렇게 생각하는 가운데 중개업자의 목소리가 또 들렸다.

"진짜 아까운 매물이라니까. 지금 계약 안 하면 놓쳐요, 놓쳐."

중개업자는 정말 아까운 표정을 짓고 있었다. 하지만 해준은 그의 말이나 표정에 더 이상 마음이 흔들리지 않았다.

"며칠 후에 다시 올게요. 그때까지도 나가지 않았다면 계약할게요."

입지 선정 및
계약 시 주의 사항

카페 입지 선정 시 확인할 점

- 들어가기 쉬운 점포인지보다 나오기 쉬운 점포인지를 알아봐라.
- 이왕이면 테라스를 활용할 수 있는 곳을 선택한다.
- 원형이나 삼각형은 피해라. 원형이나 삼각형은 사각지대가 생기므로 공간 활용도가 낮다.
- 전봇대를 피해라.
- 가게를 가리는 장애물이 없는 곳을 선택한다.
- 하수구가 없어야 한다. 하수구가 있으면 냄새가 날 뿐 아니라 벌레가 많다.
- 번화가가 아니어도 식당이 많거나 오피스, 원룸 밀집 지역이라면 카페로 승부를 걸만 하다. 또한, 교회나 성당, 예식장 주변도 좋은 입지라 할 수 있다.
- 마음에 드는 점포가 생기면 일주일 내내 찾아가본다. 요일별로 유동 인구를 체크하고 주로 어떤 사람들이 다니는지를 살핀다. 하루 한 번 찾아가기보다 점심, 저녁, 밤 등 시간별로 고객의 동선을 체크해본다.

상가 계약 전 꼭 알아봐야 하는 것들

- 계약하려는 상가 주변에 다른 카페가 오픈할 가능성이 있는지 살핀다.
- 건물 주인의 평판에 대해 알아본다. 계약 기간이 만료되었을 때 보증금이나 월세를 왕창 올릴 가능성이 있는지, 또는 신의가 있는지 파악하기 위해서다.
- 건축물대장을 열람하거나 뽑아본다. 건축물대장에는 건축물의 허가 일자부터 사용 승인일 등의 역사와 건축물 현황, 건축물의 용도가 상세하게 기재되어 있어 건물에 대한 전반적인 정보를 파악할 수 있다. 건축물대장 열람은 각 지역

의 구청이나 인터넷(탑민원24, www.topminwon.com)에서 가능하다.
1. 입주하려는 상가 건물에 저당이나 담보가 잡혀 있는지 확인한다.
2. 위법 건축물인지 확인한다.
3. 건물주와 계약자가 동일인인지 알아본다.
4. 카페 영업이 가능한 용도인지 확인한다.
5. 정화조 용량을 확인한다. 일반 음식점(카페 포함)은 정화조 산정 기준이 까다로운 편이다. 산정 기준에 맞지 않으면 정화조 용량을 늘려야 허가를 받을 수 있다. 정화조 설치는 비용 면에서도 부담이 되지만 건물 구조상 용량을 더 늘릴 수 없는 경우도 있으니 반드시 확인해야 한다.

- 주차장 사용 가능 여부를 살펴본다.
- 간판 설치 가능 여부를 살펴본다.
- 모든 상황을 고려해 권리금이 적절한지 따져본다.

정화조 용량

정화조는 점포 용도에 따라 용량이 다르다. 만일 해당 건물의 정화조 용량이 부족하면 영업 신고가 안 나므로 반드시 확인해야 한다.

환경부는 2012년 7월 31일자로 음식점 정화조 인원 산정 기준을 하향 조정하는 내용의 '건축물 용도별 오수 발생량 및 정화조 처리 대상 인원 산정 방법'을 개정해 고시했다.(환경부 고시 제2012-144호) 음식점 정화조 용량 기준은 모두 '면적X0.175'로 인원 산정 방식이 바뀌었다.

정화조 용량은 계산하기 쉽지 않으므로 구청 청소과를 방문해 현재 갖추고 있는 정화조 용량이 매장 용도에 맞는지 확인해야 한다. 만약 용량이 부족하다면 건물주와 계약 전에 협의하여 계약서에 해당 사항을 명시하고 계약서를 진행해야 한다. 정화조는 원칙적으로 건물주가 시공해야 하는데 미리 이런 절차를 거치치 않으면 막판에 시간에 쫓겨 세입자가 비용을 부담하며 작업하는 경우도 종종 발생한다. 용량이 심하게 부족하고 건물주가 전혀 협조하지 않는다면 계약 자체를 다시 생각해볼 것을 권한다.

용량이 약간 부족한 정도라면 정화조 청소 횟수를 추가로 명시하고 신고하는 방법도 있다. 예를 들어 1년에 1회 청소에서 2회 청소하겠다고 신고하면 용량을 2배로 늘리는 효과가 있다. 하지만 그렇게 해놓고 지키지 않으면 벌금을 내야 하므로 주의해야 한다.

상가 계약서를
작성하기 전 알아야 할 점

해준은 충분한 시간을 들여 마음에 들었던 그 점포에 대해 알아보았다. 구청에서 건축물대장을 뽑아 꼼꼼하게 살폈고, 건축주에 대한 주변의 평가도 들었다. 거기에 더해 그 주변의 도시 계획이 어떻게 되는지도 조사했다. 입지 조건이 좋다고 덜컥 계약했는데 얼마 지나지 않아 유명 프랜차이즈 커피 전문점 입점을 앞둔 대형 쇼핑몰이 생기기라도 하면 큰일이었다. 끝으로 좀 더 객관적으로 봐줄 수 있는 제이와 경희를 데리고 가 점포를 탐방했다.

"괜찮은데."

경희는 한 골목만 들어서면 원룸이 형성되어 있는 동네라 오히려 마음에 든다고 했다. 동네 카페로서의 입지도 노릴 수 있다는 게 그 이유였다. 제이는 건물등기부 등본과 건축물대장을 꼼꼼하게 살펴봐주기까지 했다.

"건물등기부 등본을 보는 이유는 부동산의 지번, 지목, 구조, 면적 등의 현황을 정확하게 살펴보기 위해서야. 중개업자가 말한 면적과 층수, 구조 등이 진짜 맞는지 알아보는 거지. 그리고 건물주가 진짜 건물주인지 꼭 확인해야 하고. 건물등기부 등본을 보면 소유권, 저당권, 전세권, 가압류 등의 권리 설정 여부도 알 수 있어. 지금까지 본 바로는 아무 문제가 없네. 저당권이나 가압류가 잡혀 있는 것도 아니고, 면적도 중개업자가 말한 그대로야."

"그럼 이 가게로 계약해?"

"임대 보증금 4,000만 원에 바닥 권리금 1,500만 원 치고는 괜찮은 자리야. 게다가 네가 뽑은 예산에서 초과하지도 않고."

해준은 갑자기 마음이 급해졌다. 제이와 경희에게서 괜찮다는 말을 듣고 나니 빨리 부동산으로 달려가 계약을 해야만 할 것 같았다. 지금 이 순간에도 누군가가 그 점포에 눈독을 들이고 있을지도 몰랐다.

"그렇게 급하게 가지 않아도 돼."

제이가 말했다.

"어차피 다른 사람들도 바로 계약하지 않고 알아볼 것 다 알아보고 있을 거니까."

"그렇겠지?"

"그리고 계약 시 주의해야 할 사항도 숙지하고 가야지. 일단 창업 노트를 펼쳐봐."

해준은 얼른 가방에서 창업 노트를 꺼냈다.

"'상가 계약서 작성 시 체크 포인트' 있지? 그 부분을 읽고 가."

"나랑 같이 가주는 거 아니었어?"

해준은 실망감을 감추지 못하고 물었다.

"같이 갈 거야. 하지만, 너도 알 건 알고 가야지."

"다행이다. 경희와 선배가 같이 가주면 든든할 거야."

"너무 많은 사람이 우르르 몰려가면 모양새가 이상할 수도 있어. 하지만 주변에 상가 계약서를 작성해본 경험자가 있다면 같이 가는 게 좋아. 아무래도 당사자보다는 좀 더 객관적으로 계약서를 살펴볼 수도 있고, 당사자가 놓친 부분을 바로 옆에서 조언해줄 수도 있으니까. 하지만 공부가 먼저야. 어차피 주체는 너잖아. 나나 경희는 옆에서 지켜볼 테니까 네가 주도적으로 계약해."

"당연하지."

해준은 제이와 경희를 번갈아 쳐다보며 밝게 웃었다.

상가 계약서 작성 시
체크 포인트

상가 계약 시 주의 사항

- 건물주와 세입자가 모두 있는 장소에서 계약한다. 건물주와 세입자 모두 본인이 나온 경우엔 주민등록증을 대조, 확인하는 절차를 거친다. 불가피한 상황으로 건물주의 대리인이 나온 경우엔 대리인의 주민등록증, 건물주의 위임장과 인감증명서를 필히 확인한다.
- 계약서 작성 시 모든 조항을 꼼꼼하게 살피고 최대한 자세하게 써넣는다.
- 영업 허가에 문제가 없는지 확인한다.
- 최소 임차 기간과 임대료 인상 한도에 대한 특약 사항을 기재한다.
- 아라비아 숫자를 쓸 때에는 그 옆에다 한글이나 한자를 써넣어 정확도를 높인다.
- 계약금, 중도금, 잔금 지급일을 정확하게 쓴다.
- 하자 수선에 관한 조항을 구체적으로 써넣는다.
- 혹시 모를 계약 불이행을 대비해 손해배상액을 특약으로 정해둔다.

상가 계약 단계별 주의 사항 정리표

계약 시기	해야 할 일	유의 사항
계약 전	• 중개업자가 보여주는 서류를 전적으로 믿지 않는다. • 부동산등기부 등본, 토지대장 등을 직접 떼어 확인하며 꼭 현장을 방문한다.	• 등기부 등본 확인 시 저당권 등의 담보물권, 가등기, 예고등기가 설정되어 있는 경우엔 주의해야 한다. • 토지 거래 허가 구역 등 행정 규제 지역인지 아닌지 등을 확인한다.
계약 체결 시	• 건물주와 직접 계약한다. 대리인과 계약 시엔 건물주의 위임장만 믿지 말고 직접 전화를 걸어 확인한다. • 계약서는 구체적으로 쓴다. • 최소 임차 기간과 임대료 인상 한도에 대한 특약 사항을 기재한다.	• 위약금 조항이 있으면 그 부분을 꼼꼼하게 살핀다. • 하자 수선에 관한 조항을 구체적으로 적는다.
계약금 및 잔금 지급 시	• 각각의 금액을 지불하기 전 등기부를 다시 확인, 변동 사항을 체크한다. • 계약금은 건물주 명의의 통장으로 입금한다. • 잔금을 지급했을 때 건물주에게 이전 등기에 필요한 서류를 받는다.	• 현금 지불을 강하게 요구하는 경우에는 의심을 해본다.
이전 등기 신청	• 장소: 관할 등기소 • 기한: 60일 이전	• 기한 안에 이전 등기 신청을 하지 않으면 과태료가 부과된다. • 등기 신청 후 바로 등기부 등본을 확인한다.

상가 계약 전 건물주의 됨됨이와 주변 업주들의 분위기 살피기

악덕 건물주를 만나 고전하는 경우가 종종 있다. 따라서 상가 계약 전 건물주를 만나거나 그에 대한 정보를 듣는 것이 중요하다. 주변 업주들에게 건물주에 대한 의견을 구하는 것도 한 방법이다. 가게를 얻으려고 준비 중이라고 말하면 대부분 업주들이 솔직하게 말해준다. 건물주가 최악인 경우 권리금을 못 받고 쫓겨나기도 한다. 건물주와의 관계는 각자 하기 나름이지만 이왕이면 좋은 관계를 유지하는 것이 좋다. 나중에 혹시 월세 인상을 할 때도 인간관계 때문에 인상 폭이 줄어들 수 있다.

옆 가게의 특성도 살펴야 한다. 사소한 문제로 옆 가게 주인과 싸우는 사람들이 있으므로 미리 주변 상가를 탐방할 필요가 있다. 건물주나 주변 상가 사람들과 맞지 않을 경우, 민감하고 내성적인 사람들에겐 큰 문제가 될 수도 있다.

CHAPTER 3

카페의 꽃,
인테리어

카페에 스타일을 입히자

해준은 부동산을 찾아다니는 한편 두 가지 일을 더 하고 있었다. 하나는 커피 학원에서 커피 수업을 듣는 것이었고, 다른 하나는 카페의 스타일을 찾아내는 것이었다. 정신없이 바빴지만 세 가지 일 모두 카페 창업에 있어 어느 것 하나도 소홀히 할 수 없는 것들이었다. 사실 이렇게 바빠진 데에는 제이의 조언이 크게 작용했다.

"점포를 구한 뒤에 카페의 스타일을 찾으면 늦어. 점포 계약 시점부터 월세는 매달 나갈 텐데 언제 스타일 구상하고 언제 인테리어 업체 찾을 거야?"

"카페의 스타일?"

해준은 마치 그런 단어는 처음 들어본다는 듯 두 눈만 끔벅였다.

"그래, 스타일. 스타일 몰라?"

당연히 스타일이 무슨 뜻인지 모르지는 않았다. 그런데도 제이가 '카페의 스타일'이라는 말을 했을 때 해준은 머릿속이 하얘졌다.

'카페의 스타일이라는 게 뭐야? 인테리어랑 다른 건가?'

카페 스타일 알아보기

카페 스타일이란?

스타일은 사물의 존재 양태나 사람의 행동에 드러나는 독특하고 일정한 방식을 뜻한다. 당연히 카페에도 이러한 스타일은 존재한다. 사람이라면 옷이나 여타의 장신구, 화장 등으로 자신의 스타일을 만들어낼 수 있다. 카페도 마찬가지다. 쉽게 말해 카페에 옷을 입히고 장신구를 끼우고 화장을 해주는 것으로 스타일을 만들어낸다. 즉, 카페 스타일이란 인테리어나 소품 등을 활용해 카페의 시각적 분위기를 효과적으로 드러내는 것이다.

스타일에 정답은 없다. 사람들마다 개성과 취향이 다르듯 카페의 매력도 사람에 따라 다르게 어필되기 때문이다. 하지만 분명한 사실 하나는 고객들은 그 카페의 스타일에 진정성이 있는지 없는지를 바로 파악해낸다는 것이다. 카페의 전반적인 분위기, 편안함, 디테일 등이 주인장의 진짜 안목인지, 손쉽게 다른 카페의 분위기를 흉내 낸 것인지는 드러나게 마련이다.

스타일은 왜 중요할까?

사회 발전 단계와 경쟁 수단의 변화를 보면 원가 경쟁 → 품질·공정 경쟁 → 기술 경쟁 → 마케팅 경쟁 → 영업 경쟁 → 디자인 경쟁 시대 순서로 옮겨가고 있다. 디자인은 브랜드의 부가가치를 높여주는 강력한 힘이며 고객의 시각에 반응해 감성을 자극하는 힘이다. 마찬가지로 카페에서도 인테리어는 카페의 이미지를 각인시킬 수 있는 수단이며 경쟁력을 높이는 힘이 될 수 있다. 좋은 스타일을 구현하기 위해서는 비용을 절감하기보다 적절히 투자하는 것이 좋다.

카페 스타일의 경향

최근 카페들끼리의 자기 복제가 심하다. 사람들 취향이 대략 비슷하다고 볼 수도 있겠지만 특색 있는 카페를 그만큼 찾기 힘든 게 현실이다. 유럽의 카페 스타일이 일본으로 건너가 일본화되고 다시 한국으로 들어온 스타일이 주류를 이루고 있다. 최근에는 빈티지한 유럽 스타일과 모던한 미국 스타일이 많아지는 추세다.

카페를 찾는 소비자의 심리

많은 카페들이 시장에서 살아남지 못하는 이유 중에는 소비자의 심리를 파악하지 못한 것도 있다. 와인 바를 예로 들면 여성들이 와인 바를 찾는 건 와인의 빈티지나 품종별로 맛을 음미하기 위해서라기보다 와인 잔과 촛불이 주는 분위기를 선호하기 때문인 경우가 많다. 하지만 그 심리를 제대로 읽지 못하고 다양한 종류의 와인을 구비하고 있는 것으로만 승부를 거는 와인 바는 시장에서 살아남기가 힘들다.

그렇다면 카페를 찾는 소비자의 심리는 무엇일까. 단순히 커피를 마시고 싶을 때도 카페를 찾지만 그보다는 친구나 연인과 함께 있을 수 있는 공간, 업무와 관련된 미팅을 할 수 있는 공간을 필요로 하는 사람들이 많다. 그래서 지불하는 비용이 음료의 원가에 비해 턱없이 높다고 해도 그것을 두고 별다른 반감을 품지 않는 것이다. 고객이 지불하는 것은 음료를 포함한 공간 이용의 비용임을 감안하고 있기 때문이다. 따라서 그러한 니즈를 충족시키지 못하는 매장은 도태될 수밖에 없다.

나만의 카페를
그려보자

"점포를 구하기 전에 카페를 어떤 스타일로 꾸밀지 구상해둬야 해."

제이가 말했다.

"그런데 그런 건 인테리어 업체에서 알아서 해주지 않나?"

해준은 지금 생각하면 말도 안 되는 소리를 해버렸다. 어차피 인테리어 업체에게 인테리어를 맡기게 될 거고 전문가들이 알아서 점포의 크기, 위치 등에 알맞은 분위기를 만들어낼 것이라 생각했기 때문이다. 해준의 대답을 들은 제이는 어이가 없다는 듯 잠시 말을 잇지 못했다. 그가 다시 말을 꺼내었을 땐 조금 화가 난 음성이었다.

"네 카페잖아. 프랜차이즈 카페보다 개인 카페를 하고 싶다고 한 것도 너만의 개성이 묻어 카페를 하기 위해서라고 했잖아. 그런데 인테리어 업체에서 알아서 해주다니. 그런 말이 나오냐?"

"아! 선배. 내 말을 오해한 거야. 내가 원하는 카페는 이국적이면서도 거실처럼 편안한 분위기를 내는 거야. 자리와 자리 사이의 간격은 적당히 넓힐 거고. 되도록이면 옆자리의 말소리가 잘 들리지 않도록. 인테리어 업체가 정해지면 당연히 내가 원하는 스타일을 말할 거라고."

해준은 사뭇 억울해하며 말했다. 인테리어 업체가 알아서 해줄 거 아니냐는 말은 카페 분위기를 그들이 결정짓도록 내버려둔다는 뜻이 아니라 그녀가 원하는 분위기를 말하면 그들이 알아서 잘 구현할 거라는 뜻이었다. 하지만 해준의 말을 듣고도 제이는 여전히 못마땅한 듯 얼굴을 찌푸리고 있었다.

"해준아."

"어?"

"방금 네가 말한 내용으로 어떤 카페를 원하는지 그려지니?"

순간, 해준은 잠시 말을 잃었다. 그제야 제이가 무슨 말을 하고 싶어 하는지 이해한 것이다.

"네가 생각해도 추상적이지?"

"그런 거 같네. 그럼 어떻게 해야 한다는 거야? 내가 원하는 건 편하고 이국적인 스타일인데, 이걸 어떻게 더 구체적으로 설명해?"

"네가 모르는 걸 다른 사람은 알겠냐?"

"그래도 그 사람들은 전문가잖아."

"그들이 만들고 싶은 카페를 만드는 게 아니잖아. 예를 들어 벽은 지중해의 분위기가 물씬 풍기는 푸른색으로 칠을 한다든가, 바닥은 사람들의 발소리가 덜 들리도록 약간 푹신한 재질로 만든다든가, 천장은 편안한 분위기를 자아낼 수 있도록 안정감 있는 재질이나 색을 칠하고 싶다든가

하는 식으로 구체적인 요구를 할 수 있어야지. 그렇게 요구하려면 먼저 네가 원하는 스타일의 카페를 만들어두어야 하고. 하다못해 부엌은 어떻게 할 거야? 좀 넓게, 아니면 좁게? 눈에 띄게, 아니면 안 보이게? 화장실 위치는? 홀에서 화장실까지의 동선은 어떤 식으로 배치하고 싶어? 익스테리어(exterior, 외부 장식)는 어떤 이미지로 만들고 싶어? 이 모든 것에 답할 수 있니?"

"아……."

"네 머릿속엔 네 카페에 대한 그림이 없는 상태야. 그러니까 답을 할 수 없는 거고. 점포가 확정되기 전에 먼저 스타일부터 고민해둬."

해준은 좀 더 구체적으로 스타일을 그려보려 애를 썼다. 하지만 자꾸만 추상적인 그림만 그려질 뿐이었다. 구체적으로 그림을 그리려 해도 무엇을 어떻게 해야 하는지 알 수가 없었다. 아니, 아예 아는 바가 없다는 생각마저 들었다.

"어떡해 선배? 그림이 그려지지 않아."

"뭘 그려야 할지 모르는 거겠지. 나도 처음엔 그랬으니까"

"그래서 선배는 어떻게 극복했는데?"

"극복이라고까지는 할 것 없고. 스타일 공부를 했지."

"스타일 공부?"

"맨 먼저 내가 평소에 즐겨 가는 카페를 찾아다녔어. 그러다 보면 내가 어떤 스타일의 카페를 좋아하는지 공통점을 찾아낼 수 있을 거라 생각했거든. 카페의 스타일을 정하는 기준에서 가장 중요한 건 내가 좋아하는 카페의 스타일을 정확하게 아는 거잖아. 내가 좋아하는 것을 모르고선 내가 무엇을 원하는지도 알 수 없으니까."

"그래서 찾았어?"

"당연하지. 그전까진 그냥 단골로 다녔던 카페를 다시 가보면서 각각의 스타일, 장단점 등을 눈여겨보기 시작했어."

"늘 가던 곳인데 다시 간다고 다르게 보이나?"

"보는 방법이 달라졌으니까."

"방법? 어떻게?"

"이전엔 카페에 가더라도 내가 좋아하는 자리에 다른 손님이 있는지 없는지만 살폈지. 일단 자리에 앉은 뒤에는 주변을 둘러보지 않고 동행한 친구나 내 볼일에만 집중했고. 하지만 카페의 스타일을 공부하기 시작한 후로는 카페에 들어서기 전 먼저 익스테리어부터 살폈어. 건물 외벽은 어떤 재질로 만들어졌는지, 입구는 넓은지 좁은지, 간판은 익스테리어의 전체적인 분위기가 맞는지 등을 살펴보게 된 거지."

"아! 익스테리어부터 봐야 하는구나. 그 다음엔?"

해준은 자신도 모르게 상체를 앞으로 내밀며 물었다.

"입구로 들어선 후에는 카페의 전체적인 분위기를 살펴. 카페의 콘셉트를 파악하기 위해서야. 전체 그림만 봐도 이 카페가 이국적인 느낌인지, 사랑스러운 분위기인지, 편안한 분위기를 내려고 하는 건지를 알 수 있으니까. 그런데 전체적인 분위기는 결국 디테일한 것들로 만들어지거든. 벽지의 색, 천장의 재질, 테이블의 디자인, 테이블보, 직원의 복장 등이 하나의 이미지로 통합되는 거야. 일단 자리에 앉은 후에는 메뉴판이나 식기류 등을 살펴보지. 서빙을 하러 온 직원의 말투와 표정도 눈여겨봐야 해."

"우와, 그런 걸 다 어떻게 살핀대?"

"의식하고 보면 보이게 되어 있어."

"그걸로 끝이야?"

"아니지. 화장실도 꼭 다녀와야지. 테이블에서 화장실까지의 동선이 효율적인지 아닌지를 살펴봐야 하니까."

"그리고 살펴본 건 다 기록하겠구나."

"당연하지. 기록만 하고 끝내는 게 아니라 내가 즐겨 찾는 다른 카페와의 공통점도 분석해야지. 그래야 내가 왜 그 카페들을 즐겨 찾는지, 즐겨 찾는 카페의 장단점은 무엇인지 등을 알 수 있으니까."

"그러니까 익스테리어부터 인테리어, 직원들의 복장과 말투, 내부 구조 등 모든 것을 찬찬히 살피다 보면 내가 원하는 카페의 스타일도 구체적인 그림을 그릴 수 있겠네. 그런데 꼭 내가 자주 가던 카페만 봐야 하나?"

자신이 즐겨 찾는 카페의 스타일을 분석하기

평소 즐겨 찾는 카페를 분석하는 이유는 자신의 스타일을 알기 위해서다. 내가 무엇을 좋아하는지 알면 내가 원하는 카페의 스타일도 자연스럽게 나온다.

내가 즐겨 찾는 카페나 잘나가는 카페를 벤치마킹하자
나의 카페를 스타일링 하기 전에 잘나가는 카페를 다녀보고 그들을 먼저 분석하는 작업이 필요하다. 우선 다녀볼 카페의 리스트를 만들고 지역별로 묶어서 한 번에 돌아보는데, 이때 꼭 사진기를 가지고 다니며 아래에 나오는 항목을 중점적으로 관찰하며 찍어 사진 자료를 되도록 많이 남겨두자.

- 카페 안으로 들어서기 전, 건물의 외벽, 입구, 간판 등의 외관을 눈여겨본다.
- 카페 안으로 들어섰을 때 먼저 카페의 전반적인 분위기를 살핀다. 카페의 콘셉트가 무엇인지, 또 그 콘셉트가 잘 표현되었는지 등을 분석한다.
- 테이블에 앉은 뒤에는 테이블보, 메뉴판, 인테리어 소품 등을 살핀다.
- 직원의 복장, 말투, 서비스까지 눈여겨보며 장점과 단점을 파악한다.
- 테이블에서 화장실까지의 동선이 효율적인지 가늠한다.
- 화장실의 인테리어도 잘 살펴본다.
- 디테일한 부분들이 전체적인 분위기를 어떻게 표현해냈으며, 그 분위기에 매료된 이유를 찾는다.
- 내가 즐겨 찾는 카페들의 공통점을 찾아 그것을 메모한다.

잘나가는 카페는
이유가 있다

"당연히 아니지."

제이가 말했다.

"즐겨 찾는 카페를 둘러본 후엔 잘되는 카페, 유명한 카페 등을 찾아 다녀봐. 물론 즐겨 찾는 카페를 분석했을 때와 같은 방법으로 분석하면서."

"잘되는 카페?"

"그래. 그냥 운이 좋아서 잘되는 카페는 없어. 잘되는 카페는 잘될 수밖에 없는 이유가 있는 거야. 그렇기 때문에 벤치마킹이 필요한 거지. 벤치마킹을 하다 보면 유행하는 스타일이나 고객들의 니즈도 알게 될 거야. 그뿐만 아니라 무엇을 지양해야 하는지도. 하지만 조심해야 할 것이 있어."

"뭔데?"

"스타일이 좋은 카페를 보면 그 카페의 스타일을 흉내 내고 싶어질 거야. 벤치마킹을 잘못 이해해 무조건 따라 하지 않도록 조심해야 해."

"좋은 아이디어면 어느 정도 차용해도 괜찮지 않나?"

"어느 정도 차용하는 건 나쁠 것 없지. 하지만 차용한다고 해서 원래 그 아이디어를 사용하는 카페만큼이나 좋은 분위기를 낼 수 있는 것도 아니야."

"어째서?"

"스타일의 완성은 디테일이니까. 주인장의 세심한 선택과 손길이 묻어난 소품 하나하나가 그 카페의 스타일을 완성해. 마음에 드는 스타일을 흉내 내는 건 어렵지 않아. 하지만 디테일까지 흉내 낼 수는 없어. 디테일이 받쳐주지 않는 공간은 무언가 부족해 보이거나 어딘지 모르게 엉성하지. 그래서 너만의 스타일로 공간을 장악할 필요가 있다는 거야."

"나만의 스타일로 공간을 장악하라?"

"그것은 고객을 매료시키는 비장의 카드이기도 해. 이제 본격적으로 카페 순례를 하자면 시간뿐 아니라 에너지도 많이 필요할 텐데, 할 수 있겠어?"

"나를 뭘로 보고. 이제 첫발을 내딛는 거야. 비축해둔 에너지를 아직 사용도 안 했다고."

해준은 씩씩하게 대답했다.

잘되는 카페의 조건

잘되는 카페가 되기 위한 조건
- 그 카페만의 스타일이 분명하게 있다.
- 인테리어가 특이하다.
- 공간이 넓어 테이블과 테이블 사이에 여유가 있다.
- 편안하고 아늑한 분위기를 연출한다.
- 커피 맛이 유달리 좋다.
- 그 카페에서만 맛볼 수 있는 독특한 사이드 메뉴가 있다.
- 위의 조건들과 무관하게 그냥 입지 조건이 좋다. 단, 이 같은 경우엔 보증금과 월세, 권리금이 상당히 비싸다.

분위기가 인상적인 카페

블룸 앤 구떼

곳곳에 위치된 꽃이 플라워 카페임을 말해준다. 유럽풍의 빈티지한 분위기에서 케이크와 커피를 즐길 수 있다.

옥루몽

매장에 들어서자마자 커다란 무쇠솥에서 쑤고 있는 팥죽이 보인다. 이 때문에 고객은 팥이 들어간 메뉴가 제대로 만들어진다는 신뢰감을 갖게 된다.

커피 랩

매장을 들어서면 다양한 커피 추출 기기뿐만 아니라 고풍스러운 로스팅 기기까지 볼 수 있어 커피를 전문적으로 만들 것이라는 느낌을 전달한다.

복합 공간으로서의 확장

카페는 단순히 커피를 마시는 곳에서 벗어나 훨씬 더 넓은 범주의 문화 공간으로 확장 가능하다. 작은 도서관을 연상케 할 정도의 많은 책을 비치해둔 북 카페, 그림이나 사진을 전시하는 갤러리 카페로 카페와 문화가 결합된 공간이 될 수 있다. 이외에도 공연 카페, 건강 카페, 애견 카페 등으로 오너의 취향에 따라 얼마든지 주제가 있는 복합 공간으로 활용 가능하다. 이러한 공간에 매력을 느끼거나 오너와 취향이 같거나 오너의 취향에 공감하는 고객은 아주 자연스럽게 단골 고객이 된다.

공연 카페
매주 정해진 시간에 음악, 춤 등의 공연을 보여줌으로써 고객들의 문화적 욕구를 충족시킬 수 있다. 또한 고객의 참여를 유도해 함께 공연을 하거나 음악이나 춤에 관심이 많은 고객에게 배울 수 있는 기회를 제공한다. 홈페이지를 개설하거나 소셜 사이트를 활용해 공연 소식을 소개하는 방식을 많이 채택하는 편이다.

워크숍 카페
따로 사무실을 두지 않고 일하는 프리랜서들의 미팅이나 동호회 모임에서 필요한 공부 및 연구를 할 수 있는 장소를 제공한다. 칸막이가 되어 있는 방에 보드판과 컴퓨터를 설치해 워크숍을 하는 사람들에게 편의를 제공한다. 이러한 공간에 대한 수요는 계속 늘어나는 실정이므로 꽤 경쟁력이 높다.

갤러리 카페
커피 한잔하면서 그림이나 사진을 감상할 수 있는 문화 공간으로서 고객들의 문화적 욕구를 채워줄 수 있다. 또한 전시품의 개성이 그 카페의 개성으로 인식되는 효과가 있다.

북 카페
요즘 흔히 볼 수 있는 북 카페는 서고에 가득 차 있는 책 자체가 훌륭한 인테리어가 되어준다. 작은 도서관 같은 카페는 다른 카페에 비해 혼자 가도 편안하게 책을 볼 수 있다는 장점이 있다.

여행 카페
여행을 즐기는 이들이 만나 여행 정보를 교환할 수 있다. 또한 오너를 통해 특정 여행지에 대한 정보를 얻기도 하고, 실제로 도움을 받기도 한다. 대부분 따로 홈페이지를 개설, 온라인에서 정보를 얻은 고객들이 오프라인의 고객으로 연결될 수 있도록 유도한다.

애견 카페

반려동물을 가족처럼 생각하는 사람들이 갈수록 늘어나고 있다. 애견카페는 다른 카페와 달리 반려동물과 함께 식사를 하고 차를 마실 수 있는 공간이다. 대부분의 애견 카페에서 애견 미용 등의 서비스를 제공하기도 한다.

잘되는 복합 카페가 드문 이유

애견 카페, 워크숍 카페, 여행 카페 등의 복합 카페들은 카페를 문화 공간으로 인식, 그 카페만의 특성을 살리는 데 많은 투자를 하지만, 정작 커피라는 본질을 놓치고 커피가 메인이 되지 못하는 경우가 많다. 때문에 커피의 퀄리티와 집중력이 낮아진다. 동호회 사람들만 와서는 한계가 있다. 취향에 맞지 않아 그 공간을 불편하게 여기는 손님들이 있을 수도 있다.

인테리어를
준비하는 자세

제이에게 즐겨 찾는 카페와 잘되는 카페, 유명 카페를 찾아보라는 이야기를 들은 해준은 부동산을 방문한 후엔 매일같이 카페들을 찾아 다녔다. 즐겨 찾는 카페 대부분이 그녀의 생활권 안에 있어서 오가는 데 시간이 걸리지는 않았다. 그래서 즐겨 찾는 카페를 찾아다니며 분석하는 데 일주일 정도 걸렸다. 하지만 잘되는 카페와 유명 카페를 찾아다니고 분석하는 데엔 생각보다 훨씬 더 많은 시간이 걸렸다.

일단 인터넷 검색이나 카페 관련 책에서 본 카페들만 해도 그 수가 엄청났지만 그녀의 예상과 달리 위치나 접근성도 그다지 좋은 편은 아니었다. 사실 그녀는 잘되거나 유명한 카페 대부분이 역세권이나 좋은 상권에 위치해 있을 거라 생각했다. 그래서 하루에도 두세 군데 정도는 다닐 수 있을 테니 그리 피곤할 일도 없을 거라고 예상한 것이다. 하지만 막상 찾아보니 역세권이나 카페 거리뿐 아니라 동네 골목이나 산 아래에도 이름난 카페들이 많았다. 시내 중심가뿐 아니라 변두리까지 유명세를 타고 있는 카페라면 어디든 찾아다니다 보니 어떤 날은 단 한 곳밖에 못 들르기도 했다.

그렇게 한 달 쯤 다양한 카페를 찾아다니며 분석하다 보니 카페의 스타일 외에도 그 카페가 유명세를 탈 수밖에 없는 이유도 알아낼 수 있었다. 입지 조건으로만 따지면 좋은 편은 아니었지만 그 카페만이 가진 특유의 분위기로 고객들의 발걸음을 끌어당기는 카페가 생각보다 많았다. 또 분위기는 그다지 좋은 편이 아니었지만 특화된 사이드 메뉴 하나만으로 인기를 끄는 곳도 있었다. 그 예로 도봉산 아래의 한 카페는 여름에는 팥빙수, 겨울에는 팥죽으로 등산객들 사이에 입소문이 나 있었다.

해준은 유명 카페를 순례하던 중 두 가지 사실을 깨달았다.

1 필요한 부분에는 돈을 아끼지 마라.
2 익스테리어, 인테리어, 기타 소품의 통일성만큼이나 주변 환경과의 조화도 중요하다.

인테리어가 좋은 것으로 유명세를 타고 있지만 막상 가봤을 때 '이곳이 왜?'라는 질문을 하게 만드는 곳도 있었다. 그런 카페는 얼핏 보기에는 멀쩡하지만 디테일한 부분에서 엉성했다. 예를 들어 돈을 아끼기 위해 선택한 것처럼 보이는 식기나 소품이 카페의 전반적인 분위기를 망치고 있었다. 그리고 주변 풍경을 전혀 염두에 두지 않은 익스테리어는 독특한 콘셉트로 읽혀지기보다 이기적인 느낌으로 다가왔다.

'그냥 장사를 할 생각이라면 이윤을 남길 생각만 하면 되겠지. 하지만 카페는 문화 공간이야. 사업성을 염두에 두더라도 카페의 본질이 문화 공간이라는 걸 이해하는 건 중요해. 고객을 찾아오게 만드는 것은 바로 이 지점일 테니까.'

공연이나 전시회 등 특화된 문화 행사를 하는 것이 아니어도 카페는 '문화 공간'이다. 해준은 수많은 카페를 찾아다니며 분석하는 동안 그런 깨달음을 얻었다. 하지만 그런 깨달음과는 별도로 아주 큰 고민 하나도 생겼다. 한 번 맛본 좋은 음식이 계속 생각나는 것처럼 이 카페, 저 카페의 장점들이 자꾸만 생각나 자신도 그것을 그대로 재현하고 싶어진 것이다. 이왕이면 좋은 상권, 넓은 공간, 고급스러운 가구 등등 하나 둘 욕심을 부리기 시작하니 창업 자금이 턱도 없이 부족하게 느껴지기까지 했다. 그럴 때마다 해준은 제이가 해준 말을 떠올렸다.

"욕심은 금물. 자본금이 부족하면 아이디어로 승부를 볼 생각을 하면 되잖아. 큰돈을 들인다고 무조건 성공하는 건 아니야. 스타일과 메뉴는 돈이 아니라 아이디어와 진정성으로 승부를 걸 수 있는 분야야."

인테리어 전
생각할 점

창업자라면 카페의 스타일을 미리 생각해둬야 한다. 인테리어를 발주할 때 모아둔 자료나 사진 등을 업자에게 보여주면서 구체적으로 요구해야 한다. 업자에게 알아서 해달라고 하는 건 가장 위험한 행동이다.

인테리어 업체는 창업 준비 단계부터 콘셉트를 만들어 나가야 하므로 점포 계약 시점에서 업체를 알아보는 것은 늦다. 월세는 점포 계약 시점부터 나가므로 점포를 얻고 나서 인테리어 업체를 알아보면 그 기간만큼 월세를 손해 보게 된다. 인테리어 업체를 선정한 후에는 공사 기간 연장이나 부실 시공 등으로 점포 입주가 미뤄지지 않도록 업체에 대한 지속적인 관리가 필요하다.

스타일 공부는 이렇게

스타일 좋은 카페를 찾아다녀라

대부분의 카페는 각각의 고유한 콘셉트에 맞는 스타일을 구현하려 애쓴다. 카페의 스타일을 통해 콘셉트를 파악하고, 그것이 제대로 구현되었다면 그 요인이 무엇인지, 또 그것이 제대로 구현되지 않았다면 무엇이 문제인지를 찾아보라.

인테리어 서적이나 사진 자료를 활용하라
각종 인테리어 서적, 인터넷에 돌아다니는 사진, 본인이 다니며 찍은 카페 사진 등을 수시로 살펴보며 인테리어 감각을 익힌다.

인테리어 자료는 항목별로 나누어 이미지 스크랩북을 만들어라
인테리어, 간판, 소품, 조명, 식기, 기기, 화장실 인테리어, 테이블 & 의자, 선반 등 각 항목별로 나눠 스크랩하면 한결 더 활용하기 편리한 자료가 된다.

반 발짝만 앞서 나가라
서울에서 카페를 하려면 뉴욕이나 유럽의 스타일을 살피고, 지방에서 카페를 하려면 서울의 스타일을 살피라는 말이 있다. 뒤처지는 것도 문제지만 너무 앞서 나가도 고객의 반응을 이끌어내기 힘들다. 고객의 니즈를 파악하는 것과 동시에 반 발짝 정도 앞서 나가는 스타일을 구현할 수 있는 방법을 모색해라.

공간을 상상하라
여러 자료를 바탕으로 머릿속으로 다양한 스타일의 공간을 꾸며보자. 그리고 그것을 그림으로 그려본다. 이를테면 모던한 스타일의 공간, 편안한 거실 스타일의 공간, 로맨틱한 스타일의 공간, 빈티지 스타일의 공간, 이국적 스타일의 공간 등을 만들어보는 것이다.

카페에 개성 불어넣기 아이디어

우리 카페만의 캐릭터 만들기
예를 들어 누구나 다 알고 있는 동화 속의 주인공을 카페의 마스코트로 내세우는 것이다. 동화 속 주인공의 성향을 그대로 구현한 실내 공간, 캐릭터 그림이 그려져 있는 식기, 진열대를 가득 채운 캐릭터 인형 등으로 환상적인 공간을 만들어 낼 수도 있다.

현대인들의 관심사를 특화해 카페 안으로 끌어오기

만약 날로 높아지는 건강에 대한 관심을 카페의 콘셉트로 잡는다고 하면, 자연친화적인 자재를 사용한 인테리어부터 건강식 위주의 사이드 메뉴, 건강 관련 정보 제공, 혼자서도 가볍게 운동할 수 있는 방법을 가르쳐주는 시간 등의 아이디어를 낼 수 있다.

자신의 취미나 특기 살리기

평소 남들과는 다른 취미를 가졌거나 특기가 있다면 그것을 활용하는 것도 카페에 개성을 불어넣는 방법이다. 예를 들어 초콜릿에 대한 지식이 많다면 초콜릿을 콘셉트로, 특별한 종류의 소장품들이 많다면 작은 전시회장을 콘셉트로 한 나만의 카페를 꾸릴 수도 있다. 내가 가진 개성은 남들과 다른 공간을 꾸미는 중요한 아이디어가 된다. 하지만 고객에게 어떤 식으로 접근해야 할지는 충분히 고민해야 한다.

인테리어 업체와
좋은 파트너 되기

해준은 부동산 방문, 커피 수업, 두 군데의 카페 순례를 마친 후에야 겨우 시간을 내 경희를 만날 수 있었다. 오랜만에 만난 경희는 자신의 아이디어를 부장이 가로채버린 탓에 어찌나 스트레스를 받았는지 머리카락까지 다 빠졌다며 하소연을 했다.

"이놈의 회사, 당장 때려치우고 싶어. 이번에 너랑 동업을 했어야 했는데."

경희는 하소연 끝에 이렇게 말했다.

"이미 버스는 떠났네요."

"그래, 벌써 떠났단 말이지?"

"아니어도 할 생각 없으면서."

"에휴, 그건 그래. 어쨌든 직장에 딱 달라붙어 있어야지. 목구멍이 포도청이니까. 하지만 요즘 들어 부쩍 네가 부럽기도 해. 어쨌든 남의 밑에서 억울한 일 당해가며 스트레스받을 일은 없는 거잖아."

"뭐, 그래서 창업하려는 거지. 하지만 그만큼 선택할 일도 책임져야 할 일도 많아. 근데 비용 절약하려고 발품을 많이 팔고 있는데 몸이 힘든 줄은 모르겠어. 직장을 다닐 때도 이만큼은 일했으니까. 게다가 내 사업이고 내가 좋아하는 일이니 즐겁기도 하고. 그래도 지금처럼 무언가를 선택해야 할 땐 은근히 스트레스야."

"지금은 뭘 선택해야 하는데?"

"인테리어 업체."

"인테리어 업체라면…… 카페 스타일을 정한 거야?"

"응."

"어떻게?"

"내가 초콜릿을 좋아하는 거 알고 있지?"

"아, 초콜릿. 그러게 넌 초콜릿을 만들기까지 하잖아. 학교 다닐 때도 네가 직접 만든 초콜릿을 친구들에게 선물로 주기도 했고. 다들 네 초콜릿 맛있다고 난리였지."

"다양한 카페의 스타일을 보고 다니다 보니 스타일은 정말 중요하더라고. 매출과도 직결될 정도로 중요해. 제이 선배가 스타일 공부를 하라고 했던 이유를 알겠어. 몇 번이나 강조해도 부족함이 없을 정도야. 그런데 카페의 스타일이라는 게 꽤 까다로워. 주인장의 개성이 묻어나야 하지만 고객들의 취향에도 맞아야 해. 개성이 없는 스타일은 외면받아. 그런데 고객들의 호감을 얻지 못하는 개성도 마찬가지야. 개성이 있되 고객들의 니즈에도 부합하는 거. 이런 걸 찾는 게 그리 만만하진 않더라고. 하지만 정작 중요한 게 뭔지 알아?"

"뭔데?"

"주인장과 카페의 조화."

"주인장과 카페의 조화?"

"카페의 스타일은 곧 주인장의 스타일이야. 카페와 주인장의 스타일이 다르다는 건 어울리지 않는 옷을 입은 것과 마찬가지지. 아무리 멋진 옷이어도 자신에게 어울리지 않으면 어색할 수밖에 없어. 카페도 마찬가지야. 주인장을 닮지 않아 주인장이 어색해하는 카페는 고객들에게도 편할 수가 없어."

"그러니까 네 말은 너와 닮은 스타일을 만들겠다는 거지? 그게 곧 초콜릿이라는 거고?"

"맞아. 커피랑 초콜릿을 테마로 운영해보려고. 브라운 컬러의 제품을 주로 판매하는 메뉴의 특성을 살릴 수 있게 화이트 톤의 컬러와 원목을 적절히 사용할거야. 또, 은은한 조명 연출로 고객에게 편안한 느낌을 주려고."

"괜찮은 생각이네. 네 개성도 살릴 수 있고."

"그런데 문제는 인테리어 업체야. 세상에 인테리어 업체가 이렇게 많은 줄 몰랐어. 너무 많으니까 선택하기가 힘들어. 어떨 땐 다 괜찮은 것 같고, 어떨 땐 다 별로인 것 같기도 하고."

"제이 선배에게 추천받아 보지?"

"벌써 부탁했지. 그런데 제이 선배도 자기 가게 인테리어를 해준 업체만 알고 있더라고."

"그럼 그 업체에서 하면 되잖아."

"그게 또 그렇지가 않아."

"혹시 같은 업체에다 맡기면 선배 카페랑 분위기가 비슷해질까 봐 그래?"

"그렇진 않아. 나야 내가 원하는 스타일을 구현해주기를 요구할 테니 인테리어가 비슷해지진 않겠지. 업체 쪽에서도 똑같이 인테리어를 할리 없고."

"그럼 왜?"

"선배는 예전부터 미술 쪽에 관심이 많았잖아. 그래서 건축 중심으로 시공에서 강세를 보이는 인테리어 업체에다 일을 맡겼대."

"인테리어 업체면 다 같은 인테리어 업체지, 시공 쪽에 강세를 보이는 업체가 따로 있나?"

"그렇다고 하더라고. 인테리어 업체는 크게 두 부류로 나누어진대. 하나는 미술이나 시각 디자인 쪽을 잘하는 부류고, 다른 하나는 건축 중심으로 시공을 잘하는 부류지. 선배는 자신이 인테리어를 했기 때문에 시공만 맡기면 되는 거였고. 하지만 내 경우엔 미술이나 시각 디자인에서 강세를 보이는 인테리어 업체를 알아봐야 해. 20평 내외의 소규모 카페는 건축 중심보다 미술 중심의 인테리어 업체를 선정하는 게 좋대."

"그렇군. 근데 마음에 둔 업체가 아예 없어?"

"있기는 해. 각각의 업체가 가진 특징을 파악하기도 했고 서로 다른 업체를 비교 분석하면서 꽤 많은 시간을 조사했거든. 그러다 보니 업체 세 곳이 눈에 들어오더라고. 셋 다 카페 전문 시공 업체인 데다 이제까지의 실적도 마음에 들었어."

"그럼 그 셋 중 하나를 선택하면 되겠네. 세 군데 다 의뢰해봐."

"세 군데 다?"

"응. 세 군데 다 의뢰해서 입찰을 알아봐. 그럼 그중에서 가장 조건이 좋은 업체가 있겠지. 그 업체를 선택하면 되잖아."

"그래도 되나?"

"원래 업체 선정할 땐 몇 군데 골라서 입찰을 붙이는 거야. 우리 회사에서도 그러는걸."

"그렇구나. 괜히 고민했네."

"세 업체에다 포트폴리오를 요구해봐. 견적도 구체적으로 뽑아달라고 하고."

"그런 것까지 다 해주나?"

"당연하지. 만약 포트폴리오를 주지 않거나 견적이 엉성하면 애초에 그 업체와는 일하지 않는 게 좋을걸."

"고맙다. 친구야. 확실히 혼자 고민하는 것보다 낫네."

해준의 말에 경희는 피식 웃으며 대꾸했다.

"만약 나도 같이 했다면 이렇게 혼자 고민할 일도 없었을 텐데."

"왜, 계속 아쉬워?"

"그래, 아쉽다, 아쉬워. 직장에서 스트레스받을 때마다 같이 한다고 할 걸 그랬나 하면서 한 번씩 후회되기는 해. 하지만 여러모로 아직 준비가 안 된 건 분명해. 저번에 말했듯 언젠간 나도 내 사업을 할 거야. 그런데 그 사업이 꼭 카페일 필요는 없으니까. 시간을 두고 생각해보려고. 내가 뭘 하고 싶어 하는지, 뭘 잘 할수 있는지."

"그땐 내가 도울게. 카페 창업 과정에서 배운 게 많거든. 네 말대로 꼭 카페가 아니어도 사업상 필요한 것들, 놓치지 말아야 할 것들은 조언해

줄 수도 있을 것 같다."

해준은 지난 몇 달 동분서주한 일들을 떠올리며 대답했다.

카페 이름, 로고와 인테리어 공사의 상관관계

카페 이름과 로고가 인테리어 공사 전에 정해져야 콘셉트를 맞출 수 있다고 생각하지만 반드시 그런 것은 아니다. 그보다는 카페의 콘셉트와 타깃을 명확히 하는 것이 우선이다. 가급적 브랜딩을 먼저 한 후 인테리어 공사에 반영하는 것이 순서이나 인테리어 공사와 함께 브랜딩을 해도 무방하다. 카페 콘셉트가 로스터리 핸드 드립이라면 거의 빈티지 공장 느낌으로 인테리어를 많이 하게 된다. 그리고 이 콘셉트에 맞게 커피를 직접 볶는 느낌을 전달할 수 있는 커피 브랜딩(예. 커피 공장)이 만들어진다. 카페 타깃이 30~40대 남성 직장인이라면 대학가 느낌의 개성 있는 인테리어보다는 비즈니스 미팅을 고려해 원목을 이용한 모던하고 깔끔한 인테리어가 더 어필할 수 있을 것이다.

인테리어 FAQ

인테리어는 누가 하는 게 좋을까

당신이 직접 인테리어를 한다면 당신이 꿈꾸는 것과 가장 닮은 공간을 만들어낼 가능성이 높다. 아무리 뛰어난 전문가라도 당신의 머릿속에 있는 그림을 정확하게 재현할 수는 없기 때문이다. 게다가 비용 절감의 효과까지 얻을 수 있으니 그야말로 2마리 토끼를 한 번에 잡는 일이다. 하지만 두 마리 토끼를 한 번에 잡는 게 어디 쉬운 일이던가. 만약 전문가의 손길을 빌리지 않고 스스로 인테리어를 할 생각이 있다면 먼저 자신에게 질문부터 던져보자.

- 나는 전문가에게도 뒤떨어지지 않는 수준의 인테리어 감각이 있는가?
- 나는 정말 자기만족으로만 끝날 인테리어라도 상관이 없는가?

위의 질문을 스스로에게 던져도 걸리는 것이 없다면 손수 인테리어를 해보는 것도 나쁘지는 않다. 오히려 당신만의 개성이 물씬 풍기는 공간을 만들어낼지도 모른다. 하지만 이 질문에 시원스럽게 '예스'라고 할 수 없다면 더 이상 고민할 것 없이 인테리어 전문가를 찾아 나서자.

전문가를 믿고 무조건 맡기는 것이 좋을까

카페 창업자라면 인테리어 콘셉트는 미리 생각해둔 것이 있어야 한다. 최소한의 자료나 사진 등을 모아두었다가 인테리어 업자에게 구체적으로 요구해야 한다.

무작정 업자에게 알아서 해달라고 하는 건 가장 위험한 짓이다. 되도록 구체적인 그림을 제시하는 것이 좋다.

인테리어 업체는 언제 알아보는 것이 좋을까

창업 준비 단계부터 인테리어 업체를 알아보는 것이 좋다. 점포 계약 시점에 인테리어 업체를 알아보면 늦다.

인테리어 업체는 어디서 찾을까

주변에서 인테리어 업체를 찾기란 그리 어렵지 않다. 아파트 주변 상가만 하더라도 인테리어 업체가 1~2개 정도는 있다. 하지만 이러한 업체는 대부분 아파트 인테리어를 전문으로 하기에 일단 지양하는 것이 좋다.

그 다음으로 알아봐야 하는 것은 업체의 실적이다. 가급적 홈페이지를 가지고 있는 업체를 선택해 그 업체가 주로 어떤 일을 했는지, 어떤 곳의 인테리어를 맡았는지를 살펴보는 것이 좋다. 웬만큼 규모가 있는 업체라면 홈페이지에 회사의 지향점 및 포트폴리오 정도는 다 올려둔다. 홈페이지가 없더라도 소개를 받았거나 평판이 괜찮은 업체라면 견적을 요청해볼 만하다. 이러한 경우엔 그 회사의 실적을 알 수 있는 팸플릿을 요청해 미리 보는 것이 좋다.

각 인테리어 업체의 정보를 살펴본 후, 그중 마음에 드는 업체 대여섯 군데 정도를 선택한다. 홈페이지에서 바로 견적을 요청할 수도 있지만 전화를 걸거나 직접 찾아가는 방법도 있다. 견적을 요청했을 때 주의할 점은 평당 가격으로 대답해주는 업체는 지양해야 한다는 것이다. 실제 인테리어 공사를 하다 보면 각 분야에서 더 큰 비용이 들어갈 수도 있고 더 적은 비용이 들어갈 수도 있기 때문에 평당 가격이라는 건 별 의미가 없다.

실적을 요청했을 때, 그것에 대해 기분 나빠하거나 응하지 않는 업체라면 과감히 돌아서는 것이 좋다. 사소한 물건 하나를 살 때에도 인터넷 검색으로 그 물건의 가치나 평가를 알아보는 시대다. 하물며 목돈이 들어가는 큰 공사를 맡기는 일인데 그 회사의 실적을 볼 수 없다는 건 말이 되지 않는다.

실제로 카페 인테리어에 경험이 많으며 왕성하게 활동하는 업체라면 기본적으로 자신들의 실적이 어떠한지를 보여주게 되어 있다. 만약 준비가 되어 있지 않다고 한다면 그건 그냥 없는 것이다.

인테리어 업체 선정은 무엇을 기준으로 해야 하나

적당한 인테리어 업체라는 건 정확하게 말하면 내가 원하는 스타일을 제대로 구현할 수 있는 업체를 말한다. 또한 시공 시 공사를 원활하게 진행할 수 있으며 만족스러운 결과를 안겨줄 수 있는 것을 말한다. 때문에 업체의 포트폴리오나 팸플릿을 통해 나와 맞는 곳인지 아닌 곳인지를 꼼꼼하게 따져볼 필요가 있다. 그냥 좋은 인테리어 업체가 아니라, 나의 스타일에 맞는 인테리어 업체를 찾아야 하는 것이다.

비용은 어느 정도가 적당할까

인테리어 업체에 견적을 요청하면 대체적인 비용을 알 수 있다. 다만 업체에 따라 자재의 단가, 인건비 등이 다르게 측정될 수 있으므로 되도록 여러 업체에 견적서를 요청하여 비교 분석한다. 또 견적서를 요청할 때에는 반드시 세부적으로 지출되는 비용을 요구 전기 공사, 인건비, 재료비 등 공사별 비용을 세심하게 검토해 봐야 한다. 여러 업체에서 공정별 세부 내역을 받아야 내가 지불하는 금액이 적절한지 아닌지 감을 잡을 수 있다. 최소 세 군데 인테리어 업체로부터 인테리어 시안에 맞는 세부 견적서를 받아본 다음 최종 업체를 선정하는 것이 바람직하다.

공사 기간은 어느 정도 걸릴까

가게 면적과 공사마다 차이는 있겠지만 평균 한 달에서 한 달 반 정도 걸린다.

인테리어 업체와 계약서 작성 시 필히 확인할 사항

인테리어에 포함되지 않는 비용을 확인해야 한다. 로스터리 카페인 경우 후드 배기, 환기구 등은 인테리어 비용이 아닌 설비 비용으로 들어가 추가 비용이 든다. 미리 업체에 이야기 하면 비교적 저렴한 추가 금액으로 설치할 수도 있다. 인테리어를 할 때 집주인이 명확한 기준을 제시해야 한다. 배수 시설 등은 과연 누가

해야 하는지 등도 챙긴다.

인테리어 공사 항목

인테리어 공사 종류	세부 내용
가설 공사	현장 정리 정돈 자재 대운반 자재 소운반 준공 청소 지게차 폐자재 처리
철거 공사	내부 철거 외부 철거
목공사	인건비 기계품
목자재	목자재
전기 · 조명 공사	배선 공사
도장 공사	인건비
설비 공사	인건비
데코 타일 공사	데코 타일 공사
유리 · 금속 공사	이미지 월 보강 틀 유리 프레임 강화 도어 방화 도어 물길 덮개 출입문 양개 도어 계단 보강 작업 외부 데크 조성 외부 간판부 기둥 프레임 싸기 카운터 상부 프레임 조성 망입 유리 취부
필름 공사	하부장 및 젠다이 필름 공사
타일 공사	타일 공사
덕트 공사	덕트 공사
대리석 공사	카운터 싱크대 상판
에폭시 코팅	에폭시 코팅
일반적으로 인테리어 공사 견적에 포함되지 않는 항목	간판 공사, 냉 · 난방기 공사, 전기 증설 공사, 분전함 신설, 어닝 공사, 가스 공사, 주방 집기, 가구

AS 관련 사항 챙기기

막상 인테리어 공사가 시작되면 설계 때와는 달리 부족한 부분이 드러나기 마련이다. 그러한 때를 대비해 계약서 작성 시 AS에 대한 부분도 꼭 짚고 넘어가야 한다. 대체로 AS는 하자 보수 발견 시 1년 이내에 가능하며, 그 외의 사항에 대해서는 쌍방이 논의하여 정리해두는 것이 좋다.

공사 시작 전 사전 미팅 절차

1차 미팅 때 인테리어 업체에서는 기본 공사를 하기 전에 정화조, 화장실 등의 위치를 파악하고 에어컨, 환풍기, 배기구 등의 설치 유무를 살핀다. 원하는 기본 컨셉트도 전달한다.

2차 미팅에서는 콘셉트를 재현한 시뮬레이션을 받아본다. 콘셉트 의논 시 자신이 원하는 스타일에 가까운 인테리어 사진이나 글로 이미지를 전해주는 것이 좋다. 최대한 자세하게 스타일을 설명하고 구체적인 그림이 그려지는 이미지를 제공하도록 하자.

공사 중간에 챙겨야 할 부분

공사 현장은 하루 한 번은 꼭 들러야 한다. 공사는 단계별로 진행된다. 예를 들어 목자재 공사 기간이 끝나면 그 공사를 맡은 사람들이 다시 오는 일은 없다. 목자재 공사에 문제가 있었다는 걸 뒤늦게 발견했을 땐 수정이 힘들기 때문에 매일 공사 현장을 찾아 그날의 공사를 확인하고 문제점이 있는지 살펴 그때그때 말해야 한다. 공사 기간 동안에는 주변 상가에 음료수 같은 걸 들고 가서 인사도 하며 양해를 구한다.

바 공사를 할 때는 동선을 잡아주고 좌석 배치도 알려줘야 한다. 전기 공사에 들어가기 전에는 사전 미팅을 꼭 하자. 코드나 조명이 적절한 곳에 배치되지 않았을 경우 되돌리기 힘들어진다. 공사의 끝이라고 할 수 있는 바닥 공사가 끝날 때까지 공사 과정에서 한시도 눈을 떼지 않아야 한다.

인테리어 공사가 마무리된 후에 해야 할 일

카페의 인테리어가 처음 설계도와 일치하는지를 확인한다. 마감은 잘되었는지, 수압은 괜찮은지, 물이 새는 곳은 없는지 등도 꼼꼼하게 살펴보자.

카페 인테리어 공사 견적서 샘플

견적서
ESTIMATE

○○○ ○○○님 귀중   2012년 06월 20일

공 사 명 : ○○○ 카페 내장공사
금   액 : 팔천 이백 만원정   ₩ 82,000,000

공사 책임자 : ○○○ ○○
공사 책임자 연락처 : 010-○○○○-○○○○
납품 또는 시공장소 : ○○동 ○○○-○

비　고 : 간판 공사, 냉/난방기공사, 전기증설 공사, 분전함 신설, 어닝공사, 가스공사, 주방집기, 가구 별도
VAT별도
견적외공사 별도

NO	품 명	규 격	단위	수량	단 가	금 액	비 고
	시공예가						
1	가설 공사		LOT	1	4,135,000	4,135,000	
2	철거공사		LOT	1	1,800,000	1,800,000	
3	목공사		LOT	1	14,610,000	14,610,000	
4	목자재		LOT	1	8,240,000	8,240,000	
5	전기/조명 공사		LOT	1	8,090,776	8,090,776	
6	도장 공사		LOT	1	11,945,000	11,945,000	
7	설비 공사		LOT	1	2,960,000	2,960,000	
8	데코타일 공사		LOT	1	300,000	300,000	
9	유리/금속공사		LOT	1	9,855,000	9,855,000	
10	필름 공사		LOT	1	1,235,000	1,235,000	
11	타일 공사		LOT	1	7,215,200	7,215,200	
12	덕트 공사		LOT	1	1,900,000	1,900,000	
13	대리석 공사		LOT	1	3,260,000	3,260,000	
14	에폭시 코팅		LOT	1	1,500,000	1,500,000	
	공사 합계					77,045,976	
	공과잡비 및 현장경비		%	7.00		5,393,218	
					합계	82,439,194	
					절사	(439,194)	
					총계	82,000,000	

NO	품 명	규 격	단위	수량	단 가	금 액	비 고
1	가설 공사						
	현장 정리 정돈		인	3.0	95,000	285,000	
	자재대운반	타일/조명/몰딩/목자재	차	4.0	60,000	240,000	
	자재소운반	목자재/타일	인	4.0	105,000	420,000	
	준공청소		식	1.0	600,000	600,000	
	지게차	4시간 기준	차	3.0	50,000	150,000	
	폐자재처리	1.5TON	차	3.0	280,000	840,000	
	하드웨어	도어 손잡이/강화도어 손잡이/경첩외	식	1.0	1,600,000	1,600,000	
	소 계					4,135,000	
2	철거공사						
	내부 철거		식	1.0	1,200,000	1,200,000	
	외부 철거	간판 등박스 철거	식	1.0	600,000	600,000	
	소 계					1,800,000	
3	목공사						
	인건비		인	74.0	165,000	12,210,000	식대포함
	기계률		일	30.0	80,000	2,400,000	
	소 계					14,610,000	
4	목자재						
	목자재	낙엽송/기타 목재/외부 방부목 추가	식	1.0	8,240,000	8,240,000	타카 본드등 부자재 포함
	소 계					8,240,000	
5	전기/조명 공사						
	배선 공사	오픈 천정 복스 및 배관 배선	m2	183.0	27,272	4,990,776	
	조명		식	1.0	2,800,000	2,800,000	
	부자재		식	1.0	300,000	300,000	
	소 계					8,090,776	

NO	품 명	규 격	단위	수량	단 가	금 액	비 고
6	도장 공사						
	인건비		인	55.0	155,000	8,525,000	식대포함
	공구손료		일	11.0	70,000	770,000	콤프레사 및 기타
	자재비		식	1.0	2,400,000	2,400,000	
	부자재		식	1.0	250,000	250,000	보양지 및 테입
	소 계					11,945,000	
7	설비 공사						
	인건비		인	8.0	150,000	1,200,000	
	배관자재	급, 배수 배관 pvc파이프	식	1.0	400,000	400,000	
	부자재	연결 부속 및 기타	식	1.0	80,000	80,000	
	도기	세면대/양변기/액세서리/슬라이딩장	조	2.0	640,000	1,280,000	
	소 계					2,960,000	
8	데코타일 공사						
	데코타일 공사	로스팅룸	식	1.0	300,000	300,000	
	소 계					300,000	
9	유리/금속공사						
	이미지월 보강틀	각파이프 30*30	식	1.0	350,000	350,000	
	유리프레임		식	1.0	1,200,000	1,200,000	
	강화도어	지하 출입구	식	1.0	600,000	600,000	한지포함
	방화도어설치	로스팅룸 프레임/도어	식	1.0	450,000	450,000	
	물끊 덮개		식	1.0	75,000	75,000	
	출입문 양개도어	한지 및 시건장치 포함	식	1.0	1,500,000	1,500,000	프레임 조성 포함
	계단 보강 작업	각파이프 30*30	식	1.0	560,000	560,000	
	외부 데크 조성	체크 철판	식	1.0	700,000	700,000	

NO	품 명	규 격	단위	수량	단 가	금 액	비 고
	외부 간판부 기둥 프레임 싸기	갈바/도장/간판부 확장	식	1.0	2,400,000	2,400,000	간판부 외벽싸기 포함
	카운터 상부 프레임 조성	통박스 시공	식	1.0	1,300,000	1,300,000	
	망입유리취부		자평	60.0	12,000	720,000	
	소 계					9,855,000	
10	필름 공사						
	하부장 및 젠다이 필름 공사	한화 필름	M2	65.0	19,000	1,235,000	
	소 계					1,235,000	
11	타일 공사						
	타일 공사	바닥타일	M2	117.8	34,000	4,005,200	
	타일 공사	화장실/주방 벽타일	M2	107.0	30,000	3,210,000	
	소 계					7,215,200	
12	덕트 공사						
	덕트공사	주방/로스팅룸 후드 포함	식	1.0	1,900,000	1,900,000	
	소 계					1,900,000	
13	대리석 공사						
	카운터	라운드 포함	m	14.0	210,000	2,940,000	
	싱크대 상판		m	2.0	160,000	320,000	
	소 계					3,260,000	
14	에폭시 코팅						
	에폭시 보수	보수 및 무황변 코팅	식	1.0	1,500,000	1,500,000	
	소 계					1,500,000	

간판 맡길 때 주의할 점

간판의 규격은 법으로 정해져 있으며 구청에서 허가를 받아야만 설치 가능하다. 허가를 받기 위해서는 옥외 광고물 허가 신청서, 광고물 설치 사용 승낙서, 간판 설계 도면 등의 서류를 제출해야 한다. 간판 제작은 인테리어 문의 단계에서 인테리어 업체에 맡기는 방법과 직접 간판 업체를 알아보는 방법이 있다.

공간 구성과
전기 증설

해준은 인테리어 공사 기간 동안 공간 구성에 꽤 신경을 썼다. 공간은 카페의 모든 것이라 할 수 있다. 오너인 자신을 비롯하여 일하는 사람들과 고객들이 머물 장소일 뿐만 아니라 공간의 편안함은 그 카페의 가치를 결정짓는 중요한 요소이기 때문이다. 그래서 해준은 공간 구성의 콘셉트를 '편안함'과 '효율성'에 두었다. 그렇게 한 데에는 제이의 카페가 큰 영향을 미쳤다.

"선배 카페에 올 때마다 늘 생각했거든. 다른 건 몰라도 좌석 간의 간격은 적당한 거리를 유지해야겠다고. 다른 카페에 비해 선배 카페가 특히 편안한 느낌이 드는 이유가 무엇일까 찾아봤는데 좌석과 좌석 사이의 간격이 널찍한 게 결정적이라는 생각이 들었어. 일단 우리 옆자리에 있는 사람들의 대화가 잘 안 들리잖아. 그런 것처럼 우리가 나누는 이야기도 옆자리에선 잘 안 들리겠지. 어떤 카페는 그곳에 앉아 있으면 내가 모르는 사람들과 일행이 되어 함께 대화를 나누고 있는 착각이 들 지경이라니까. 옆자리에 있는 사람의 대화가 자꾸만 들리니까 정작 우리의 대화에는 집중할 수가 없어. 그러다 보면 공간 자체가 소란스럽게 느껴져 편하지도 않고. 그래서 다른 건 몰라도 공간을 구성할 때 좌석 간의 간격만큼은 확실하게 유지해야겠다고 결심했지."

해준은 카페 공간 구성에서 제이의 카페를 벤치마킹한 것이 많은 도움이 되었다고 제이에게 솔직하게 말했다.

"우리 카페가 도움이 되었다니 나도 좋네. 그런데 홀의 공간을 구성할 때에는 좌석 간의 간격도 중요하지만 다른 것도 생각해야 해."

"뭔데?"

"동선."

"아, 그것도 염두에 두었어. 좌석에서 화장실로 가거나 좌석에서 계산대로 가는 동선이 편리하고 효율적인지를 살폈지. 고객이 편하게 다니려면 동선이 중요하니까. 그리고 동선이 효율적이어야 직원들이 서비스하기에도 편하잖아. 동선이 편하지 않으면 그 공간에서 일하는 직원들은 같은 강도의 일을 하면서도 두 배, 세 배로 힘들어지지 않겠어?"

"많이 발전했네. 그런 생각까지 하고. 그럼 주방 동선도 효율적으로 구성하기 위해 고민 좀 해봤어?"

"응. 주방에서 일하는 사람도 빠른 속도로 작업할 수 있도록 조리 기기나 냉장고를 작업의 순서에 따라 배치하도록 했지."

"그 말은 카페에서 사용할 주방 기기의 크기를 먼저 조사했다는 말이네."

"냉장고나 냉동고 등의 크기를 모르고선 공간을 계산할 수가 없잖아. 카페에 필요한 다른 물품들은 나중에 알아보더라도 주방에 두어야 하는 큰 물품들은 먼저 좀 알아봤지."

"잘했네, 잘했어. 근데 오늘은 바쁜 분께서 또 웬일로 오셨을까?"

"실은 아무래도 전기 증설을 해야겠는데, 어느 정도 해야 적절한지 모르겠어."

"전기 증설 하려고?"

"응. 우리 카페 자리에 기본 전력이 5kW가 들어와. 그런데 이걸로는 부족하겠더라고. 전기 증설 비용은 전기 공사 업체마다 다르긴 한데, 1kW 증설에 평균 10만 원에서 13만 원 정도라고 하더라고. 그런데 그것도 전신주가 가까워 배선 비용이 적게 드는 거고, 만약 전신주가 멀면 배선 이용료가 더 들어간다는 거야. 증설 공사를 하려면 당연히 공사비도 따로 내야 하고. 전기 증설은 생각지도 못했던 거라 추가 비용을 잡아야 하긴 하지만 또 증설을 안 할 수가 없잖아. 그래서 말인데, 우리 카페의 경우엔 어느 정도 증설하는 것이 좋을까?"

"20~30평대의 카페에서 필요로 하는 전력은 15~20kW 정도니까 전기 증설을 하는 게 맞겠네. 카페에선 기본 커피 머신이나 냉장고, 에어컨, 전자레인지, 제빙기, 오븐, 오디오, 조명, 순간온수기, 간판 등을 써야 하니까. 게다가 요즘은 카페에 노트북을 들고 와 작업하는 고객들이 많은 편이잖아. 스마트폰 충전하는 고객들도 많아졌고. 그러니 꽤 많은 전력이 필요하지. 그러니까 여유 있게 15kW 정도 더 증설하는 게 좋지 않을까?"

"그러네. 전기 쓸 일이 생각보다 훨씬 많네. 그럼 선배 말대로 15kW

는 더 증설해야겠다."

해준은 그렇게 말하면서 자신도 모르게 가볍게 한숨을 내쉬었다.

"생각지도 못한 곳에 돈 들 일이 많아서 그래?"

"응. 정말 하나하나 다 돈이네."

"앞으로도 이런 지출은 계속 생길 거야. 예산을 구체적으로 짠다고 해도 의외의 곳에서 돈 들어갈 일들은 계속 생겨. 카드 수수료부터 기물 파손, 시설 유지 보수, 기계 고장 AS 등등. 이런 사항들은 지출 예산서 짤 때는 생각하지 못한 항목들이지. 직접 사업을 해야 알 수 있는 것들이니까."

"그렇더라고."

"그러니까 이런 변수도 그냥 계획의 한 부분이라고 생각해. 변수를 문제로 인식하기보다는 사업 과정에서 당연히 일어나는 일로 여겨야 해. 그 때문에 지출 예산서를 작성하는 단계에서 여유비를 따로 두는 거고."

제이는 그렇게 해준을 위로한 뒤 전기 증설 시 필요한 서류들을 자세하게 말해주었다.

전기 증설 절차와 공간 구성 팁

전기 증설에 필요한 사항

카페 운영에 필요한 전기 용량

10~15평: 10kW 내외

20평 이상: 15kW 내외

전기 증설 시 필요한 서류

건물주 및 사용주 신분증 복사본, 건물등기부 등본, 토지대장, 가옥대장, 전기 요금 영수증(마지막 분), 건물 전체 수전 용량 총 75kW 이상 시 전기 안전 관리자 선임 필증, 배치 감리 확인서.

전기 증설 공사 과정

- 전기 공사 업체에 전기 증설 서류를 접수한다.
- 업체에서는 인입선 및 배전반 교체 공사, 내부 공사를 진행한다.
- 공사가 끝난 후, 사용 전 점검 필증을 교부받는다.
- 한전 계량기를 부착한다.

편안하고 안정감 있는 공간

좌석 간 적당한 거리 유지하기

좌석 간의 간격을 너무 좁지 않게 배치함으로써 옆자리의 대화가 들리지 않도록 한다. 카페를 찾는 고객들이 원하는 것은 안정감이다. 하지만 옆자리의 말소리가 들리거나 반대로 자신의 말을 옆자리에서 듣게 된다면 고객은 안정감을 느끼지 못한다.

가게가 작아지면 사람들은 테이블 숫자에 욕심을 부린다. 직원들이 일하는 바는 작고 테이블이 있는 홀만 크게 만들어 오래 일하는 사람들을 불편하게 만든다. 또한 공간 대비 좌석 수가 많으면 서비스의 질도 낮아진다. 일하는 사람 중심으로 공간을 꾸며야 한다. 원활하게 일할 수 있는 여건을 만드는 것이 중요하다. 차라리 테이블을 좀 줄여서라도 손님들이 줄 서서 기다리게 만드는 것이 더 효과적이다. 손님이 꽉 차서 기다리는 모습은 그 자체로 가장 훌륭한 인테리어이기 때문이다. 아무리 좋은 공간도 밖에서 볼 때 사람들이 없으면 휑하게 느껴지고 맛이 없는 곳이라고 생각해버린다. 사람들로 북적거리는 분위기를 연출하면 홍보 효과로 이어지기도 한다.

편안한 홀 동선 확보하기

홀에서 동선은 대체로 입구에서 객석, 객석에서 화장실, 객석에서 계산대로 연결된다. 동선이 복잡하거나 효율적이지 않으면 고객은 불편함을 느끼기 마련이다. 이동이 잦은 통로는 충분한 공간을 확보하는 것이 좋다. 화장실은 되도록 직원의 동선과 충돌하지 않는 곳에 배치한다.

주방 기기 효율적으로 배치하기

주방의 동선에 따라 요리의 속도가 좌우되므로 효율적으로 일할 수 있도록 작업 순서에 따라 동선을 짜는 것이 좋다. 주방에서 일하는 사람의 수, 주로 판매하려는 메뉴 등을 염두에 두고, 주방 기기를 배치한다.

꼬모 쎔쁘레 설계 도면 샘플

1층 평면도

지하 1층 평면도

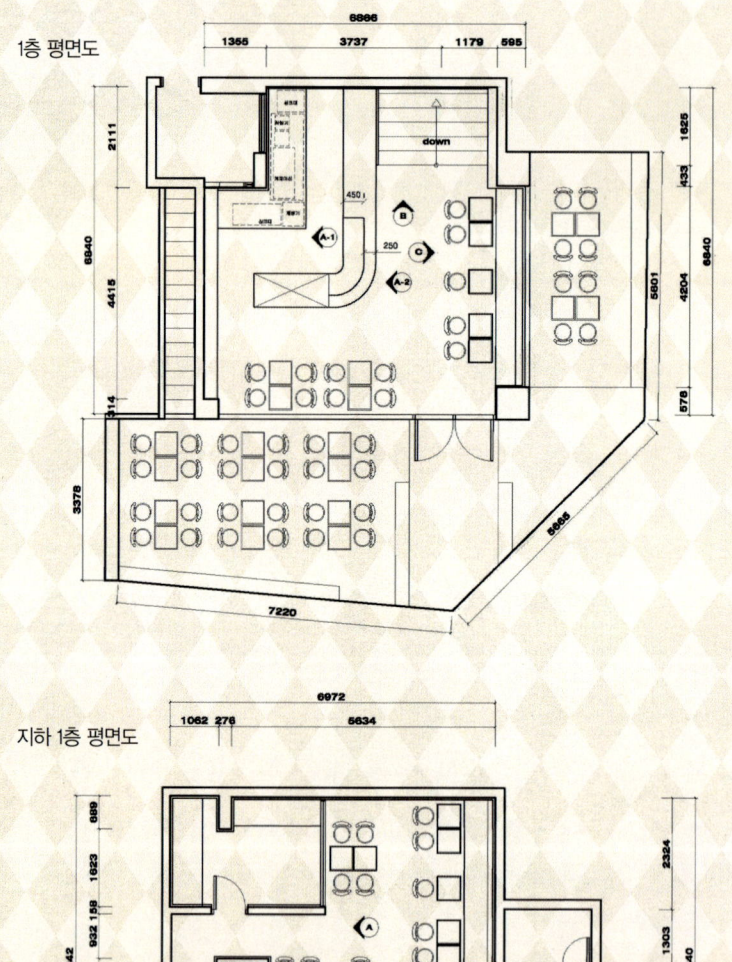

위생 교육에서
사업자 등록까지,
각종 인허가 받기

해준의 카페 인테리어 공사가 거의 마무리 단계에 들어갈 즈음 제이가 카페로 찾아왔다. 해준은 쌍수를 들어 그를 환영했다.

"한동안은 뻔질나게 찾아오더니, 이젠 내가 필요 없어졌냐?"

"그럴 리가. 아직 갈 길이 남았는데 벌써 필요 없어졌겠어?"

"뭐야, 필요 없으면 진짜 연락도 안 할 모양이네."

제이의 말에 해준은 며칠 전 경희도 똑같은 소리를 하더라며 깔깔 웃었다. 그도 그럴 것이 지난 한 달은 눈 코 뜰 새도 없이 바빠 함께 살고 있는 가족들과 아침 식사조차 하지 못하는 지경이었다. 덕분에 몸무게가 4kg이나 줄어들었지만 자신만의 공간을 만들어나가는 재미에 빠져 힘든 줄도 모르고 지냈다.

"공사도 이제 거의 끝나가는구나."

"응. 그래서 요즘은 카페에 들일 가구도 알아보고 있는 중이야."

"잘하고 있네. 그건 그렇고 영업허가는 받았어?"

"아, 영업허가. 그것도 곧 받아야지. 그렇지 않아도 영업허가에 대해 물어볼 게 있었어. 내가 알아보니까 영업허가를 받기 전에 위생 교육을 받아야 한다고 하더라고. 위생 교육은 어디서 어떻게 받는 거야? 허가니 교육이니 하는 말 때문인지 몰라도 복잡하고 어렵게 느껴져."

"복잡하다고 생각하니까 복잡한 거지. 영업허가든 위생 교육이든 그렇게 어렵진 않아. 서류만 잘 준비해두면 되니까. 그리고 위생 교육은 일종의 직원 교육이라고 생각하면 돼. 아니지, 직원 교육보다도 더 간단하려나? 단 하루, 6시간만 교육받으면 되니까."

"그래? 난 또 교육이라고 하니까 며칠씩 걸리는 줄 알았지. 위생 교육은 어디서 받는 거야?"

"한국외식업중앙회에서. 인터넷에서 검색하면 한국외식업중앙회 사이트가 나와. 그곳에서 각 지역별 교육장이랑 일정을 살펴보고 신청하면 돼."

"그럼 바로 신청해야겠다. 신청하고 며칠은 기다려야 할 테니까."

"그럴 필요 없어. 당일에 바로 교육받으러 가도 돼."

"그렇게 간단해?"

"그래서 말했잖아. 어렵지 않다고."

"영업허가를 받기 전에 또 할 일은 없어?"

"만약 카페가 30평 이상의 규모라면 소방 시설도 갖추어야 하지만 네 카페는 30평 이하니까 그럴 필요는 없지."

"카페 규모가 작아서 좋은 것도 있구나."

"그래도 소화기 정도는 비치해둬."

"응. 위생 교육을 받은 뒤에 영업허가를 받는다. 일단 이 순서는 접수.

그리고 또 하나 물어볼게."

"물어봐."

"영업허가는 어디서 받아?"

"해당 구청에서. 넌 신사동이니까 강남구청에 가면 되겠지."

"필요한 서류는?"

"위생 교육 수료증, 영업 신고서, 영업장 평면도, 영업장 상호명, 임대차 계약서 등이야. 영업 신고 시 수수료는 2만 8,000원이고."

"영업허가를 받은 뒤엔?"

"관할 세무서에서 사업자 등록을 해야지. 사업자 등록은 영업 개시일부터 20일 이내에 신고하면 되니까 그리 급할 건 없어. 하지만 미루다 등록 기간을 놓치면 가산세를 내야 하니까 미리미리 해둬. 사업자 등록을 하러 갈 땐 영업 신고증과 임대차 계약서, 주민등록등본을 챙겨 가. 동업일 경우엔 동업 사실을 증명할 서류도 필요하지만 넌 동업이 아니니까 그런 서류는 필요 없을 거고."

"그리고?"

"그리고? 없어. 왜, 더 있었으면 좋겠어?"

"설마."

해준은 피식 웃으며 제이가 말한 내용을 창업 노트에 꼼꼼히 써넣기 시작했다.

카페 창업에 반드시 필요한
세 가지 인허가

카페는 휴게 음식점과 일반 음식점 중 하나로 영업허가를 받을 수 있다. 휴게 음식점은 주류 판매가 불가능하지만 일반 음식점은 주류 판매가 가능하다. 대부분의 카페는 알코올이 들어간 음료(칵테일이나 와인 등)를 판매하기에 일반 음식점으로 허가를 받아야 한다.

POINT
입지 조건에 따라 일반 음식점 허가를 받지 못할 수도 있으니 점포 임대 시 반드시 일반 음식점 허가를 받을 수 있는 곳인지를 확인해야 한다.

위생 교육
- 한국외식업중앙회(www.ekra.or.kr, 1688-7707)
- 신청: 교육 일정을 미리 알아본 후, 교육 당일 접수 후 위생 교육
- 준비물: 교육비 2만 6,000원, 주민등록증, 증명사진 1매.
- 법인의 경우: 재직 증명서, 법인 등기부등본, 식품위생 관리자 책임 지정서 추가로 필요
- 교육 시간: 당일 교육 오전 9시~오후 4시(6시간)
  월·수·금 교육 있음(서울 중앙교육원 기준)
- 각 지역별로 교육 장소와 교육 시간이 다르므로 홈페이지에서 일정 확인(단, 영양사나 조리사 등의 자격증이 있다면 위생 교육을 받지 않아도 됨.)

건강진단 결과서(영업 신고 시 필요)
- 건강진단 결과서 발급 장소: 각 시·군·구 보건소
- 서류 작성 및 제출: 신분증, 수수료 1,500원
- 건강진단 내용: 방사선, 임상 병리, 채혈 검사 등 진행
- 주의 사항: 건강진단서 발급부터 신청까지 최소 3일에서 일주일 필요
(민원 서류 발급기가 설치되어 있는 지하철역에서 발급 가능·우편도 가능)

영업 신고
- 신규 창업이 아니라면 이전에 영업한 사람에게 승계받는 과정이 필요하다. 승계 없이 영업 신고를 할 수는 있지만 새로 신청하면 시설 조사 등으로 더 많은 시간이 걸릴 수 있다. 가장 좋은 방법은 양도인과 함께 구청을 방문해 영업 신고를 하는 것이다.
- 영업 신고는 접수 전 상담을 받아야 하고, 서류 접수는 구청 민원실에서 이루어지며 영업 신고증은 보통 3시간 내에 발급된다.
- 신규 신청 시 구비 서류

    1 영업 신고서(식품위생법 시행 규칙 서식 37. 해당 구청 보건위생과에 서식 있음)
    2 위생 교육 수료증(미리 교육을 받은 경우. 영업 신고 후 위생 교육 수료도 가능)
    3 건강진단서
    4 영업장 평면도
    5 영업장 상호명
    6 임대차 계약서
    7 액화석유가스 사용 시설 완성검사필증(LPG 사용 시)
    8 도선 사업 면허증 또는 신고필증(수상 구조물로 된 도선장에 일반 음식점을 하는 경우에만 해당)
    9 수질 검사 성적서(지하수 사용 업소에 한함)
    10 소방방화시설 완비 증명서(30평 이상의 영업장을 운영할 경우에만 소방서에서 소방방화 시설 완비 증명서를 발급받는다. 비상구, 소화기 2개 이상, 스프링클러를 규격에 맞도록 설치해야 하며 인테리어 내장재도 기준에 맞는 불연재를 사용해야 한다. 인테리어 공사가 끝난 후, 인테리어 업자가 이 모든 조건에 맞게 시공을 했다는 것을 증명하면 합격 증명을 받

게 된다. 그렇기 때문에 인테리어 업자와 계약 시 소방방화시설 완비 증명서에 대한 조항도 짚고 넘어가야 한다.)
- 법인의 경우: 법인 인감증명서, 법인 등기부등본, 인감도장 날인된 위임장 추가로 필요
- 인수 영업 신고 시 구비 서류: 위생 교육 수료증, 건강진단서(보건증), 신분증, 인감증명서, 임대차 계약서, 등기부등본
- 수수료: 2만 8,000원

사업자 등록
- 사업자 등록은 관할 세무서를 찾아가면 된다. 사업자 등록은 영업 개시일부터 20일 이내에 신고하면 된다. 기한을 놓치면 가산세를 부담할 수도 있으니 미루지 말고 바로 해두는 것이 좋다.
- 사업자 등록 시 구비 서류: 사업자 등록 신청서(세무서 비치), 영업 신고증, 임대차 계약서, 주민등록등본
- 동업일 경우 동업 사실을 증명할 수 있는 동업 계약서 필요

일반과세와 간이과세

해준은 수요일에 중앙위생교육원을 찾았다. 제이의 말처럼 예약할 필요는 없었다. 교육이 있는 날 아침 9시 전까지만 교육원에 가면 되었다.

교육원에서 그녀는 식품 접객업소의 신고 및 관리, 식품위생법, 서비스 기법, 영업자의 책무 등 유용한 정보를 배웠다. 교육이 끝난 후엔 바로 수료증까지 받을 수 있어 두 번 발걸음을 할 필요도 없었다. 그리고 그 다음 날인 목요일엔 구청에 가 영업 신고도 무사히 마쳤다.

이제 남은 일은 사업자 등록뿐이었다. 사실, 앞의 두 가지 일을 별 탈 없이 잘 처리했기 때문에 사업자 등록도 그다지 어렵지 않으리라 생각했다. 하지만 그녀는 사업자 등록 신고서를 앞에 두고 선뜻 시작을 하지 못했다. 일반과세와 간이과세 중 하나를 선택해야 했던 것이다.

"일반과세? 간이과세? 이게 뭐야?"

이제껏 사업이라곤 해본 적 없는 해준은 일단 일반과세와 간이과세의 차이조차 알 수 없었다.

"생각지도 못한 곳에서 걸림돌이 나왔네."

해준은 혼잣말을 내뱉고 있다는 것도 의식하지 못할 정도로 난감해서는 신고서를 빤히 쳐다보았다. 그때였다. 누군가 옆에서 그녀에게 말하는 소리가 들렸다.

"알면 그렇게 어려운 것도 아닌데."

깜짝 놀란 해준이 돌아보자 바로 옆에 30대 후반쯤으로 보이는 여자가 서 있는 것이 보였다. 그녀는 해준과 눈이 마주치자 배시시 웃었다.

"혹시, 저한테 한 말씀이세요?"

해준이 물었다.

"네."

"뭐가 어렵지 않아요?"

"일반과세와 간이과세 중 하나를 선택하는 거요."

"아!"

"그냥 간이과세자로 하면 되거든요."

"아, 간이과세자로? 왜요?"

"일반과세자의 세금보다 간이과세자의 세금이 훨씬 적게 나오거든요. 일반과세자의 매출 세액은 10%예요. 하지만 간이과세자의 매출 세액은 1.5%에 불과하죠."

"아, 그렇구나. 그런데 좀 이해가 안 되는데요."

"뭐가요?"

"간이과세자의 세금이 훨씬 적으면 모든 사업자들이 간이과세자를 선택할 거 아니에요? 그럼 굳이 서류에다 일반과세와 간이과세의 선택 조항을 넣을 필요가 있나 싶어서요."

"그렇진 않아요. 간이과세가 배제되는 업종에 종사하거나 지역에서 사업을 하는 경우에는 일반과세로 등록해야 하거든요. 게다가 연간 매출액이 4,800만 원을 넘을 경우엔 자동으로 일반과세로 전환돼요. 그러니까 처음 사업을 시작하는 분들은 당연히 간이과세자로 등록하는 게 훨씬 유리하죠."

"아! 그런 거였어요? 업종과 사업 규모에 따라 세금이 달라지는 거였구나. 그럼 이해가 되네요. 제가 이번에 카페를 창업하려고 하는데 사업 자체가 처음이라 이런 것도 모르고 있었어요. 덕분에 도움이 되었습니다. 고맙습니다."

"사업이 처음이면 모를 수도 있죠. 그런데 카페 하시려고요? 나도 그런데."

여자의 말이 끝나기가 무섭게 해준은 자신도 모르게 말했다.

"그래요? 진짜 반가워요. 그럼 우리 같이 다닐래요?"

과세 선택과 계좌 개설

일반과세자와 간이과세자 비교 분석표

	일반과세자	간이과세자
대상	연 매출 4,800만 원 이상	연 매출 4,800만 원 미만
매출 세액	10%	1.5%
세금 계산서	발행	발행 불가
환급	가능	불가능
장점	물건 등을 구입하면서 받은 매입 세금 계산서상의 부가가치액을 전액 공제받을 수 있음	반기별로 공급대가가 1,200만 원 이하일 때 부가가치 면제(반드시 신고)
단점	간이과세자에 비해 높은 세율 적용	부가가치세 환급을 받지 못하는 경우도 있음

사업용 계좌 개설 및 신고

- 기존 거래 계좌를 사업용 계좌로 사용할 수도 있으나 일정한 규모 이상의 사업자 개인 계좌와 구분된 사업용 계좌를 사용해야 한다. 이는 개인 기업의 매출과 비용의 투명성을 강화하기 위한 제도의 일환으로 2007년부터 시행되었다.
- 카페 등의 요식 업체는 전년도 매출액이 1억 5,000만 원 이상일 경우 개인용 계좌와 구분된 사업용 계좌를 개설해야 한다.

- 사업용 계좌는 사업장별로 여러 개의 통장을 만들 수도 있고 1개의 계좌로 여러 사업장에서 사용할 수도 있다. 통장 개수에는 제한이 없으나 금융기관에서 사업용 계좌 및 상호 등을 병기하도록 정해져 있다.
- 사업용 계좌는 금융실명거래 및 비밀보장에 관한 법률 제2조 제1호의 금융기관(한국은행, 한국산업은행, 중소기업은행 및 은행법에 의한 금융기관, 새마을금고, 우체국, 농협, 수협, 신용협동조합 등)에서 개설할 수 있다.
- 사업용 계좌를 신규로 개설했을 시에는 사업용 계좌 개설(추가, 변경) 신고서를 작성하여 사업자 등록증 교부일로부터 3개월 이내에 관할 세무서에 제출해야 한다.
- 사업용 계좌를 개설하지 않거나 사용하지 않을 경우에는 각 과세 기간의 총수입 금액의 1,000분의 2에 해당하는 금액이 가산세로 부과된다.

CHAPTER 4

무엇을 팔까, 메뉴 선정

메뉴도 콘셉트가 중요하다

해준은 낯선 여자에게 같이 다니자는 제안을 한 뒤 깜짝 놀라서는 살짝 입을 막았다. 평소 낯가림이 없는 편이기는 했지만 이처럼 스스럼없이 낯선 사람에게 먼저 다가선 적도 없었다. 혼자 돌아다니며 창업을 준비하느라 지쳐서인지 같은 입장인 사람과 함께하고 싶다는 생각이 순간적으로 들었던 것이다.

"뭐, 저도 같이 다니면 덜 심심하긴 하죠."

여자는 당황한 기색도 없이 웃으며 바로 대답했다.

"정말요? 사실은 제가 말해놓고도 깜짝 놀랐어요. 너무 주책없는 거 아닌가 싶어서."

"아니에요. 오히려 제가 고마운 걸요. 혼자 카페 창업을 준비하다 보니 답답할 때가 많아서. 어젠 메뉴를 짜는데 누가 보고 말 좀 해주면 좋겠다는 생각도 들더라고요. 내가 보기엔 괜찮은데 다른 사람이 보기엔 그렇지 않을 수도 있잖아요."

해준은 '메뉴'라는 말을 듣고는 반가운 기색을 그대로 드러냈다. 그렇지 않아도 지난 며칠 내내 메뉴 구성으로 고민하던 중이었다.

"저도 그래요. 요리에 관심이 많은 편이라 잘할 수 있을 거 같았는데 생각보다 어렵더라고요."

"맞아요. 전 제과제빵까지 공부했는데도 만만치 않네요."

"이럴 게 아니라, 우리 커피라도 한잔 마시면서 얘기해요."

둘은 처음 만난 사람이라고는 생각할 수 없을 정도로 마음이 맞아서는 곧장 근처 카페를 찾았다. 그곳에서 먼저 통성명부터 했다. 여자의 이름은 예원이었다. 그녀는 해준보다 몇 살 위로 제과제빵 학원에서 강사로 10년을 일했고 언젠간 나만의 카페를 차리고 싶다 생각해오다 이번에 용기를 냈다고 했다.

"어머, 부러워라. 제과제빵을 아시면 사이드 메뉴를 만들 때도 도움이 많이 되겠네요."

"해준 씨도 그렇잖아요. 초콜릿이라니. 콘셉트가 분명하니까 사이드 메뉴를 만드는 데 훨씬 도움이 될 것 같은데요."

"그런가요?"

"제 생각엔 그래요. 콘셉트만 확실하면 아이디어를 내는 것도 그리 어려운 일은 아니죠. 그래서 전 제과제빵의 특성을 살려 다양한 빵을 사이드 메뉴로 할까 생각 중이에요. '빵이 있는 카페'라는 콘셉트로요. 그리고 이 콘셉트가 입지와도 맞아떨어져요. 제 가게는 원룸이 밀집한 골목에 있거든요. 혼자 사는 여자들이 많아요. 그들이 아침이나 저녁을 간편하게 먹을 수 있는 메뉴를 개발하면 매출에 도움이 될 거 같더라고요."

"그러게요. 요즘은 카페에서 차 한잔 마시며 가볍게 요기도 하려는 사람들이 많아진 것 같기는 해요."

"카페를 만남의 장으로만 생각하지 않기 때문이겠죠. 혼자 작업을 하고 싶을 때, 그냥 맛있는 커피를 마시고 싶을 때, 간단하게 요기하고 싶을 때도 카페를 찾으니까요."

"아, 언니 때문에 또 하나 배웠어요. 카페의 스타일에 맞는 메뉴 구성도 중요하지만 주변 환경이 중요하다는 걸요."

"어차피 사이드 메뉴를 시켜 먹는 것은 우리 카페를 찾아오는 손님들이니까요. 내가 좋아하는 메뉴를 만드는 것도 좋지만 고객의 니즈를 파악하는 게 우선순위라고 생각해요. 하지만 어떤 메뉴를 만들든 맛있는 커피 집으로 소문이 났으면 좋겠다는 바람도 있어요. 어쨌든 카페의 기본은 커피니까요. 커피 맛이 좋지 않으면 일단 그 카페에 대한 신뢰도가 떨어지잖아요."

"저도 그렇게 생각해요. 그래서 커피 학원도 열심히 다니고 있는 중이고요. 이렇게 계속 배우다 보면 웬만큼 커피를 잘 뽑을 수 있겠다는 자신감도 좀 생겼어요. 하지만 메뉴 개발은 시간이 지날수록 더 어렵게만 느껴지는 것 같아요. 사실, 저희 카페는 입지 조건이 그다지 좋은 편이 아니거든요. 그래서 저희 카페에서만 맛볼 수 있는 특이한 메뉴를 개발해야 한다 생각하다 보니 더 어렵게 느껴지는 것 같아요. 언니는 메뉴를 짤 때 어디에다 기준을 둬요?"

"재료를 구하기 쉬우면서도 보관이 용이한지 아닌지를 따져요. 물론 맛도 좋아야 하고 스타일도 멋져야겠죠. 하지만 원재료가 쉽게 상하거나 보관이 어려우면 맛이나 스타일이 아무리 좋아도 과감하게 포기하려고요. 쉽게 상하는 재료는 아무리 조심한다고 해도 기본적으로 위험 요소를 가지고 있잖아요. 잘못해서 상한 음식이라도 내서 손님들의 건강을 위협하느니 애당초 하지 않으려고요. 그리고 비용 측면에서도 쉽게 상하는 재료는 부담이 돼요. 메뉴의 원가율은 35%를 넘지 않는 것이 좋아요. 그런데 버리는 재료가 많아지면 원가율이 높아지게 되고, 원가율이 높아지면 이윤을 그만큼 남길 수 없으니까."

"듣고 보니 그러네요. 정말 언니 덕분에 많이 배웠어요. 전 재료 보관 같은 문제는 생각도 못하고 있었거든요."

"초콜릿이 콘셉트라 그럴 거예요. 초콜릿은 쉽게 상하는 음식이 아니니까요."

"그렇게 말해줘서 고마워요. 하지만 아직도 모르는 게 너무 많아요."

"천천히 알아가면 돼요. 처음 창업하는 건데 모든 걸 다 아는 게 오히려 이상하죠. 저도 마찬가지고요. 조급하게 굴어 큰 실수 하는 일만 없으면 되지 않겠어요."

예원의 말은 해준에게 적잖은 위로가 되어주었다. 막상 시작하고 보니 사업을 하기엔 아는 것이 너무 없다는 생각에 줄곧 기가 죽어 있었던 것이다.

"그래서 언니는 카페에서 팔 메뉴 이미 정리해뒀어요?"

해준이 물었다.

"아직요."

"그래요? 언니라면 이미 만들어뒀을 것 같은데."

"그냥 단순하게 메뉴를 만들 거라면 그동안의 빵 만들던 경험으로 쉽게 만들어버렸을 거예요. 하지만 메뉴에 가치를 부여하고 상품화를 시키려면 점포의 입지 조건이나 고객의 니즈를 분석하는 일이 필요하죠. 그래야만 메뉴 상품화로 이익 창출과 고객 만족을 이끌어낼 수 있으니까요."

"아!"

해준은 앞에 있는 여자의 전문적인 말투에 내심 깜짝 놀랐다. 역시 강사 출신은 다르구나 싶었다.

'난 이제까지 내가 잘 만들 수 있는 것만 생각했는데……. 게다가 카페에서 파는 메뉴는 다 비슷비슷하다고 생각하며 크게 고민할 일도 없다고 생각했어. 그렇게만 생각해서는 안 될 일이구나.'

메뉴 콘셉트 잡기

입지와 트렌드를 반영하여 인테리어 콘셉트가 정해졌다면 여기에 맞는 메뉴 콘셉트 역시 명확하게 정해져야 한다. 카페를 운영하려고 하는 예비 창업자들은 대부분 내가 원하는 메뉴 콘셉트를 매장에 입히려고 하는데 이렇게 하면 십중팔구 실패로 이어진다. 내가 원하는 메뉴 콘셉트가 있더라도 충분한 시장조사를 통하여 현실적인 상황과 어긋나지 않도록 조절하는 과정이 필요하다.

메뉴 콘셉트가 정해졌다면 그 다음은 메뉴 계획을 세워야 한다. 메뉴를 상품화하기 위해서는 고객의 만족을 이끌어내기 위한 메뉴 계획이 반드시 필요하다.

메뉴 계획 수립 시 주의 사항

메뉴, 메뉴 계획, 메뉴 상품화의 정의
- 메뉴: 카페나 음식점에서 판매하는 핵심 상품
- 메뉴 계획: 업장의 입지 조건, 판매할 타깃 시장, 고객의 니즈를 분석하여 실질적으로 판매할 메뉴에 대해 계획을 세우는 작업
- 메뉴의 상품화: 메뉴에 판매할 수 있는 가치를 부여하는 이익을 창출하고 고객 만족을 이끌어내는 작업을 말함

성공적인 메뉴 계획을 위해 필요한 조건
각 메뉴의 정의, 유래 및 스토리텔링에 대한 전반적인 안목과 식견을 갖추는 것이 좋다. 메뉴를 잘 알아야 고객과의 전문적인 커뮤니케이션이 가능하다. 아울러

각 메뉴에 대한 이해와 조리법, 서비스 방법에 대한 지식을 공부해야 한다.
또한 상권에 따라 메뉴 계획은 달라져야 한다. 예를 들어 오피스 상권은 모닝 세트와 런치 세트에 가격 할인을 적용한 식사 메뉴가 들어가면 매출이 좋아진다. 유동 인구가 많은 상권이라면 고객이 많은 반면 테이블 수에 한계가 있으므로 이때는 테이크아웃 음료에 할인 혜택을 줌으로써 테이크아웃 쪽으로 고객을 유도하여 매출을 늘릴 수 있다. 상권이 주택가라면 단골 고객이 주로 오기 때문에 제품의 신선도 부분에 신경 쓰는 것이 좋다. 일정한 시간을 정해놓고 쿠키나 간단한 베이커리를 구워 내어 고객의 방문을 유도하는 것도 방법이다. 조금 외진 상권이라면 입소문이 날 수 있는 독특한 메뉴를 개발하여 고객이 찾아오게 하는 홍보 전략이 필요하다.

메뉴 계획에 필요한 자료 확보
- 주변 상권의 고객 특성과 입지적 특징을 잘 분석한다.
- 소비 트렌드의 패턴을 분석한다.
- 유통의 변화에 따라 식재료 가격과 식자재 공급 여부를 알아본다.

메뉴 계획의 투자 및 가격 설정
- 판매 가치를 따져본 후, 판매 가치가 인정된 메뉴에는 충분한 투자를 한다. 투자의 정도에 따라 메뉴의 질이 결정되기 때문이다.
- 주방에 갖추어져 있는 설비를 고려해 기기 구매에 따른 원가 상승도 메뉴를 상품화할 때 가격에 포함시킨다.

성공적인 메뉴 구성을 위한 준비

채준은 메뉴를 구성할 때에도 시장조사와 충분한 시간 및 투자가 필요하다는 것을 절실하게 깨달았다. 하지만 그것만으로는 메뉴를 어떻게 만들어야 할지 감이 서지 않았다.

"메뉴를 구성하기 위한 1단계 조건은 시장조사, 분석, 고객의 니즈라는 건 알겠어요. 그런 다음 메뉴를 구성하기 위해 필요한 조건을 만들어야겠죠. 아무래도 조건을 두고 그에 맞추어 메뉴를 만드는 게 좋을 테니까요. 하지만 메뉴를 만드는 조건으로는 어떤 것이 있는지 잘 생각이 나지 않네요."

"아직 시장조사를 한 건 아니니까, 그걸 바탕으로 만드는 게 좋겠죠."

"시장조사를 먼저 해야겠네요. 사실 꽤 많은 카페를 돌아다니며 시장조사를 했지만 메뉴만 특화해보진 않았어요. 만약 시장조사를 한 뒤 메뉴의 조건을 찾아냈다면, 그 다음 단계는 어떤 것이 있을까요?"

"메뉴의 레시피를 정하고 판매 가격을 결정해야겠죠."

"메뉴 개발 단계라는 거네요."

"그렇죠. 메뉴의 구성 조건에 맞는 메뉴를 개발해야 하는 거죠."

"그럼 다 끝난 건가요?"

"아니죠. 검증을 해야죠. 내 입맛에는 맞는데 다른 사람 입맛에는 맞지 않을 수가 있잖아요. 카페는 이름이랑 비슷한 거 같아요. 내 이름은 내 거지만 그 이름을 입에 올리는 사람은 다른 사람들이잖아요. 즉, 내 것이면서도 내 것이 아닌 게 카페라는 공간이랄까요. 내가 만든 곳이지만 그 공간을 이용하는 건 고객들이니까요. 메뉴도 그래요. 내가 만드는 거지만 그것을 구입하거나 먹는 것은 고객이잖아요. 그러니 당연히 검증 단계가 필요해요."

"듣고 보니 그러네요. 무엇을 하든 고객의 만족도를 늘 염두에 둘 수밖에 없겠네요."

"서비스업이니까요."

"정말 언니에게 많은 것을 배웠어요. 정말 고맙습니다."

"별말씀을요. 우리 둘 다 매출에 도움이 되는 좋은 메뉴를 개발해봐요."

"네! 그런데 조금 전에 메뉴를 구성하려면 구성 조건에 따라야 한다고 했죠? 언니가 생각하는 메뉴 구성 조건은 어떤 거예요?"

"뭐, 여러 가지가 있겠지만 일단은 시장조사를 한 후 구성 조건을 정리해볼 생각이에요."

"아, 그렇지. 저도 메뉴에 포인트를 맞춘 시장조사부터 먼저 하려 했던 걸 깜박했네요.

"우리 그럼……."

"네. 그렇게 해요."

해준은 예원의 말이 끝나기도 전에 얼른 대답했다.

"아니, 내가 무슨 말을 할 줄 알고 덥석 대답부터 해요?"

"메뉴 분석에서 메뉴를 만들고 검증하는 것까지 함께 해보자는 거 아니에요?"

"맞아요. 정말 눈치 한번 빠르네."

"눈치가 빠른 게 아니라 마음이 통한 거죠. 그리고 언니. 말 놓으세요. 저보다 다섯 살이나 많잖아요."

해준은 그렇게 말하며 배시시 웃었다.

메뉴 구성 프로세스

메뉴 계획 7단계

1단계. 메뉴를 분석하라

카페 창업에서 가장 먼저 주목해야 하는 것은 메뉴, 즉 무엇을 팔 것인가이다. 카페의 매출을 좌우지하는 것은 메뉴다. 따라서 메뉴 선정은 입지 선정이나 인테리어만큼이나 중요할 수밖에 없다.

메뉴를 선정하기 위해서는 체계적인 데이터 분석이 필요하다. 이왕이면 기간(2~3개월 단위로 계획을 짠다)을 정해놓고 분석 작업에 들어가는 것이 좋다.

- 최근 인기 있는 카페의 메뉴를 분석한다.
- 주변 카페의 메뉴를 분석한다.
- 내 카페의 주요 고객층을 분석하고 그들의 니즈를 분석한다.

2단계. 나만의 메뉴를 구성하라

1단계의 메뉴 분석을 통해 우리 카페에서 팔고자 하는 메뉴의 범위가 어느 정도 좁혀졌다. 이때 내가 선택한 메뉴가 카페의 콘셉트와 맞는지 아닌지를 판단한 후 메뉴 리스트를 작성하자.

3단계. 메뉴의 레시피를 작성하라

메뉴를 주인 혼자만 만들 줄 알아서는 운영이 제대로 되지 않는다. 직원 교육을 염두에 둔 레시피를 작성하고, 완성된 메뉴는 사진으로 남겨둔다. 메뉴 레시피에는 구입 재료와 요리 방법 외에도 그 메뉴를 담을 식기 및 스타일링까지 자세하게 써두는 것이 좋다.

4단계. 메뉴의 판매 가격을 정하라

아무리 좋은 메뉴라도 이윤을 창출할 수 없다면 아무 의미가 없다. 판매 가격을 산정할 때 가장 주의 깊게 검토해야 하는 것은 그 메뉴의 원가율이다. 원가율은 매출액에 대한 원가의 비율을 뜻한다. 커피는 판매 가격의 30~35%가 적당하고, 커피 외 음료는 35~40%, 샌드위치는 판매 가격의 40~45%가 적당하다. 카페마다 같은 메뉴를 팔 경우 고객은 가격이 저렴한 곳으로 가기 마련이다. 하지만 주위 가게의 메뉴 가격대가 비슷하다면 판매 가격이 높아도 상대적으로 별로 높다고 생각하지 않는다. 원재료비가 많이 들어 판매 가격을 높게 책정할 수밖에 없는 메뉴라고 무조건 지양할 것이 아니라 주변 카페의 시세를 파악해본 뒤 선택하는 것도 한 방법이다. 주변의 시세는 그 지역의 수요를 반영한 것이기에 고객의 니즈를 분석할 수 있다. 메뉴 선정에서 가장 중요한 것은 고객의 만족도라는 것을 잊지 말자.

5단계. 내가 만든 메뉴를 검증하라

자신이 메뉴를 직접 만들어 품평회를 열어본다. 품평회는 한 번으로 끝내지 말고, 적어도 3회 이상 진행하는 것이 좋다. 고객 타깃에 맞는 사람을 초대해 가격과 맛, 모양 등에 대한 평을 듣는다.

6단계. 카페에서 판매할 메뉴를 결정한다

최종적으로는 카페의 규모, 형태, 제한된 시간 및 인력을 고려하고 시식회를 거쳐 실전에서 판매할 수 있는지 수정, 보완한다.

7단계. 메뉴 구성은 현재 진행형

개점 초기뿐 아니라 카페를 운영하는 동안에도 고객의 니즈 변화, 재료의 가격 변화를 분석하며 메뉴를 끊임없이 체크한다. 또한 카페의 주력 메뉴나 추천 메뉴, 계절 한정 메뉴 등을 개발하는 노력이 필요하다.

메뉴 구성 시 유의 사항

- 시장조사 및 자료 조사를 통해 충분히 카페 메뉴를 이해한 후 메뉴 구성을 시작한다.
- 기본적인 카페 메뉴뿐만 아니라 매장 콘셉트에 맞는 특색 있는 대표 메뉴를 반드시 개발한다.
- 카페 메뉴가 완성되었다면 그 메뉴와 궁합이 잘 맞는 사이드 메뉴 및 시간별 이용 고객을 위해 세트 메뉴 및 이벤트 메뉴를 선정한다.
- 마지막으로 주방이나 매장의 크기 및 운용 한계를 고려하여 메뉴를 넣거나 빼는 작업을 거친다.
- 카페의 입지에 따라 메뉴의 구성도 달라져야 한다. 학교나 오피스텔 주변이면 간단히 요기할 수 있는 메뉴(샌드위치, 허니 점보 브레드, 베이글 등)로, 젊은 여성들이 자주 찾는 거리라면 커피와 어울리는 메뉴(쿠키, 머핀, 케이크, 초콜릿 등)를 선택하는 것이 좋다. 월별, 계절별로 프로모션을 위한 메뉴를 만들거나 판매를 촉진하기 위한 기획 메뉴를 개발하는 것도 고객의 발걸음을 이끄는 데 도움이 된다.

고정 메뉴와 단기 메뉴

고정 메뉴는 1년 365일 판매되는 메뉴로, 일정 기간 동안 메뉴를 고정해 생산성 향상, 원가 절감, 인력 관리 및 통제가 용이하게 구성한 메뉴를 의미한다(예. 아메리카노, 카페 라테, 카푸치노, 카페 모카 등). 단기 메뉴는 계절이나 시기에 적절한 재료를 사용하여 만드는 메뉴로, 수익에 도움이 되나 개발과 통제에 어려움이 따르는 단점이 있다(예. 제철 생과일주스, 겨울철 초콜릿 음료, 여름철 빙수 메뉴 등).

메뉴 구성의
필수 조건

해준과 예원은 본격적으로 메뉴를 구성하기 전 각 카페에서 주력으로 미는 음식들을 맛보고 다녔다.

　대부분의 카페에서는 타르트, 케이크, 핫케이크, 샌드위치, 샐러드 등이 사이드 메뉴의 주를 이루었다. 기본에 충실하되 맛에 중점을 둔 메뉴들은 만족도가 높긴 했지만 순전히 그 메뉴 때문에 카페를 찾기에는 2% 부족했다. 그러한 메뉴는 많은 카페에서 판매 중인 것이라 아주 특출한 맛을 내지 않는 한 그다지 경쟁력이 없었던 것이다.

　주인장의 아이디어가 돋보이는 것도 있었다. 채식주의를 표방하는 한 카페에서는 콩고기로 샌드위치를 만들기도 했고, 밥으로 전을 만들어 핫케이크 모양을 내기도 했다. 하지만 모든 사람에게 두루 만족감을 줄 것 같지는 않았다. 또 어떤 카페에서는 조리법의 난이도가 상당히 높아 보이는 메뉴 위주로 구성하기도 했다. 맛도 좋았고 보기에도 좋았지만 해준은 그러한 메뉴를 만들 엄두가 나지 않았다.

"언니는 어떤 메뉴가 인상적이었어?"

매일 두세 군데 이상의 카페를 찾아다닌 지 열흘쯤 지나서였다. 해준이 물었다.

"대체적으로 난 원 푸드 카페들의 메뉴가 좋았어. 팥빙수나 수제 초콜릿만 파는 카페들은 아무래도 한 가지에 집중하니까 맛이나 스타일 면에서 뛰어나더라고. 넌?"

"난 스탠딩 커피의 레모네이드가 인상적이었어. 보통의 레모네이드와 달리 지중해의 바다색을 띠고 있는 게 정말 예뻤거든. 어떻게 그렇게 특이한 빛깔을 낼 생각을 다했을까? 사람들이 줄 서서 기다리는 게 이해가 돼. 매장이 작아도 성공할 수 있구나 싶어 용기도 나고."

"그렇지? 여러 카페를 다니다 보니 꼭 매장의 규모가 성공을 결정짓는 게 아님을 알겠어. 평수가 중요한 게 아니라 내가 어떻게 하느냐가 중요하다는 것을 아주 절실히 깨달았지."

"나도 그래. 콘셉트의 중요함을 또 한 번 느꼈달까. 게다가 특이하거나 멋진 데커레이션이 사람들에게 얼마나 매력적으로 어필하는지도 알게 됐고."

"그동안의 시장조사로 명확해졌네. 메뉴 구성할 때의 기준점."

"응. 일단 카페의 콘셉트에 어울려야 하고 데커레이션이 멋져야 해."

해준이 이제까지의 대화 내용을 정리해 말하자 예원이 뒷말을 이었다.

"맛은 기본이고."

"그리고 또 없나?"

해준의 질문에 예원은 잠시 고개를 갸웃거리나 싶더니 곧 중요한 걸 생각해낸 듯 눈을 반짝거렸다.

"우리가 왜 이걸 빠트렸는지 모르겠네."

"뭔데?"

"조리 시간."

"조리 시간?"

"북촌의 한 카페에서 우리가 주문한 게 30분도 더 지나서 나온 거 기억나?"

"아, 맞아. 너무 오래 기다리게 한다고 투덜거렸잖아. 막상 나온 음식을 보니 조리 시간이 길 수밖에 없겠다 싶긴 했지. 맛도 좋았고 또 데커레이션에 공을 많이 들인 게 티가 났으니까. 이러니까 가격도 비싼 거구나 했고. 하지만 그다지 기분이 좋지는 않았어. 우리가 주문한 걸 잊어버렸나 싶기도 했고 말이지. 커피와 곁들여 먹으려고 한 건데 커피가 다 식은 뒤에야 나왔잖아."

"결과도 중요하지만 손님을 그렇게 오래 기다리게 하는 건 결코 좋지 않을 거 같아. 조리 시간이 너무 길지 않는 걸로 메뉴를 구성하는 게 좋겠어."

"나도 하나 더 생각해냈어. 레시피가 간단했으면 좋겠어. 레시피가 복잡하면 아무나 못 만들잖아."

"응. 직원들도 쉽게 만들 수 있는 레시피여야 할 거야. 그런데 뭘 그렇게 쓰는 거야?"

"메뉴 구성의 조건. 기록을 해둬야 잊지 않지."

"그래. 나중에 메뉴를 짤 때 참고해야 하니까."

"지금까지 나온 건 다섯 개야. 더 이상 없을까?"

"아! 하나 더 있다. 우리가 카페에서 음식을 먹을 때 자주 한 말 있잖아."

"뭐? '이건 나는 도저히 못 만들겠다' 그거?"

"그래, 그 말. 말은 그렇게 했지만 사실은 '나도 이 메뉴를 만들어볼까?'라고 내심 욕심을 부렸거든. 기가 막히게 맛있거나 데커레이션이 정말 멋진 메뉴는 탐이 나더라고."

"하지만 무작정 따라한다고 되는 건 아니지."

"그래 괜히 욕심 부리다간 오히려 역효과만 날 수도 있을 거야. 메뉴를 구성할 땐 내가 만들 수 있는 것인지 아닌지를 판단하는 것도 중요한 것 같아."

"맞아. 내가 만들 수 있는 걸 만드는 게 좋아. 괜히 욕심을 부리다간 이도 저도 안 될 것 같기는 해. 그런데 이런저런 조건을 다 따져 메뉴를 구성하려니까 괜히 복잡하게 느껴져. 언니는 안 그래?"

"복잡하게 생각할 필요 없어. 간단하게 생각해. 가짓수가 아무리 많아도 결국은 효율성이야. 맛, 데커레이션, 구입, 보관, 조리 등 모든 부분에서 효율성이 있는지 없는지가 문제인 거지."

"메뉴를 구성할 때 최대한 이 조건에 맞춰야겠네."

해준은 메뉴 구성 조건을 찬찬히 훑어보며 중얼거렸다.

"그럼 이제 본격적인 이야기로 들어가보자."

"어? 지금까지 한 이야기가 본격적인 거 아니었어?"

"지금까지의 이야기도 중요하지. 하지만 우린 사업을 하는 거잖아. 사업가의 입장에선 이윤을 생각하지 않을 수가 없지."

"아!"

"원가율에 대해서도 생각해봐야지."

"그렇지. 원가율은 어느 정도로 정해야 효율적일까?"

"커피 음료는 30%에서 35% 정도?"

"그럼 65%에서 70%의 이윤을 남길 수 있는 거네."

"그게 꼭 그렇지만은 않아. 폐기율도 염두에 두어야 하니까. 재료 자체의 손상으로 폐기하는 것도 있고 만든 후에 버리는 것도 있어. 내가 아는 한 가게에서는 다 만들어놓은 머핀을 반 이상 버린 적도 있다고 하더라고. 원가율을 35%로 잡는다고 해도 폐기율까지 감안하면 현실적으로 50% 이상의 원가율이 나갈 수도 있어."

"그래서 최대한 재고 부담이 적은 재료를 선택해야 하는 거구나."

"버리는 게 많아지면 이익도 그만큼 줄어드니까. 그래서 메뉴를 구성할 때 고객의 입장에서만 생각해서는 안 되는 거지. 채소나 과일 등의 신선 제품보다는 보존이 쉬운 밀가루나 버터 등을 활용할 필요가 있는 거고."

"그럼 메뉴 가격은 어떻게 책정하는 게 좋아?"

"식사용인지 간식용인지에 따라 가격은 달라져. 일단 카페에서 파는 대부분의 사이드 메뉴는 간식용일 가능성이 크지. 그럴 땐 커피 값 이하로 책정하는 게 좋아. 커피 값보다 비싸면 잘 안 먹게 되니까. 커피와 사이드 메뉴를 합했을 때 1만 원을 넘지 않도록 하는 거지. 고객의 입장에선 그 이상 지불하는 건 부담이 되니까."

"하기야, 나도 그래. 1만 원 이상 돈 나오겠다 싶으면 차라리 식당에서 제대로 된 밥을 먹고 말지라는 생각이 들거든."

"그러니까 메뉴를 구성할 땐 원가율뿐 아니라 판매 비용까지도 염두에 두어야 하는 거지. 주인과 손님 입장 둘 다 잘 고려해야 해."

메뉴 구성과 원가 분석

메뉴 레시피는 반드시 표준화하라

메뉴 레시피의 표준화는 고객의 신뢰도를 높이는 수단이다. 누가 만들어도 상관 없을 정도로 품질이 균등한 음식을 제공할 수 있어 맛의 변화에 민감한 고객들의 만족도를 높일 수 있기 때문이다. 또한 레시피를 표준화하면 직원에게 기술을 전수할 때 시간이 오래 걸리지 않는 장점도 있다.(부록 중 '꼬모 쎔쁘레 메뉴 레시피 북 샘프' 참조)

메뉴 레시피를 표준화할 때 유의 사항

- 직원이 빠르게 습득할 수 있도록 쉬운 단어를 선택한다.
- 그림이나 사진과 같은 시각적 자료를 활용한다.
- 메뉴의 매뉴얼은 1인분을 기준으로 만든다.
- 계량 단위를 통일해 혼란을 막는다.

메뉴 구성 시 유의할 점

- 카페의 콘셉트에 어울리는가.
- 맛이 좋은가.
- 데커레이션이 멋진가(음식을 담는 식기부터 색상, 모양, 향기 등을 다 고려).
- 조리 시간이 빠른가.
- 레시피가 간단한가.

- 내가 만들 수 있는 것인가.
- 원가율이 30~35%를 넘지 않는가.
- 판매 가격이 너무 높지는 않은가.

원가 분석하기

카페를 준비하고 있는 사람들은 물론 현재 카페를 운영 중인 사람들도 원가 분석 때문에 머리 아파한다. 원가 분석은 이익과 연관되므로 카페 운영에서 매우 중요한 작업이다. 보통 커피 음료의 경우 원가는 30~35%로 잡는다. 하지만 여기에 전기 요금, 가스 요금, 수도 요금, 원재료 로스와 같은 경비를 고려해야 하는데, 보통 7~10% 정도로 계산한다. 원가를 분석하는 방법은 다음과 같다. (각 금액에는 부가세가 포함되어 있음)

에스프레소 원두: 1kg당 3만 원

우유: 1L당 2,000원

이를 g당 단가로 환산하면

에스프레소 원두 3만 원/1,000g = 30원/g

우유 2,000원/1,000mL = 2원/mL

메뉴별 원가 분석표 샘플

메뉴	레시피	사용 재료	스펙	가격(원)	잔당 소요량(g)	잔당 비용(원)	원가율
아메리카노 마일드	에스프레소 25mL	에스프레소빈	1,000	30,000	20	600	26%
		일회용 부자재 (컵, 리드, 홀더, 스트로)				100	
		제경비				70	
		총원가				770	
		판매가				3,000	
		마진				2,230	
아메리카노 마일드 (ice)	에스프레소 30mL	에스프레소 빈	1,000	30,000	20	600	23%
		일회용 부자재 (컵, 리드, 홀더, 스트로)				100	
		제경비				70	
		총원가				770	
		판매가				3,300	
		마진				2,530	

메뉴	레시피	사용 재료	스펙	가격(원)	잔당 소요량(g)	잔당 비용(원)	원가율
카페 라테	에스프레소 25mL 스팀밀크 150mL	에스프레소 빈	1,000	30,000	20	600	31%
		우유	1,000	2,000	150	300	
		일회용 부자재 (컵, 리드, 홀더, 스트로)				100	
		제경비				100	
		총원가				1,100	
		판매가				3,500	
		마진				2,400	
카페 라테 (ice)	에스프레소 40mL 우유 200mL 얼음	에스프레소 빈	1,000	30,000	20	600	29%
		우유	1,000	1,800	200	360	
		일회용 부자재 (컵, 리드, 홀더, 스트로)				100	
		제경비				106	
		총원가				1,166	
		판매가				4,000	
		마진				2,834	
캐러멜 마키아토	에스프레소 40mL 저온 스팀 밀크 150mL 캐러멜 시럽 10g 캐러멜 소스 10g 캐러멜 드리즐 5g	에스프레소 빈	1,000		20	600	36%
		매일 우유	1,000	2,000	150	300	
		캐러멜 시럽	1,000	12,100	10	121	
		캐러멜 소스	1,891	22,000	10	116	
		캐러멜 소스 (드리즐)	1,891	22,000	5	58	
		일회용 부자재 (컵, 리드, 홀더, 스트로)				100	
		제경비				130	
		총원가				1,425	
		판매가				4,000	
		마진				2,575	

메뉴	레시피	사용 재료	스펙	가격(원)	잔당 소요량(g)	잔당 비용(원)	원가율
캐러멜 마키아토 (ice)	에스프레소 50mL 저온스팀밀크 200mL 캐러멜시럽 15g 캐러멜소스 20g 캐러멜드리즐 5g	에스프레소 빈	1,000	30,000	20	600	38%
		우유	1,000	2,000	200	400	
		캐러멜 시럽	1,000	12,100	15	182	
		캐러멜 소스	1,891	22,000	20	233	
		캐러멜 소스 (드리즐)	1,891	22,000	5	58	
		일회용 부자재 (컵, 리드 홀더, 스트로)				100	
		제경비				157	
		총원가				1,730	
		판매가				4,500	
		마진				2,770	

- 일회용품은 따뜻한 컵과 리드, 아이스 컵과 리드, 스트로, 컵 홀더, 냅킨을 평균 100원으로 반영하였다. 실제 매장을 운영하다 보면 점심 매출이 큰데 이때 오는 고객들은 대부분 테이크아웃을 이용한다. 따라서 원가 분석 시 일회용품 비용을 반영하는 것이 좋다. 설탕이나 시럽, 매장에 비치해놓는 일회용품(스트로, 커피 스틱, 냅킨)의 사용량도 상당하므로 이 역시 고려해야 한다.
- 원가 분석표는 엑셀로 수식을 걸어놓으면 계산이 편하다. 판매가를 조정하여 원가율을 조정하면 된다. 원가율이 너무 높게 나온다면 원두 등 원재료의 가격을 조정할 수 있겠지만 가격이 낮은 원두는 퀄리티가 떨어질 가능성이 있으므로 잘 판단해야 한다.

메뉴는 그 자체로 마케팅이다

해준은 예원과 함께 꽤 오랜 시간을 의논해 메뉴 구성의 조건을 마련했다. 메뉴 구성의 조건에 맞추어 메뉴를 만들면 크게 이익을 보지는 않더라도 절대 손해를 보는 일은 없을 것 같았다. 그런데 이러한 생각이 문제였다.

'크게 이익을 보지는 않더라도…….'

어째서인지 모르겠지만 메뉴에 대해 그런 생각을 해버렸고, 일단 그 생각이 들고 나니 무언가 중요한 것을 놓치고 있는 기분이 들었다.

"크게 이익을 보고 싶어."

해준은 중얼거렸다.

"갑자기 무슨 말이야?"

"메뉴 구성의 조건에 맞추는 건 기본에 충실하게 메뉴를 만들 수 있다는 생각은 들어. 하지만 이것만으로는 부족해. 좀 더 특별한 조건이 필요해. 아, 그래! 특별한 거. 언니, 유명세를 탄 카페들의 사이드 메뉴 말이야. 대부분 맛도 좋았고 스타일링도 멋졌어. 하나같이 그럴 만했어. 하지만 그런 이유로만 유명세를 탄 건 아니잖아. 그건 그냥 기본이었지. 기본을 넘어서는 이상의 것이 있었어. 그러니까 그 카페에서만 맛볼 수 있는 그 메뉴만의 특별함. 어제 간 카페만 해도 말이야. 카레 소스를 이용해 샌드위치를 만들었잖아. 인도풍의 카페 분위기에도 어울리는 메뉴였어. 독특하지만 전체 분위기와 조화를 이루는 메뉴. 우리 카페에서만 맛볼 수 있는 메뉴. 우리 카페만이 가지는 특별한 맛. 우리도 그런 걸 만들자."

"특별한 메뉴는 그 메뉴 자체만으로도 훌륭한 마케팅이지. 하지만 그런 메뉴를 만들려면 고객에 대한 이해가 있어야 해. 아이디어가 좋다고 무조건 성공하는 것은 아니니까. 고객의 니즈에도 부합해야겠지."

"그러니까 그냥 특별하기만 하면 안 되고 타깃이 되는 고객의 니즈에 맞는 메뉴를 개발해야 한다는 거네."

"그렇지. 메뉴 자체가 마케팅이 될 수 있는 것도 결국 고객이 그 메뉴에 대해 매력을 느끼기 때문이니까."

"그럼 메뉴를 구상하기 전 우리가 할 일도 정해졌네. 고객의 입장에서 고객이 원하는 것이 무엇인지를 살펴보고 고객의 니즈를 분석하는 것."

"하나 더 있어. 메뉴 개발에 관한 아이디어를 수집하는 거야."

"하기야 좋은 걸 많이 볼수록 눈이 트이는 것처럼 아이디어가 뛰어난 메뉴를 많이 접할수록 메뉴에 대한 영감을 얻을 수 있을 것 같네."

"그럼 이제 메뉴를 개발할 일만 남은 건가?"

"개발할 일만? 언니, 개발할 일이 가장 큰 작업인 것 같은데."

"그렇긴 하지. 그래도 메뉴 개발의 기준점을 알고 있으니 그리 어렵지는 않을 거야. 또 어렵다고 해도 어쩔 거야. 우린 꼭 독창적이면서도 뛰어난 메뉴를 만들어야 하는걸. 그게 결국은 카페의 승패를 결정짓는 일이 될 거야."

"하기야, 이왕에 해야 하는 일이라면 어렵게 생각하기보다는 즐기는 게 낫긴 하지. 게다가 내 경우엔 초콜릿이라는 콘셉트도 분명하게 정해 놓았으니 그리 많은 시간이 걸릴 것 같지는 않아. 언니는 또 제과제빵 자격증까지 있는 사람이니까 좀 다른 메뉴를 개발할 수 있지 않을까? 기대가 돼. 나도, 언니도."

"그럼 우리 서로에게 열흘의 시간을 주자. 각자 카페에서 판매할 메뉴를 짜는 거지. 그런 다음 서로의 메뉴를 평가하고, 아이디어를 줄 수 있으면 주기도 하고. 그렇게 만든 메뉴로 나중에 본격적으로 시식 행사를 가져보는 거지. 어때?"

"굿 아이디어."

해준은 그날부터 메뉴 개발을 위한 준비에 돌입했다. 일단 이제까지 순례했던 카페의 메뉴들을 정리해 분석했고, 인터넷이나 책에 나온 특별한 메뉴들을 스크랩하기도 했다. 그녀가 특히 신경을 쓴 메뉴는 사람들의 입소문으로 유명세를 탄 곳의 메뉴였다. 유명세를 탄 메뉴들 대부분은 평범하지 않았고, 메뉴 스타일링 아이디어가 돋보였거나 유별나게 뛰어난 맛을 가지고 있었다.

닷새 정도는 다른 카페의 메뉴들을 살폈고, 나머지 닷새는 그녀만의 특별한 메뉴를 연구하며 시간을 보냈다. 모든 메뉴가 다 특별할 필요는 없다. 웬만한 카페에서 흔히 볼 수 있는 메뉴도 필요한 법이다. 일단 해준의 목표는 카페의 얼굴이 될 수 있는, 주력으로 판매할 메뉴와 저렴한 가격에 만족도를 높여 판매를 촉진할 수 있는 메뉴를 하나씩 만드는 거였다.

열흘 후 해준은 예원의 집으로 찾아갔다. 제과제빵 전문가답게 그녀의 부엌에는 가정집에서 흔히 볼 수 없는 조리 기구들이 구비되어 있었다. 둘은 요리를 만들어 맛을 보기도 하고 레시피에 대한 의견도 나누며 즐거운 시간을 보냈다.

"언니 입맛에 맞는 것 같아 다행이다."

해준은 예원이 자신이 만든 메뉴에 만족감을 보이자 뿌듯해하며 말했다.

"이젠 이 메뉴를 친구들에게 맛보게 할 차롄가? 어쨌든 다른 사람들에게도 검증받아야 하니까."

"친구들에게 맛을 보이는 건 기본이고, 안면이 없는 불특정 다수의 사람들에게 검증받는 것이 중요해."

"불특정 다수의 사람들?"

"타깃이 되는 고객층이 20대에서 40대의 여성이라고 한다면, 그 나이의 여성들에게 메뉴를 맛보게 하고 평가를 듣는 거지."

"그런 사람들을 어디에서 구해?"

"온라인을 이용하면 되지. 홈페이지나 SNS를 통해 모집하면 되잖아. 공짜로 제공하는 음식에 관심을 가지는 사람들은 많으니까. 카페를 오픈하기 전에 공사가 끝난 카페에서 이틀이나 사흘 정도 행사를 진행해도 괜찮을 거야."

"재료값은 좀 들겠지만 어쩌면 메뉴 마케팅에 유용할 수도 있겠다."

"메뉴로 입소문이 나면 고객 확보에도 도움이 되니까."

"메뉴 마케팅에 대해서도 많이 고민해봐야겠네."

"그렇지. 좋은 메뉴는 그 자체만으로도 좋은 마케팅이 될 수 있지만, 좋은 메뉴가 있다는 걸 알리는 게 먼저니까. 그러기 위해선 마케팅이 필수라고도 할 수 있지. 시간대별로 할인 쿠폰을 준다거나 가격대를 낮추어 좀 더 다양한 음식을 맛보게 할 수 있는 세트 메뉴를 판매한다거나. 소셜 커머스나 전단지를 활용하는 방법을 사용하는 것도 괜찮은 방법이야."

예원도 메뉴 마케팅 방법을 생각나는 대로 말하기 시작했다.

식재료는 어디서 구하는 것이 좋을까

식재료는 카페의 규모나 운영 전략, 오너의 취향에 따라 대형 마트, 인근 마트, 수산물, 청과, 수산물 시장, 인근 재래시장 등 다양한 구입처를 택해도 무방하다. 하지만 카페를 운영하는 오너들이 선호하는 곳은 코스트코. 코스트코는 창고형 할인 마트로 국내에서 구하기 힘든 외국 제품들이 많으며 식품 가격이 다른 대형 마트에 비해서도 훨씬 저렴한 편이다. 또한 대용량 구매 시 다양한 할인 혜택을 받을 수 있다. 하지만 코스트코 매장은 회원제로 운영되고 있어 정해진 기준에 따라 회원카드를 발급받아야만 이용 가능하다. 또한 3만 원의 연회비를 지불해야 하며 사용 가능한 신용카드는 삼성카드뿐이라는 불편한 점도 있다.

식재료 구입은 정기적인 재고 조사를 통해 '주 1회 월요일 오후 발주 및 구입'처럼 일정한 시기를 정해서 처리하는 것이 좋다.

메뉴 마케팅 활용법

메뉴 마케팅이란
메뉴 마케팅은 상품 계획, 가격 계획, 판매 계획, 판매 촉진과 함께 경쟁력 있는 메뉴를 통해 고객의 니즈를 만족시키는 마케팅 활동을 말한다. 잘 만들어진 메뉴는 비싼 돈을 지불하고 광고하는 것보다도 더 큰 마케팅 효과를 발휘할 수 있다.

메뉴 자체를 이용한 마케팅
- 로스터리 카페에서는 신선한 커피를 마케팅 수단으로 활용할 수 있다. 직접 생두를 볶는 모습을 보여주는 것 자체로 이미 차별화된 경험을 선사할 수 있다.
- 메뉴는 어떻게 스타일링을 하는지도 중요하다. 메뉴 마케팅으로 성공한 한 카페는 그 카페만의 메뉴와 그 메뉴가 돋보일 수 있는 아기자기한 소품을 이용하여 젊은 여성 고객들의 호감을 사고 있다.

스탠딩 커피 레모네이드의 색은 레몬색이라는 기존의 고정관념을 깨고 시원한 지중해의 바다색을 레모네이드에 입혀 새로운 블루 오션을 만들어냈다.

아이엠씨 그저 그런 뻔한 빙수에 생망고를 아끼지 않고 듬뿍 얹어 프리미엄 빙수 시장을 만들어냈다.

커피리브레 스페셜티 커피를 산지에서 공수, 그 생두가 가지고 있는 특색을 최대로 발현할 수 있게 로스팅하여 커피 마니아뿐만 아니라 대중들에게도 다양한 스페셜티 커피를 소개하고 있다.

메뉴를 활용한 다양한 마케팅 기법

- 계절 메뉴 프로모션: 계절별 신선 재료를 이용한 프로모션. 예를 들어 봄에는 '봄 딸기 페스티벌'이라는 이름으로 생딸기 주스, 딸기 라테, 딸기 에이드, 딸기 요구르트 판매
- 판매를 촉진하기 위한 기획 메뉴: 특정 재료 재고가 많을 경우 행사를 함으로써 판매 촉진으로 매출을 높일 수 있음. 예를 들어 그린티 라테 시즌을 정해 그린티를 활용한 메뉴를 특가 판매
- 트렌드를 반영한 메뉴: 버블티가 유행한다면 이를 재빨리 메뉴에 반영
- 건강식, 다이어트식을 찾는 사람과 채식주의자를 위한 메뉴: 매장에서 직접 만든 무가당 요구르트를 판매하거나 산지에서 공급된 신선한 채소 및 과일을 이용한 주스 등의 메뉴 판매

해준과 예원은 메뉴 마케팅에 대한 대화를 나눈 후 메뉴판 작성까지도 주제로 올렸다. 메뉴판은 고객과의 커뮤니케이션으로 고객에게 제일 먼저 보여주는 카페의 중요한 매체이기도 하기 때문에 당연히 그녀들의 관심사일 수밖에 없었다.

"사실 나는 처음에 메뉴판을 전문적으로 만드는 업체에 의뢰할까 했어."

해준은 실제로 며칠 전 제이에게 메뉴판을 제작하는 업체 중 괜찮은 곳이 있다면 소개해달라고 했었다. 그때의 일을 떠올리며 해준은 말했다.

"그런데 지금은?"

"친하게 지내는 선배의 말로는 규모가 작은 카페들은 메뉴판을 손수 제작하는 게 추세라고 하더라고. 굳이 메뉴판을 제작 비용까지 쓸 필요가 있냐고. 게다가 아이디어가 돋보이는 메뉴판을 만드는 게 유리한데, 업체에 맡기면 메뉴판이 반듯할 수는 있겠지만 아이디어 측면에서는 부족할 수도 있다고."

"내 생각도 그래. 재질부터 디자인까지 상상력을 조금만 발휘하면 보통의 다른 카페에서는 볼 수 없는 메뉴판을 만들 수 있을 거야. 그리고 다량으로 제작해야 하는 것도 아니고, 많아도 10여 개잖아. 일일이 만들어도 부담이 없을 정도의 양이니 업체에 맡기는 것보다 직접 제작하는 게 낫지. 그리고 개인 카페의 특성상 직접 만든 메뉴판이 오히려 더 친근감을 줄 수도 있어."

"카페의 스타일에 맞으면서도 상상력을 자극하는 메뉴판이어야겠네. 특이한 재질이거나 어디에서도 볼 수 없는 디자인이어도 괜찮을 것 같고."

"소박하지만 깜찍한 느낌이 드는 메뉴판도 괜찮을 거야."

"언니 말대로 규모가 크지 않은 개인 카페인 만큼 약간의 상상력을 발휘해 친근감을 주는 메뉴판이 반듯한 메뉴판보다 나을 수도 있겠다."

"아, 맞다. 메뉴판을 작성할 때 유의 사항이 있어."

"뭔데?"

"2013년 이후부터는 봉사료나 부가가치세를 별도로 적지 않고 아예 메뉴 가격에 포함시켜야 해. 그러니까 고객이 지불해야 하는 최종 가격을 정확하게 표기해야 하는 거지."

"무슨 말인지 잘 감이 오지 않아."

"이를테면 커피 값이 4,500원이야. 그런데 이 커피 값에 부가가치세 10%는 포함시키지 않았지. 그럼 메뉴판 한쪽에다 따로 '부가가치세 10% 별도'라고 써놓는 거야."

"그럼 고객이 지불해야 하는 돈은 4,950원이 되는 거네."

"그렇지. 하지만 부가세를 염두에 두지 않은 고객은 커피 값이 4,500원이라고 착각할 수도 있는 거지. 이전까지의 메뉴판은 이처럼 커피 값 따로, 부가가치세 따로 적기도 했어."

"하지만 제도가 바뀐 후로는 커피 값에다 아예 부과세까지 포함시켜 고객이 내야 하는 최종 지불 가격을 명확하게 표기하도록 했다는 거구나."

"그렇지. 그래야 서로 오해가 없을 테니까."

"그렇구나."

"참, 너희 카페도 공사가 거의 끝나가고 있지 않아?"

"응. 며칠 후면 공사가 끝나."

"그럼 슬슬 카페에 들여놓을 가구나 집기도 찾아봐야겠구나."

"언니도 그렇지 않아?"

"나도 그래."

"좋다."

해준은 방실거리며 말했다.

"뭐가?"

"이번에도 언니랑 같이 다니며 볼 수 있잖아."

CHAPTER 5
카페에 필요한
장비, 가구, 원두 선정하기

주방 기기와 집기, 비품 구입 목록 짜기

"우리 세 명, 정말 오랜만에 모인 것 같네."

지난 한 달 내내 바쁜 업무로 정신이 없었다는 경희는 친구들을 만나니 숨통이 트이는 것 같다며 반가운 기색을 드러냈다.

"넌 우리가 별로 안 반가워? 왜 말이 없어?"

경희가 물었다.

"해준은 새로 사귄 친구와 카페 만드느라 여념이 없었지."

제이가 대신 대답했다. 그동안 매일같이 전화 통화로 해준에게서 보고를 들었던 터라 모르는 것이 없다는 말투였다.

"새로 사귄 친구?"

"응. 나처럼 카페 창업을 준비하고 있는 사람인데, 요즘 같이 움직이고 있어."

"심심하지는 않겠네."

"내가 도움을 많이 받아. 카페 창업은 나처럼 처음이지만 제과제빵 학원 강사 출신이라 그런지 이쪽 일에 대해 아는 게 많더라고."

"제과제빵? 멋지다."

"그렇지? 그뿐만이 아니야. 음식에도 조예가 깊더라고. 그 언니를 보니까 아무래도 요리에 관심이 많은 사람이 카페 창업에 유리하겠다는 생각도 들었어."

"그래? 커피를 잘 아는 게 기본 아닌가 싶더니."

"맞아. 커피를 좋아하고 아는 게 가장 중요하지. 하지만 이왕이면 요리까지 잘하면 더 좋더라는 거지."

"그러고 보니 제이 선배도 요리에 관심이 많았잖아. 도움이 많이 되었겠네?"

경희가 물었다.

"메뉴 개발할 때는 꽤 도움이 되었지. 하지만 필수 덕목은 아니야. 정 자신이 없으면 제대로 된 원 푸드 하나로 밀고 나가도 되니까. 사람들마다 취미나 특기가 다 다르잖아. 자신의 취미나 특기에 맞는 것을 찾아 카페에 활력을 불어넣는 방법도 있고."

"이를테면?"

"음악에 조예가 깊은 사람은 카페를 음악과 관계된 아이디어로 꾸밀 수도 있겠지. 미술에 조예가 깊은 사람은 카페를 작은 미술관처럼 운영할 수도 있는 거고. 뭐든 다 잘할 수는 없잖아. 그 카페만의 매력이 하나라도 있으면 돼. 그 카페만의 특화된 매력이 고객들의 마음을 사로잡을 수도 있지만 오너의 입장에서도 그게 편하지. 자신이 할 수 있는 것, 좋아하는 것을 해나가는 거니까, 스트레스받을 일도 없잖아."

"그렇구나."

"그건 그렇고 지금쯤 카페 공사도 거의 다 끝나가고 있을 텐데, 가구나 집기는 알아봤어?"

"아! 그것도 그 언니랑 같이 다니며 찾아보기로 했어."

"리스트는 짰어?"

제이가 물었다.

"응. 필요한 물품 목록을 짜긴 했는데……. 선배가 한번 봐줄래? 빠진 것은 없는지."

"줘봐."

해준은 가방에서 구입할 가구 및 비품의 리스트를 꺼내 제이에게 보여주었다.

카페 오픈 시 준비해야 할 물품 리스트

카페를 운영하려면 필요한 기본 기기와 집기가 있는데, 이는 크게 주방이나 바와 같이 메뉴를 만드는 공간(커피 머신 등의 매장 및 주방 기기와 기물, 원, 부자재)과 관련된 것과 고객이 머무는 공간(가구 및 소품)과 관련된 것으로 나누어진다.

기본 기기 및 집기 종류

구분	내역
인테리어 가구	테이블, 의자, 조명, 장식품 등
매장 관련 기기	컴퓨터, 신용카드 단말기, 에어컨 등
주방 관련 기기	냉장고, 냉동고, 에스프레소 커피 머신, 그라인더, 오븐 등
식기	커피 잔, 아이스커피 컵, 찻잔, 주전자, 물컵, 접시, 스푼, 포크 등
조리 기구	국자, 칼, 도마, 프라이팬, 냄비, 계량스푼, 계량컵 등
소모품	종이컵, 컵 리드, 컵 홀더, 냅킨, 빨대 등
인쇄물	전단지, 광고, 명함, 메뉴판 등
커피 재료	원두, 각종 시럽, 기타 부재료 등
청소용품	청소용 도구, 청소용 세제 등

주방 기기 리스트 샘플

구분	모델명	설명
커피 머신	란실리오 CLASSE 9 USB X(3G)	브랜드에 따라 금액이 달라지며 500~3,000만 원 선까지 있다. 매장 크기에 따라 달라짐. 보통 600~1,000만 원 사이의 제품을 사용
그라인더	Anfim SuperCaimano	커피 원두를 갈아주는 기기로 전자동은 250만 원대, 수동은 80만 원대
그라인더	DITTING KE 640	커피 원두를 갈아주는 기기로 전자동은 250만 원대, 수동은 80만 원대
온수기	MARCO T10	온수기는 아메리카노나 티를 만들 때 필요
제빙기	브레마 CB640	제빙기는 여름철 아이스 음료를 고려하여 용량을 결정. 처음에 너무 작은 제빙기를 구입하면 여름에 얼음이 모자라는 곤란한 상황이 발생할 수 있음
냉동냉장고	테이블형 메탈 냉동냉장고 (UDS-18RFTDR)	베이커리를 냉동 생지로 받거나 냉동 과일을 사용할 때 냉동실이 필요하므로 냉동·냉장고가 붙어 있는 것을 구입하거나 혹은 냉장고를 별도로 구입
냉장고	테이블형 메탈 냉장고 (UDS-12RTAR)	냉장고는 많을수록, 용량이 클수록 좋음
블렌더	블렌텍 스무더 Q (Smoother Q)	얼음이 들어간 블렌디드 음료나 과일 음료 제조 시 사용. 소음을 줄여주는 장치가 있는 경우 가격이 2배임
블렌더 바	Wild Jar	블렌더를 사용하여 여러 메뉴를 만들어야 하므로 여분의 블렌더 바를 구입하여 해결
빙삭기	하스유키(Hatsuyuki) HB-320A	눈꽃 빙삭기를 이용하면 빙질이 좋은 빙수를 만들 수 있음
쇼케이스	3단 1800	초콜릿 3단 쇼케이스의 경우 제작은 비교적 고가이며 2주 정도 제작 기간 소요
오븐	컨벡션 오븐	간단한 베이킹을 위해 필요
전자레인지	일반	가정용을 사용하면 됨
파니니 그릴		가을, 겨울에 주로 많이 찾는 따뜻한 샌드위치인 파니니를 굽는 그릴

원자재 주문 리스트 샘플

품목	품명	박스당 입수	공급가	박스당 공급가	공급가	박스당 공급가
원두	에스프레소 원두					
소스	캐러멜 소스					
	다크 초콜릿 소스					
	화이트 초콜릿 소스					
	소스 펌프					
시럽	바닐라 시럽					
	캐러멜 시럽					
티	캐모마일 시트러스					
	진저 트위스트					
	봄베이 차이					
	얼그레이					
	브렉퍼스트					
	오가닉 민트 멜랑주					
농축액	자몽 농축액					
파우더	빅트레인 모카 파우더					
	빅트레인 커피 파우더					
	코코아 파우더					
	시나몬 파우더					
초콜릿	화이트 블로섬					
	다크 블로섬					
	벨코라도 밀크 초콜릿					
	벨코라도 다크 초콜릿					

카페에 필요한 장비, 가구, 원두 선정하기

부자재 리스트 샘플

품명	수량	단가	금액
밀폐 용기	8		
샷 글라스	6		
스텐샷잔	4		
계량컵	3		
지거	2		
바케디	3		
에스프레소 스푼	20		
티스푼	20		
빙수 스푼	30		
포크	20		
믹싱 틴	2		
믹싱 글라스	2		
아이스크림 스쿱	2		
레몬 스퀴즈	2		
바 스푼	5		
스푼꽂이	3		
스팀 피처	4		
온도계	1		
거품 스푼	2		
넉박스	1		
타이머	2		
나이프	20		
템핑 매트	1		
논슬립 트레이	20		
물통	3		
드리즐 통	4		
오크 통	1		
여과지	4		
클레버 드리퍼	5		

드립 포트	2
더치 기구	1
청소용 브러시	3
행주	25
리넨	15
아이스 잔	36
물컵	20
시럽 잔	15
아포가토 잔	10
빙수 볼	10
파우더 스푼	8

일회용품 주문 리스트 샘플

품명	단가(원)	필요 수량	금액
무지 종이컵	1,000		
뚜껑(커피컵용-JI)	1,000		
무지 PET컵	1,000		
뚜껑(민자+십자)(DA)	1,000		
일자 스트로 검정	10,000		
무지 컵 캐리어	200		
커피 스틱(180)	10,000		
컵 홀더	15,000	인쇄 기본 수량 15,000개	
필름대(매출)		2	
냅킨	30,000	인쇄 기본 수량 30,000장	
종이컵	1,000		

카페의 생명은
커피 머신

"커피 머신은 어떤 제품을 생각하고 있는 거야? 가격대는?"

해준이 작성한 리스트를 다 읽은 제이가 물었다.

"아직. 일단 매장에 가서 비교, 분석해보려고."

"커피 머신은 기능이나 가격이 천차만별이야. 그리고 견물생심이라고 매장에 직접 가서 보게 되면 무조건 좋은 걸 구입하게 되어 있어. 좋은 것이니만큼 가격대는 높을 거고. 뭐든 좋은 것을 쓰고 싶은 게 사람 마음이니까. 하지만 필요 이상으로 뛰어난 기능을 가진 제품을 비싼 돈을 지불해가면서 살 필요는 없어. 그럴 돈도 없고. 그러니까 매장을 찾기 전에 네게 필요한 커피 머신을 먼저 알아보고 결정한 뒤에 가. 네가 생각한 가격대가 있을 거 아니야? 그리고 네가 쓰기 편한 기기가 있을 거고. 그런 건 인터넷 검색을 통해서도 충분히 알 수 있으니까."

"그러니까 선배 말은 중요한 기기들은 좀 더 구체적으로 목록을 작성해 그 안에서 구입하라는 말이구나."

"맞아. 휴대전화나 노트북 같은 걸 구입할 때도 여러 회사의 제품들을 비교해보잖아. 기능, 품질, 가격 등을 다 따져가면서. 카페 물품을 살 때도 마찬가지야. 그 정도의 공은 들여야지."

"그렇긴 하지만 개인 용품은 어쩌다 하나씩 사는 거잖아. 그러니까 알아볼 시간도 충분하고. 하지만 카페 물품은 한꺼번에 수십 가지를 사야 하는데 언제 일일이 다 찾아봐?"

"발품을 팔아야 좋은 물건을 얻을 수 있는 것처럼 발품을 팔아야 비용도 줄일 수 있지."

"냉장고와 냉동고는 카페의 규모에 맞는 걸 구입하면 되니까 그렇게 어렵지는 않은데……. 커피 머신은 어떤 게 좋을지 유난히 막막해. 어떤 게 좋을까?"

"커피 머신은 크게 자동과 반자동으로 나눌 수 있지. 자동은 세팅만 잘 해놓으면 평균적인 맛을 내. 하지만 반자동으로 뽑아내는 커피처럼 깊은 맛을 내지는 못하지. 사실 커피 맛을 제대로 알고 카페를 찾는 사람은 드무니까 평균 이상의 커피 맛을 낼 수 있는 기기를 선택하는 것만으로도 충분해. 만약 네 카페를 장인 정신으로 커피를 만드는 곳으로 만들고 싶은 게 아니라면 말이야."

"뭐, 그 정도까지는 아니어도 욕심은 있는걸. 이왕이면 좀 더 좋은 커피, 맛있는 커피, 소문까지 날 수 있을 정도로 뛰어난 커피를 만들고 싶다는."

"커피 공부도 하고 있으니까 알겠지만 비싼 장비를 사들인다고 좋은 커피가 나오는 건 아니야. 오히려 원두의 품질, 신선한 생수, 물의 온도 등이 더 중요해. 그리고 자본금이 많으면 기기까지 욕심을 내도 무방하지만, 그게 아니라면 예산 안에서 가장 좋은 기기를 사는 것에 중점을 둬. 조금 전에도 말했듯 대부분의 장비는 기본 이상은 하니까."

  해준은 제이의 말을 새겨들었다. 제이에게는 말하지 않았지만 이미 봐둔 커피 머신이 있긴 했다. 많은 종류의 기기들을 보다 보니 처음에 생각했던 것보다 더 좋은 물건에 눈이 갔고, 결국엔 예산의 두 배 가까이 되는 커피 머신을 사고 싶어 애가 닳을 지경이었던 것이다. 정말이지 값비싼 커피 머신만 있으면 세상에서 가장 맛있는 커피를 만들어낼 수 있을 것 같기도 했다. 마치 도깨비방망이가 뚝딱 만들어내는 것처럼.

커피 머신 비교 분석

카페에 없어서는 안 되는 필수품은 단연 에스프레소를 추출할 때 사용하는 커피 머신이다. 커피 머신은 가격대가 높은 편이라 구입 시 신중하게 선택할 수밖에 없다. 커피 머신의 가격은 브랜드, 기능에 따라 200만 원에서 3,000만 원을 넘는 것까지 천차만별이지만 평균 가격대는 600만~1,000만 원 정도다. 전자동이 반자동에 비해 비싼 편이지만, 전자동 커피 머신이 다루기 편리하며 균형적인 맛을 내는 장점이 있다. 욕심을 부려 무조건 높은 가격대의 커피 머신을 사기보다는 예산에 맞춰 적절한 기기를 선택하는 것이 바람직하다.

커피 머신의 그룹(커피가 추출되는 구멍)도 살펴봐야 하는데, 보통 2그룹에서 3그룹으로 사용한다. 1개의 그룹에서 뽑을 수 있는 샷은 2개이기 때문에 2그룹 머신은 에스프레소 4잔을 추출한다. 3그룹 머신은 동시에 6잔의 에스프레소를 추출할 수 있다. 20평 내지 30평의 개인 카페에서 사용하는 커피 머신은 보통 2그룹이다.

커피 머신을 고를 때 AS도 고려해야 한다. 커피 머신은 고장 났을 경우 수리를 맡길 만한 곳도 많지 않은 데다 수리 비용도 비싸기 때문에 AS가 원활하게 이루어지는지를 꼭 확인하고 반드시 검증된 업체를 선택해야 한다.

커피 머신의 종류로는 베제라, 달라 꼬르떼, 라스파지알레, 시모넬리 아피아, 시모넬리 아우렐리아, 가찌아 등이 있다.

란실리오 클라쎄 10(Rancilio Classe 10) 2G

- 업체: ENR 상사(02-552-2433)
- 사용 매장: SPC그룹의 파스쿠치, 에버랜드 등
- 가격대: 1,200만 원대
- KBC 공식 머신으로 LCD 창으로 모든 세팅이 가능하며 자동 청소 기능이 있는 최고의 머신. 란실리오 클라쎄 10이 가격 때문에 부담스럽다면 클라쎄 9, 클라쎄 7도 고려해볼 만함.

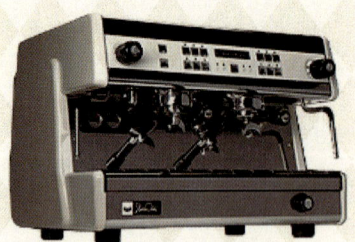

달라꼬르떼 에볼루션(Dalla Corte Evolution) 2G

- 업체: 메테오라(02-2057-4947)
- 사용 매장: 카페 베네, 망고 식스 등
- 가격대: 900만 원대
- 세계 최초 독립 보일러 방식으로 기기가 매우 안정적이며 다루기가 편함.

시모넬리 뉴 아피아(Simonelli New Appia) 2G

- 업체: (주)광명상사(02-467-7722)
- 사용 매장: 개인 매장에서 많이 사용
- 가격대: 500만 원 중후반 대
- 보일러 크기에 비해 가격이 저렴하여 개인 카페에서 대중적으로 사용하는 기기. 고장시 AS가 편함

커피 머신 종류별 사양 비교

모델명	규격 (mm)	무게 (kg)	보일러 용량 (L)	전기 사양	소비 전력 (W)	원산지
란실리오 클라쎄 10	780x540x530	91	11	220~240V 50/60Hz	4,300	이탈리아
달라꼬르떼 에볼루션	730x550x505	67	7.5	220~240V 50/61Hz	4,500	이탈리아
시모넬리 뉴 아피아	780x545x530	70	11	220~240V 50/62Hz	4,500	이탈리아

카페에 필요한 장비, 가구, 원두 선정하기

CAFE

가구와 식기도
경쟁력이다

'정말 도깨비방망이를 휘두르면 한 방에 뚝딱 하고 모든 게 만들어지면 얼마나 편할까.'

해준은 문득 이런 생각을 하며 자신도 모르게 웃었다.

"뜬금없이 왜 웃어?"

경희가 물었다.

"해야 할 일이 많아서 그런다."

"실없기는. 할 일이 많은 게 웃겨?"

"그러니까. 직장 다닐 때보다 더 일복이 많아진 것 같아서."

도깨비방망이 이야기를 꺼내었다간 진짜 실없는 사람처럼 볼 것 같아서 해준은 그냥 그렇게만 말하고 말았다.

"원래 사업을 하면 그래. 책임질 일도 많고, 해야 할 일도 많고. 그래서 어떨 땐 카페 오너는 오케스트라 지휘자 같다는 생각을 할 때도 있어."

제이가 말했다.

"오케스트라 지휘자?"

"여러 분야에서 다 잘 돌아갈 수 있도록 지휘를 해야 하니까. 경영, 인테리어, 직원 관리 등 모든 분야에서 제대로 된 화음을 내기 위해 종합적으로 판단하고 움직여야 하지."

"듣고 보니 그러네."

"원래 책임을 져야 하는 자리일수록 더 바쁜 법이기도 하고."

"정말 요즘 뼈저리게 느끼는 중이야. 월급 받고 일할 때와는 확실히 달라. 모든 걸 내가 책임지고 선택해야 하니까. 가구 하나 들이는 것도 만만치 않아. 카페의 콘셉트에 어울리는 걸 구하려다 보니 웬만한 가구 매장을 다 둘러봐도 마음에 드는 걸 못 찾겠어."

"가구나 식기를 고를 때에도 발품을 많이 파는 수밖에 없어. 그냥 마음에 드는 것을 고르는 게 아니라 네 말대로 카페의 콘셉트에 어울리는 걸 찾아야 하니까. 하지만 발품을 파는 걸 오히려 즐거운 일로 생각하면 그리 힘들지는 않을 거야. 개인 카페의 특성은 결국 개성이잖아. 프랜차이즈 카페가 결코 가질 수 없는 강점이기도 하지."

"내 생각도 그래. 그래서 더 신경이 쓰이는 거겠지."

"가구든 식기든 카페의 콘셉트에 어울리면서도 개성 있는 게 나타나면 과감하게 투자해. 카페의 스타일을 돋보이게 하는 건 결국 이러한 물품들이니까."

"좀 비싸도?"

"좀 비싸더라도. 대신 카페에 가구를 들일 때에는 부족한 듯 들이는 것이 좋아. 100 중에서 80 정도의 공간을 채울 수 있을 정도로."

"왜?"

"필요하다고 생각해 들인 가구 때문에 공간이 꽉 차버리는 사태를 막기 위해서지. 가구를 직접 들이기 전에는 사실 정확하게 알 수가 없잖아. 만약 가구가 너무 많아 공간을 꽉 채워버리게 되면 얼마나 답답해 보이겠어? 그게 싫어서 가구 몇 개를 빼면 그 가구는 또 어디에 둘 거야? 되파는 것도 일이잖아. 그러니까 일단은 필요하다 싶은 것에서 80% 정도만 구해 배치해본 뒤 부족하면 다시 들이는 게 나아."

"아, 그렇구나. 비용 측면에서도 훨씬 유리하겠네. 그럼 앤티크 가구는 어때? 우리 카페의 콘셉트인 초콜릿과도 잘 어울릴 것 같아서 앤티크 가구를 들일까 생각 중인데 알아보니까 제법 가격이 나가더라고."

"하지만 고가의 앤티크 가구일 경우엔 되팔아도 제값을 받을 수 있으니까 멀리 내다보면 그렇게 비싼 건 아니지."

"나중에 되팔 걸 생각하면 그렇지만, 선배도 알다시피 내가 초기 투자 비용을 그렇게 많이 가지고 있지는 않으니까 고민이 되더라고."

"당연한 고민이야. 이것저것 좀 더 알아보고 지출 예산에서 크게 벗어나지 않는 걸 찾을 수 없다면 과감하게 포기하는 것도 괜찮아. 꼭 앤티크가 아니어도 개성 있는 가구들은 많으니까. 그리고 적은 비용으로 좋은 가구를 사고 싶다면 진열 상품을 찾아보는 것은 어때? 저렴한 가구를 사는 것보다 훨씬 나을 수도 있어."

제이가 말했다. 그러자 이제까지 제이와 해준의 대화를 듣기만 했던 경희가 불쑥 물었다.

"그럼 중고품을 사는 건 어때?"

프랜차이즈 카페가
가질 수 없는 개성 만들기

내 카페에 어울리는 가구 고르기

개인 카페의 특징은 결국 개성이다. 프랜차이즈 커피 전문점의 가구들은 어딜 가도 동일하다. 또한 개인 카페의 가구처럼 뛰어난 개성을 가지고 있는 것도 아니다. 독특한 가구로 카페의 분위기에 개성을 불어넣을 수 있는 건 개인 카페가 가

진 장점이다. 다른 업체에서 쉽게 볼 수 없는 가구를 찾고, 그러한 가구가 눈에 띄었다면 과감하게 투자하는 것도 경쟁력을 가지는 방법이다.

- 발품을 많이 팔면 독특하고 멋진 가구를 싸게 살 수도 있다.
- 비교적 저렴한 진열 상품을 구매하는 것도 좋은 방법이다.
- 고가의 앤티크 가구는 되팔 때 제값을 받을 수 있다.

내 카페에 어울리는 식기 고르기

프랜차이즈의 식기는 대체로 저렴하며 개성이 없다. 반면 개인 카페는 개성 있는 식기만으로도 경쟁력을 가질 수 있다. 음식은 입으로 먹지만 눈으로도 먹는다. 매장 콘셉트에서 벗어나지 않는 선에서 개성을 살린 식기를 선택, 세팅해보자. 개인 수입 업체의 물품 중에 개성 있는 식기들이 많다. 매장에서 먼저 실물을 보고 인터넷으로 사는 것도 한 방법이다. 같은 제품도 인터넷에서 사면 대부분 좀 더 저렴하다.

가구는 어디서 사는 것이 좋을까

일반적인 카페 가구

율림가구 www.yulimgagu.com

ADD 서울시 신당동 6동 102-2호 대승빌딩 1층　TEL 02-2233-8331

카페 업소용 가구를 도·소매로 비교적 저렴하게 살 수 있는 곳으로 유행하는 디자인의 가구들을 접할 수 있다. 국내산 제작 가구부터 비교적 싼 중국산 제품까지 다양한 가격대의 가구를 취급한다.

프론트가구 www.pronto1978.com

ADD 경기도 김포시 양촌읍 누산로 48번길 9-5　TEL 031-984-6489

100% 국내 제작을 모토로 한 장인 정신 가득한 디자인 가구 전문점이다. 가격이 다소 비싼 편이지만 가구의 완성도나 디테일은 최고 수준이다. 다른 곳에서는 보지 못한 모던하고 개성있는 가구를 원한다면 가볼 만하다.

퍼니몰 www.furni.kr

ADD 서울시 중구 을지로 4가 209-1　TEL 070-4060-7879

업소용 가구를 판매하는 곳으로 다양한 카페에 납품한 포트폴리오를 참고하여 가구를 선택할 수 있다. 다양한 프랜차이즈에도 가구를 납품하고 있다.

㈜인더룸 www.intheroom.co.kr

ADD 경기도 용인시 기흥구 동백중앙로 191 8층 C107호　TEL 031-285-5755

다양한 디자인이 가미된 차별화된 가구를 살 수 있다. 카페 가구의 경우, 전문 가구 디자이너로부터 배치에 대한 조언을 구할 수 있다.

독특한 가구

최근에는 독특한 가구를 원하는 개인 카페 창업자들이 많아지고 있다. 이들은 어디에서도 보지 못한 독특한 가구를 판매하는 빈티지 숍 가구나 프로방스, 스칸디나비아풍의 가구 등도 많이 선호하며 본인의 콘셉트에 맞는 가구 선택을 위해 DIY도 많이 이용하고 있다.

㈜바네스데코 www.vanessdeco.com
TEL 00502-625-8980
다양한 종류의 앤티크 원목 가구를 판매하며 자체 제작도 가능하다.

가구야히메 www.gaguyahime.com
TEL 070-4151-9720
원목 가구를 저렴하게 살 수 있다.

가구 카페
빈티지 가구를 디스플레이하여 앉아보고 고를 수 있는 가구 카페에 가보자. 다양한 빈티지 가구를 볼 수 있을 뿐만 아니라 감각적인 카페 디스플레이를 경험함으로써 안목을 높일 수 있다.

씨티베이커리
ADD 서울시 강남구 삼성동 148-9 TEL 02-563-9966
영국, 프랑스의 빈티지 가구를 수입해 전시·판매. 수제 베이커리로도 유명하다.

안도
ADD 서울시 성북구 성북동 30-1 TEL 02-765-0252
프랑스, 벨기에 등지에서 들여온 빈티지 가구, 조명, 장식품 등을 전시·판매한다.

카페 D_55
ADD 서울시 종로구 팔판동 55 TEL 02-720-5014
가구 브랜드 디인더스트리가 선박에 사용했던 나무와 합판, 철재를 재사용해 수작업으로 만든 가구를 전시·판매한다.

aA디자인뮤지엄
ADD 서울시 마포구 서교동 408-11 TEL 02-3143-7312
aA디자인뮤지엄에서 론칭한 가구 브랜드 'aA디자인퍼니처'의 제품을 전시·판매한다.

PIKA COFFEE

ADD 서울시 성북구 안암동5가 76-1　**TEL** 02-6339-3537

일본 가구 브랜드 '가리모쿠 60'의 공식 판매점이자 카페로 1960년대 일본의 복고풍 디자인 가구를 만날 수 있다.

주방용품은 어디서 구입하는 것이 좋을까

매장 주방용품 및 커피용품은 주로 남대문시장에서 실물을 보고 사거나 온라인 쇼핑몰에서 사는 방법이 있다. 업소용 주방 기구만 전문적으로 판매하는 쇼핑몰은 웬만한 주방 기구를 종류별로 구비해두었기에 발품을 덜 팔고 시간을 절약할 수 있다. 하지만 직접 눈으로 볼 수 없다는 게 단점이다. 본인이 꼭 물건을 확인한 후 사야 직성이 풀린다면 수입 주방용품 상가가 밀집해 있는 남대문시장을 돌아보는 것도 한 방법이다.

매장을 오픈할 때 커피 기구, 식기, 일회용품을 얼마나 구비해야 할지 고민하는 경우가 많다. 커피 기구는 커피를 만들 수 있는 최소의 양만 사면 된다. 이때 주의해야 할 점은 고객이 많이 이용하는 피크 타임에 커피를 충분히 제공할 수 있을 만큼의 개수가 필요하다.

식기는 좌석 수를 최소한 1.5회전 시킬 수 있는 수량이 필요하다. 예를 들면, 카페의 좌석 수가 50석이면 최소 75개의 머그 및 커피 스푼이 필요하다. 베이커리를 담아내는 접시는 2인석이나 4인석의 테이블 개수만큼 사면 된다. 이때 주의할 점은 처음부터 너무 많은 식기를 사면 안 된다는 것이다. 처음에는 최소한의 양을 사고 오픈 후 추이를 보면서 추가해도 무관하다.

일회용품은 최소 판매 단위가 박스이다. 컵(hot & iced), 리드는 1,000개가 1박스로 되어 있으므로 처음에는 초도로 최소 발주 단위인 1박스를 주문하면 된다. 하지만 로고를 새길 경우 최소 발주량이 있다. 물론 업체마다 차이는 있지만 통상적으로 3만 개 이상이면 제작 가능하므로 로고를 새길 것인가 스티커로 로고를 대신할 것인가를 잘 고민해볼 필요가 있다.

식기 판매 업체 & 인테리어 소품 판매처

아주푸드서비스 www.ajufoodservice.co.kr
ADD 서울시 중구 남창동 32 중앙상가 C동　**TEL** 02-756-5841
커피 기물뿐만 아니라 주방 및 홀에서 쓰는 다양한 제품들을 도·소매로 판매하고 있어 저렴한 금액으로 식기 및 기물을 구입할 수 있다.

쉬즈 리빙 www.shesliving.com
ADD 강남구 논현동 126-2번지 범일빌딩 2층~3층(논현동 가구 거리)　**TEL** 070-7005-6500
유러피안 명품 테이블웨어로 다양한 고급 브랜드 제품들을 세일한 가격으로 만날 수 있다.

더홈즈 www.thehomes.co.kr
특별하고 가치 있는 홈 아이템이 가득한 인터넷 사이트로 키친웨어, 테이블웨어, 리빙웨어 등등 개성 있고 비교적 저렴한 주방용품이나 소품들로 가득하다.

천이백엠 www.1200m.com
아기자기하고 개성 있는 인테리어 소품뿐만 아니라, 패브릭 제품, 주방 제품(티웨어, 글라스, 식기, 주방 소품, 커피 용품 등)들로 가득한 라이프스타일 숍이다.

잇츠디자인 www.its-design.co.kr
모던하고 스타일리시한 인테리어 소품이 가득한 온라인 숍으로 다양한 그릇, 데코 소품, 리빙 제품 등이 있다. 영화나 드라마에 소품을 협찬하고 있어 이런 제품들을 찾아 매장에 디스플레이하는 즐거움도 쏠쏠하다.

일회용품 판매 업체

서울포장㈜ www.spack.co.kr
대흥포장㈜ www.pojang.co.kr
동양팩 www.dpack.kr
서흥이앤팩 www.sh-eshop.co.kr
포장119 www.package119.com
오하꼬 www.ohaco.co.kr

커피 기물 및 카페 소품 업체
카페 뮤제오 www.caffemuseo.co.kr
메가 커피 www.megacoffee.co.kr
씨앤티 마트 www.cntmart.co.kr
일온즈 www.coffee.co.kr
카페 에떼르 www.coffeether.com
커피누리 www.coffeenuri.com

카페에 필요한 가구 및 물품은 부족한 듯 살 것

인테리어 공사가 끝난 후 카페에 가구를 들일 때에는 예상한 것의 80% 정도만 주문하는 것이 좋다. 넉넉하게 주문했다가는 배치 과정에서 가구가 다닥다닥 붙을 수 있다. 일단 80%만 사서 디스플레이를 한 다음 필요에 따라 나머지 20%의 가구를 들이는 것이 좋다. 이는 다른 물품들을 살 때에도 마찬가지다. 싸게 살 수 있다는 이유로 대량 구매의 유혹에 무작정 빠지지 말고 부족한 듯 구입해 채워나가는 쪽으로 방향을 정하자.

중고여도 괜찮아

"중고품?"

"새 제품만 사라는 법도 없잖아. 나도 가구나 가전제품을 종종 중고 시장에서 사거든. 요즘은 하루가 멀다 하고 새 기술로 만든 제품이 나오다 보니 사람들이 오래 쓰지를 않더라고. 말이 중고품이지 몇 개월 쓰지 않은 새 제품들도 많아. 카페에 들일 물건들도 중고를 사도 괜찮지 않나?"

"새 부대에 새 술을 담고 싶은 게 사람 마음이잖아. 중고는 생각도 안 해봤어. 잘못 샀다가 문제라도 생기면 어떻게 해?"

해준은 아무리 자금이 부족해도 중고를 들일 생각은 해보지도 않았던 것이다.

"경희의 말도 일리가 있어."

제이가 말했다.

"우후죽순으로 많은 카페가 생기는 만큼 문 닫는 카페들도 많아. 그래서 몇 달 장사도 못 하고 시장에 나온 물건들도 많지. 카페였던 자리에 다른 업종의 가게가 들어오면 시설 권리금을 받을 수가 없잖아. 그럼 주인은 카페에서 사용했던 집기를 통째로 시장에 내놓기도 해. 그런 것을 찾아보는 것도 한 방법이야."

"중고를 사도 괜찮나?"

해준이 물었다.

"새 제품이든 중고든 다 장단점이 있어. 새 제품은 제값을 주고 사야 되지만 상태가 좋고 AS가 확실하지. 중고는 AS가 없는 대신 비용을 줄일 수가 있잖아. 새 제품과 중고를 적절히 섞어서 사는 방법을 생각해보는 건 어때? 조리대처럼 성능에 상관없는 건 중고로 사도 무방하겠지. 고장이 걱정되는 커피 머신은 새 제품으로 사면 되는 거고."

"중고로 사도 무방한 물품은 중고 시장을 살펴봐야겠네. 그리고 리스 제품도. 리스 제품도 괜찮지 선배?"

"리스 제품은 아무래도 초기 투자 비용을 줄이는 효과가 있지. 임대해서 쓰는 거니까. 게다가 새 제품이고. 반면 중도 해약이 안 되는 단점이 있는 데다 오래 쓸수록 자산의 가치는 떨어지지. 하지만 대형 설비는 리스 제품을 선택하는 게 유리할 수 있어. 아무래도 가격 부담을 줄일 수 있는 가장 좋은 방법이니까."

해준은 한결 마음이 가벼워졌다. 생각만 약간 바꾸어도 충분히 비용을 절약할 수 있다. 이렇게 저렇게 절약이 가능하다면 앞으로의 운영비에 대한 부담도 덜해질 것이다.

신제품 및 중고품 장단점

주방 기기 및 설비 등 원리가 간단한 것이라면 중고도 좋다. 하지만 커피 기기나 그라인더같이 복잡한 기기, 고장이 났을 때 영업에 지장을 초래할 수 있는 기기나 설비는 새 제품으로 살 것을 권한다.

구분	특징	장점	단점
신제품	• 고장 대응에 리스크가 있는 제품일 때	• 새것이라 상태가 좋다. • AS가 확실하다. • 깨끗하다.	• 가격이 높다. • 손에 길들여야 한다.
중고품	• 고가이거나 사용 빈도가 낮을 때 • 조리대 등 성능에 차이가 없는 제품일 때	• 가격이 싸다.	• 고장이 잦아 운영에 영향을 줄 수 있다. • 구하기가 쉽지 않다. • 보증 기간이 없다.
리스	• 대형 설비일 때 • 가격에 상관없이 새 제품을 원할 때	• 초기 투자 비용이 적다. • 리스 비용을 경비로 처리할 수 있다.	• 중도 해약이 안 된다. • 오래 쓸수록 자산의 가치가 급감한다.

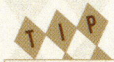

호환 마마보다 무서운 장비병에 빠지지 말자

운동을 하려거나 악기를 배우고 싶을 때 덜컥 비싸고 좋은 장비부터 사본 경험이 있을 것이다. 무엇을 하든 제대로 된 장비부터 구비해야만 직성이 풀리는 건 일종의 '장비병'이다. 특히 커피 머신은 비싼 것일수록 좋다는 인식이 강해 돈을 좀 더 주더라도 이왕이면 더 좋은 것, 완벽한 것을 사려는 경향이 있다. 좋은 기계가 좋은 맛을 내는 건 당연하다. 하지만 그것도 자신의 예산과 콘셉트에 맞춰야 한다. 대부분의 기계는 평균 이상의 일정한 맛을 낸다. 적정선 안에서 구입한 커피 머신으로도 충분히 맛있는 커피를 뽑아낼 수 있다. 쓸데없이 비싼 기계에 투자하기보다는 내 카페에 어울리는 적당한 기계를 찾아보자.

원두 구입하기

해준은 커피를 꽤 좋아하는 편이었다. 아침엔 눈을 뜨자마자 커피 머신에서 뽑은 커피를 한 잔 마신다. 여행지에선 그 지역의 커피는 무조건 맛을 봐야 직성이 풀리고, 우연찮게 들어간 카페의 커피가 맛있으면 거리가 멀어도 다시 찾는다. 커피 맛을 어느 정도는 분간해내는 편인 데다 나름 자신만의 취향도 가지고 있다. 그래서 커피 학원에 등록했을 때에도 카페 창업 준비 과정으로만 생각하지 않고 좀 더 전문적으로 공부할 수 있는 기회로 여기기도 했다.

'지금 아니면 언제 이렇게 시간을 내서 제대로 배울 수 있겠어?' 하는 마음으로 커피 학원을 정말 열심히 다녔다. 그러다 보니 커피에 웬만큼 자신도 생겼고 좀 더 전문적으로 공부해 바리스타 자격증까지 따고 싶은 욕심도 생겼다. 결국 그녀는 전문 과정도 신청했다. 달랑 한 달만 공부하기엔 커피의 세계는 무궁무진했던 것이다.

"커피 수업을 더 받을 필요가 있어? 이제 곧 개업하면 더 바빠질 테고."

예원이 물었다. 예원은 창업 전에 준비할 것도 많으니까 커피 수업은 그만하면 할 만큼 했다는 의견이었다.

"요즘 사람들은 카페를 커피 마시는 곳으로만 여기지는 않아. 커피 외의 음료를 찾는 사람들도 많고. 친구들과 대화를 나누거나 혼자 작업을 하기 위해 카페를 찾는 사람들은 커피보다는 공간에 중점을 두겠지. 차라리 그 시간에 다른 음료를 개발해두는 게 낫지 않을까?"

유기농 허브티를 카페의 콘셉트로 내세우기로 한 예원의 입장에서는 나올만한 말이기도 했다. 하지만 해준의 생각은 달랐다.

"그래도 카페의 기본은 커피야. 아무리 좋은 메뉴가 많아도 커피 맛이 없는 집이라면 고객들의 신뢰를 잃지 않겠어?"

"하지만 어느 정도 맛을 내는 수준이면 괜찮지. 그 이상의 전문성을 가질 필요까지는 없는 것 같은데."

"난 고객들이 알아주든 아니든 다른 카페에서는 맛볼 수 없는 커피를 만들고 싶어."

"그렇다면 내가 더 할 말은 없지. 자신의 능력껏 더 좋은 걸 만들면 되니까. 그럼 학원에서 원두를 어디서 사면 좋은지도 가르쳐줘?"

"응. 커피 맛을 결정하는 건 좋은 원두니까."

"그럼 이번엔 내가 네 덕을 톡톡히 보겠네. 원두는 어디서 구하는 게 좋대?"

"한 업체에서만 사지 않는 것이 좋다고 하더라고. 이왕이면 여러 업체에서 조금씩 구하는 게 좋대. 새로운 곳을 계속 개발하기도 하고 여러 군데에서 원두를 받기도 하고."

"그래? 왜?"

"원두 업체마다 블렌딩 스타일과 종류가 다 다르다는 거야. 그 때문에 여러 군데에서 원두를 사야만 리스크를 줄일 수 있다고 하더라고. 한 곳하고만 거래를 하면 아무래도 한계가 있으니까. 원두에 따라 어울리는 기기도 따로 있고. 안정적인 맛을 내려면 여러 군데의 원두를 이용해보는 것이 좋다는 거야."

"블렌드 원두는 두 가지 이상 다섯 가지 이하의 원두를 최적의 비율로 섞은 것을 말하지?"

"응. 하지만 두 가지에서 세 가지 정도가 적당해. 그 이상이 되면 커피 맛이 난해해져."

"그렇구나. 그런데 대부분의 카페에서 블렌딩 원두로 커피를 만들잖아. 그 이유는 뭐야?"

"한 종류의 원두로 맛을 내는 것보다 맛과 향이 풍부하거든. 비용 측면에서도 더 저렴하고."

"아, 그런 이유가 있었구나. 그런데 기기에 어울리는 원두가 따로 있다는 건 처음 듣는 말이네. 무슨 뜻이야?"

"에스프레소 머신을 이용할 때에는 블렌딩한 원두가 좋다고 하더라고. 여러 산지의 원두를 섞어 만든 것이라 균형 잡힌 맛을 낸다고. 하지만 핸드 드립을 이용할 땐 원산지별로 나온 원두를 사는 게 좋아. 원두는 산지에 따라 각각 다른 맛을 내는데, 그 맛을 제대로 느끼기 위해서는 핸드 드립만 한 게 없대."

"산지에 따라 다른 맛이 난다? 그건 결국 브라질 원두, 에티오피아 원두, 케냐 원두 같은 것을 말하는 거지? 그럼 평균적이면서도 고객의 기호에 맞추려면 에티오피아나 브라질 원두 위주로 사면 되겠구나."

"브라질 원두는 블렌딩할 때 가장 기초가 되는 원두이기도 하지. 나는 향이 독특하면서도 쓴맛이 나는 인도네시아의 만델링을 선호해. 커피는 기호 식품이지만 취향에 따라 호불호가 정확하게 나누어지잖아. 커피 취향이 명확한 사람들을 위해서라도 되도록 많은 종류의 원두를 구입해 핸드 드립으로 커피를 만들고 싶어."

"난 너처럼 산지에 따라 각각 다른 원두를 사서 커피 맛을 특화할 생각까지는 없어. 그냥 흔히 카페에서 판매하는 커피, 카페 라테, 카페 모카 등으로 구성할 생각이야."

"어쨌든 원두 업체는 알아봐야 하잖아."

"그렇지."

"그럼 이번에도 같이 알아보면 되겠다. 사람들이 이래서 동업을 하나 보다. 언니와 난 동업은 아니지만 어쨌든 동종 업계라 다행이야. 서로 정보 교환도 할 수 있고 같이 다닐 수도 있어서."

"그건 나도 그래. 요즘 매장 오픈 후엔 홍보를 어떻게 하는 게 좋을까, 고민하고 있었거든. 그런데 너랑 이런저런 이야기를 나누다 보면 좀 더 멋진 아이디어가 나올 것 같다."

"아, 그렇지. 매장 홍보."

해준 역시 며칠 전만 해도 카페 홍보를 염두에 두고 있었다. 하지만 오픈까지 여유가 있다는 생각에 잠시 그만 까맣게 잊고 있었던 것이다.

"우리, 이제 매장 홍보에 대해서도 의견을 나눠봐야겠는데?"

매장 이미지와 어울리는 커피 원두 선정하기

흔히 예비 창업자들이 저지르기 쉬운 실수 가운데 하나가 커피 원두를 내 입맛에 맞추어 선정하는 것이다. 커피 원두를 선정할 때는 나의 입맛이 아닌 타깃 고객의 입맛에 맞추거나 아니면 매장의 콘셉트나 이미지를 표현해줄 수 있는 맛을 가진 커피 원두를 선정해야 한다. 따라서 커피 원두를 테스팅할 때 타깃이 되는 고객들을 참석하게 해 의견을 반영하는 것이 좋다.

커피 원두, 어디서 사는 것이 좋을까

커피 원두는 유명한 수입 브랜드 커피(일리커피, 라바짜커피, 자뎅커피, UCC커피 등), 생두를 수입하여 국내에서 자체적으로 로스팅하는 국내 브랜드 커피(한국커피, 에스프레소코리아커피, 황금나무커피, 테레로사커피 등), 유명한 바리스타가 자신의 능력으로 블렌딩한 커피(장현우커피, 리브레커피 등)으로 나눌 수 있다.

커피 원두를 고를 때에는 내가 원하는 커피의 캐릭터를 정확히 표현해낼 수 있는 커피를 찾아야 한다. 따라서 커피 원두를 구매하거나 샘플을 요청하여 맛 테스트를 충분히 거친 후 선정하여야 한다.

원두 업체와의 거래에서 주의할 점

커피 원두는 한 번 정해서 판매하게 되면 고객이 그 맛을 기억하게 되므로 쉽게 바꿀 수 없으므로 신중하게 선택해야 한다. 늘 다니던 카페의 커피 맛이 어느 날

갑자기 달라진다면 고객은 혼란스러울 것이다. 실망한 고객이 다시는 그 매장을 찾지 않을 수도 있다. 그래서 원두 및 원두 공급 업체 선택이 중요하다. 특히 국내 로스팅의 원두를 공급받는다면 공급업체의 커피 로스팅이 얼마나 안정적인가에 초점을 두어야 한다. 항상 매장에서 영업을 시작하기 전에 커피 맛을 테스팅해야 하며, 맛에 이상이 있으면 즉시 업체에 문의해서 이유를 알아보아야 한다.

국내외 원두 업체 리스트

수입 브랜드

일리 Illy — 일리코리아 www.illykorea.co.kr
무쎄티 Musetti — ㈜기정인터네셔널 www.musetticaffe.co.kr
라바짜 Lavazza — 전한에프앤씨주식회사 www.lavazzakorea.com
몰리나리 Molinari — ㈜산양엔터프라이즈 www.shinyangent.co.kr
유씨씨 커피 UCC Coffee — 유씨씨우에시마커피주식회사 www.ucccoffee.co.kr

국내 업체

보니또 커피 Bonito coffee — 에스프레소코리아㈜ www.coffee-tools.com
테라로사 커피 Terarosa coffee — www.terarosa.com
전광수 커피 — www.jeonscoffee.co.kr
한국커피㈜ — www.hankookcoffee.co.kr
롤리 커피 Lolly coffee — 빈프로젝트 02-322-4755

산지에 따른 커피 원두의 종류

- 브라질 산토스: 브라질을 대표하는 커피로서 부드러우면서도 고소한 맛이 난다. 브라질 원두는 다른 나라의 원두에 비해 상대적으로 부드러운 편이어서 블렌딩에 많이 이용된다.
- 콜롬비아 수프레모: 신맛과 단맛이 잘 어우러져 있는 가운데 고소한 맛이 난다. 누구나 무난히 즐길 수 있는 맛이라 블렌딩에서도 많이 이용된다.
- 에티오피아 예가체프: 신맛이 상큼하면서도 달콤해 어우러져 깊은 맛을 낸다.

향미가 깊어 초보자들이 마시기에도 부담이 없다.
- 에티오피아 아라비카: 신맛, 단맛, 감칠맛 등 다양한 맛을 내며 향 또한 뛰어나 여느 원두에 비해 가격이 비싼 편이다. 카페인 함량이 많지 않으며 자극적이지 않다는 장점이 있다.
- 과테말라 안티구아: 신맛과 스모크 향이 특징이지만 전반적으로 부드러운 맛이 난다.
- 케냐 AA: 덜 익은 과실의 신맛이 강하지만 볶았을 때는 묵직한 맛이 난다. 강한 맛을 즐기는 사람들이 주로 찾는다.
- 콩고 로부스타: 쓴맛이 강하고 카페인 함량이 많은 종으로 향이 부족해 스트레이트 커피로 만들기에는 적합하지 않다. 하지만 전 세계 생산량의 30%를 차지할 정도로 대중적이라 인스턴트커피의 주재료로 이용되고 있다.
- 자메이카 블루마운틴: 단맛, 신맛, 쓴맛이 조화를 이루고 있으며, 세계적으로 가장 품질이 좋고 맛있는 커피로 정평이 나 있다. 하지만 산출량이 많지 않아 구하기 어려운 편이다.
- 인도네시아 만델링: 쓴맛과 신맛이 조화로우며 감칠맛이 뛰어나다. 향이 독특해 강한 맛과 향을 즐기는 사람들에게 사랑받고 있다.
- 탄자니아 킬리만자로: 블루마운틴과 비슷한 맛을 내며 부드러우면서도 깔끔한 신맛이 특색이다. 와인의 과일 향이 은은하게 배어 있어 깊은 풍미를 느낄 수 있다.

커피 원두 역시 위생이 중요하다

커피는 향을 다루는 민감한 식품이라 위생적으로 보관하는 것이 중요하다. 그렇지 않으면 향미가 급속도로 나빠진다. 로스팅된 원두는 일정 부분의 지방을 머금고 있는데 이 지방이 산패되어 극산성이 되면 건강에 좋지 않다는 학계의 보고도 있다.

원두의 유통기한

원두의 저장 상태에 따라 유통기한은 다르다. 보통 식품으로 보았을 때 제조 일자(로스팅 일자)로부터 1년까지가 유통기한이다. 하지만 전문가들은 최적을 맛을 위해서 로스팅한 날로부터 1~2개월 내에 사용하는 것을 권장한다. 포장을 뜯지 않은 원두라 해도 오래 보관하면 산패의 정도가 심해진다. 커피는 포장을 뜯는 순간 빠르게 산화되기 때문에 되도록 구입 즉시 먹는 것이 좋다.

산패된 원두 활용법
원두는 냄새를 빨아들이는 탈취 효과가 있다. 때문에 산패된 원두를 화장실이나 신발장 등 냄새 나는 곳에 방향제로 비치해두는 것도 좋다.

수입 브랜드 커피와 국내산 로스팅 커피

수입 브랜드 커피는 안정감과 맛의 일관성이라는 장점이 있다. 하지만 물류 비용 및 포장 비용이 포함되어 국내산 커피보다 가격대가 높은 편이다. 국내산 로스팅 커피는 신선하면서도 비교적 저렴한 가격이 장점이다.

커피 머신과 그라인더의 청결 유지

아무리 유명한 로스터가 볶은 귀한 커피라도 커피 장비를 관리하지 않으면 무용지물이 된다. 그라인더는 커피의 오일 때문에 겉만 봐도 지저분해 보일 뿐 아니라 오래된 커피 오일은 산패된 냄새가 나기 때문에 반드시 마감 후 청소를 해주어야 한다. 커피 머신 역시 포터 필터 등 커피 머신 세정제로 마감 시간에 깨끗하게 청소해 위생적으로 관리하도록 한다.

유형별 추천 카페

듀 크렘 타르트 카페

베이커리 중에서도 타르트를 전문적으로 취급하는 카페. 30여 종의 맛있는 타르트를 맛볼 수 있다. 바삭한 타르트지와 달지 않은 크림 필링의 적절한 조화가 좋다. 타르트 종류(비주얼)와 커피 외 음료(스무디, 에이드)를 참고하자.

MENU 청포도 타르트, 딸기 타르트
TEL 02-545-7931
ADD 서울 강남구 신사동 545-4

르 알레스카 베이커리 카페

밖에서 매장을 봤을 때 유럽에 와 있는 듯한 느낌을 주는 베이커리 카페. 시중의 다른 프랜차이즈 베이커리에서는 보기 힘든 빵 종류와 얼음을 수북이 올려주는 아이스 음료가 특색 있다. 약간 어두운 조명을 이용해 매대의 베이커리에 은근한 불빛을 비추어 베이커리가 더 맛있어 보이면서 좀 더 전문성을 띠고 있는 듯한 분위기를 연출하는 인테리어를 참고할 만하다.

MENU 바게트, 다양한 토핑을 얹은 피니시, 얼음 올린 아이스커피
TEL 02-516-5871 **ADD** 서울 강남구 신사동 653-9

커피 렉

로스터리 카페

간판만 봐도 커피 전문점일 거라는 생각이 든다. 화려한 인테리어 대신 오너가 국내외 커피 관련 대회에서 수상한 상패가 걸려 있다. 이곳의 시즌별 리미티드 에디션 메뉴를 한 번쯤 꼭 먹어보길 바란다. 가격은 좀 비싸지만 스페셜티 커피를 안재혁 바리스타의 스타일로 즐기는 방법을 배울 수 있다. 커피 본질에 충실한 커피 메뉴를 참고하자.

MENU 에스프레소, 아이리시 커피, 리미티드 에디션 커피
TEL 070-4250-9723 **ADD** 서울 강남구 신사동 519-13 1층

꼬모 쎔쁘레

초콜릿 카페

화이트 톤의 인테리어에 브라운의 초콜릿이 가득한, 깨끗한 느낌의 초콜릿 카페이다. 다른 커피 전문점과는 달리 커피의 신맛이 깔끔하고 상큼하여 달콤한 초콜릿과 특히 잘 어울린다. 초콜릿이 들어간 다양한 창의적인 음료와 초콜릿 디스플레이를 눈여겨보자.

MENU 수제 브라우니, 수제 초콜릿, 쎔쁘레 라테
TEL 070-4616-7478
ADD 서울 강남구 신사동 507-3 1층

블룸 앤 구떼

플라워 카페

꽃과 카페를 접목시킨 플라워 카페이다. 성공하기 힘든 아이템을 가로수길이라는 특수한 입지에 적절히 잘 접목시킨 몇 안 되는 인기 있는 플라워 카페로 신선한 꽃을 보면서 커피와 케이크를 즐길 수 있는 매장이다. 플라워 카페를 구상하고 있다면 블룸 앤 구떼의 내부 레이아웃과 판매 아이템에 주목할 것.

MENU 그레이프 케이크, 당근 케이크, 생과일주스
TEL 02-541-1530
ADD 서울 강남구 신사동 534-6

레미니스 케익

케이크 카페

정말 아담한 카페로 수제 케이크와 팥빙수가 유명하다. 프로방스풍의 소탈한 인테리어와 꾸밈없이 달지 않으면서 맛있는 케이크들이 단골을 모으는 비결. 빙수에는 이름에 맞는 재료들을 아낌없이 넣어 만족감을 증폭시킨다. 재료에 충실한 케이크와 빙수를 주의 깊게 살펴보자.

MENU 감자 케이크, 홍차 치즈 케이크, 팥빙수 TEL 02-3675-0406 ADD 서울 종로구 계동 120-1 1층

레트로나 파이

파이 카페

수제 파이 전문점으로 동경제과학교 출신의 파티셰가 만든 파이와 타르트가 특히 유명하다. 당일 제작, 당일 판매를 원칙으로 하기 때문에 맛도 좋고 신선하다. 파이가 더욱 맛있어 보이게 만드는 이색적인 인테리어와 다양한 종류의 파이를 보면서 파이를 어떻게 카페와 접목시키고 있는지를 배워보자.

MENU 바나나 크런치 타르트, 바비큐 치킨 파이, 포테이토 베이컨 파이
TEL 02-735-5668
ADD 서울 종로구 팔판동 17-2

담장 옆에 국화꽃

떡 카페

자칫 부자연스럽게 느껴질 수 있는 커피와 떡의 만남을 조화롭게 풀어내기 위해 현대적인 느낌으로 재구성한 카페이다. 떡 카페는 전통적인 분위기일 것이라는 고정관념에서 벗어나 누구나 부담 없이 떡과 커피를 즐길 수 있도록 메뉴가 구성되어 있다. 밋밋하거나 지루할 수 있는 떡이라는 음식을 어떻게 현대적이고 스타일리시하게 풀어내는지를 살펴보자. 전통 카페를 생각하고 있다면 반드시 가봐야 할 카페이다.

MENU 담꽃 빙수, 사색 인절미구이 TEL 02-517-1157 ADD 서울 서초구 반포4동 92-3

오시정

갤러리 카페

'다섯 편의 시를 쓰는 마음'이라는 뜻'을 가진 일본풍의 빈티지 카페. 전체적으로 흰색의 인테리어가 눈에 들어온다. 유기농 재료와 다양한 과일의 본연의 맛을 살려 음식을 만들기 때문에 커피보다 과일 음료나 메뉴가 더 인기 있다. 특히 눈여겨보아야 할 것은 음료와 함께 나오는 아기자기한 소품 및 같이 제공되는 직접 구운 맛있는 스콘이다. 개인 매장이 가질 수 있는 창의적인 메뉴와 재미있는 소품을 구상할 때 꼭 참조하자.

MENU 홍시 요구르트, 블루베리에이드, 수삼 우유
TEL 02-517-1157
ADD 서울 서초구 반포4동 92-3

리쉬스벨루

컵케이크 카페

다양한 레시피의 컵케이크를 병에 담는 아이디어로 성공한 보틀 컵케이크 카페. 커피뿐만 아니라 세계 각국의 홍차 및 홍차를 베이스로 한 베리에이션 음료를 판매하고 있다. 대부분 케이크와 함께 음료를 주문하기 때문에 객단가도 높다. 기존의 컵케이크라는 아이템을 레시피 개발과 함께 병에 담아내는 아이디어로 고객들의 입과 눈을 사로잡았다. 보틀 컵케이크와 홍차 베리에이션 음료를 마시면서 영국에 와 있는 듯한 인테리어를 눈여겨볼 것.

MENU 스트로베리 요구르트 컵케이크, 초콜릿 라즈베리 컵케이크, 브랜드별 홍차
TEL 02-797-8878 **ADD** 서울 용산구 한남동 741-17

비 스윗 온

디저트 카페

동경제과학교를 나온 셰프가 오픈한 디저트 카페이다. 입구에 붙여진 멋진 디저트 포스터가 인상적이다. 디저트 카페 치고는 인테리어에는 그다지 신경 쓴 것 같지 않지만 나오는 음식들은 엄청 공을 많은 들였다는 것이 느껴진다. 디저트를 요리로 승화시켜 대접받는 느낌이 들 정도. 디저트 카페를 준비 중이라면 반드시 들러 모든 메뉴를 맛보아야 할 곳이다.

MENU 타르트 타탄, 쇼콜라 몽블랑, 말차 빙수　**TEL** 02-323-22370　**ADD** 서울 마포구 서교동 339-3

이코복스 [구. 커피 키친]

로스터리 카페

매일 로스팅하여 커피가 특히 신선하고 맛있는 로스터리 카페. 반지하의 구조를 잘 살려 빈티지 느낌으로 풀어낸 인테리어가 멋스럽다. 로스팅 기기가 매장 입구에 원두 매대와 같이 있어 커피가 왠지 맛있을 것 같은 분위기를 연출한다. 로스터리 카페를 구상하고 있다면 반드시 들러봐야 할 곳. 로스터기의 위치, 매대의 원두 구성 및 원두 용기, 커피 메뉴 등을 꼼꼼히 살피자.

MENU 산지별 커피　**TEL** 02-545-2010
ADD 서울 강남구 신사동 534-10

테일러 커피

로스터리 카페

스페셜티 커피로 유명한, 개인이 운영하는 로스터리 카페. 워낙 로스팅을 잘하는 곳이라 커피 맛은 더 이상 말이 필요 없을 정도이다. 다른 로스터리 카페에 비해 비교적 정돈된 빈티지로 인테리어가 되어 있다. 로스팅을 1층에서 하고 반지하층에 테이블이 있는 특이한 구조를 어떻게 풀었는지도 살펴보자. 테일러 커피의 브랜드를 넣은 액세서리와 커피 소품의 종류도 참고할 만하다. 이런 로스터리 카페의 경우 핸드드립 및 커피용품을 어떻게 디스플레이하는지에 대한 아이디어도 얻을 수 있다.

MENU 퍼플 레인 에스프레소, 카페 라테
TEL 02-335-0355　**ADD** 서울 마포구 서교동 329-15

모모스

> 베이커리 & 로스터리 카페

외관에서 주택을 개조하여 만든 느낌이 든다. 앞면에 테이크아웃 창이 있고 입구로 들어가면 가정집 정원처럼 조경이 되어 있다. 베이커리와 카페를 결합할 때 모든 창업자들은 둘 다 유명해지기 바라지만 밸런스를 맞추기가 쉽지 않은데 모모스는 베이커리와 카페 모두 유명하다. 매장에 앉아 있으면 베이커리 공장에서 튀어나온 듯 유니폼을 입은 직원이 쉼 없이 갓 구운 빵들을 나르는 모습을 볼 수 있다. 커피에 공을 들이고 있다는 문구나 포스터들이 여기저기 눈에 들어온다. 한편에는 프로밧 로스터기가 자리 잡고 있어 커피 역시 신선하게 볶는다는 사실을 알려준다. 만약 베이커리와 커피의 비율을 1:1로 두고 영업을 하고자 한다면 반드시 가봐야 할 부산의 명소. 주문할 때 바리스타들의 전문적인 커피 설명이 압권이다. 이곳에서 바리스타의 고객 서비스를 꼭 배워올 것을 권한다.

MENU CEO 커피, 직접 만든 베이커리
TEL 070-4134-7034 **ADD** 부산 금정구 부곡4동 873-3

커피 리브레

> 로스터리 카페

착한 커피로 유명해진 로스커리 카페이다. 카페라는 말이 무색할 정도로 인테리어는 아무것도 없다. 시장 한복판에 가게 이름을 쓴 입간판 하나가 다이다. 매장 안에 들어서도 특별히 인테리어라 할 만한 것이 없다. 커피도 3가지 메뉴밖에 없다. 신맛이 조금 강하긴 하지만 확실히 맛이 좋다. 좋은 생두를 잘 볶아서 그런지 원두 구매 고객이 많다고 한다. 로스터리 카페 창업을 고려한다면 이곳의 영업 방식을 벤치마킹하자. 좋은 생두를 구해 잘 볶아서 매장에서뿐만 아니라 온라인으로 판매하는 비즈니스 방식도 참고할 것.

MENU 에스프레소, 카페 라테 **TEL** 02-325-7140 **ADD** 서울 마포구 연남동 252-15

CHAPTER 6
마케팅, 직원 모집, 고객 관리

우리 카페를
어떻게 홍보하는 것이
좋을까

해준과 예원은 각자 카페 마케팅에 대한 자료를 찾거나 아이디어를 생각해보고 일주일 후 다시 만나기로 했다. 아무 준비 없이 이야기를 나누기보다는 아무래도 다른 카페들은 어떻게 홍보를 하는지, 카페 홍보의 종류로는 어떤 것이 있는지를 알아보는 것이 먼저라는 판단 때문이었다.

"일단 난 유명 프랜차이즈 카페들의 마케팅 위주로 조사해봤어."

해준은 지난 일주일 동안 프랜차이즈 카페들을 일일이 찾아다니기까지 했다고 꽤 자랑스러워하며 덧붙였다.

"잘했어. 나도 그럴까 했지만 그럴 시간이 나지 않아 주로 사용되는 카페 마케팅에 대해 알아봤지."

"주로 사용되는 카페 마케팅?"

"일단 기본이 되는 마케팅 말이야. 대부분의 카페에서 사용하는 것이기도 하고."

"그래? 어떤 게 있었어? 언니부터 말해봐. 기본이라고 하니까 먼저 들는 게 좋을 것 같다."

"말 그대로 기본이야. 보통 개인 카페는 홍보에 많은 비용을 들일 수가 없잖아. 프랜차이즈 카페처럼 신용카드 회사와 제휴 마케팅을 할 수도 없고. 그래서 매장 안에서 사람들의 눈과 귀를 즐겁게 하는 마케팅 위주로 갈 수밖에 없지."

"이를테면?"

"카페에서 자체 개발한 메뉴로 매장의 특징을 살리는 거지. 그 카페에 가야만 먹을 수 있는 음식을 만들어 좋은 평가를 얻는다면 그 자체로 홍보가 되니까. 우리가 지번에 말한 거 기억나지? 메뉴는 그 자체로 홍보라고 했던 거."

"응."

"개인 카페일수록 메뉴에 승부를 걸 수밖에 없어. 그래서 자체 개발 메뉴가 필요한 거고."

"그리고?"

"다른 곳에서는 쉽게 볼 수 없는, 독특한 푸드 스타일링도 그 자체로 카페 홍보 효과가 있어."

"내가 즐겨 찾는 카페들도 푸드 스타일링이 좋은 곳이 많았으니까. 독특하거나 예쁜 푸드 스타일링은 사람을 기분 좋게 하거든. 그리고 특별한 시간을 보내는 것 같은 기분을 느끼게도 해."

"그렇지. 그리고 그런 카페엔 친구들을 데리고 가게 되잖아. 내가 만든 것도 아닌데 내가 만들기라도 한 것처럼 자랑하면서 사진 찍어서 SNS에

올리기도 하고."

"입소문에 기댈 수 있는 방법이지."

"맞아. 입소문만큼 좋은 마케팅도 없으니까."

"그런 측면에서 특이한 인테리어를 연출하는 것도 마케팅이야."

"그리고 또 있어?"

"친절과 위생."

"그것도 마케팅이라 할 수 있나? 기본 아냐?"

"기본이면서도 마케팅이지. 특이하고 좋은 것은 그 자체로 광고 효과가 있어. 하지만 직원이 불친절하거나 위생 관념이 없어도 입소문을 타지. 입소문이라는 게 좋은 것만 나는 건 아니잖아. 오히려 나쁜 것일수록 더 빠르고 광범위하게 나는 게 소문이야. 그러니 아무리 좋은 점이 많다고 해도, 눈에 띄게 나쁜 점이 하나라도 있으면 모든 게 다 그 나쁜 점에 덮이게 되어 있어. 그래서 카페를 운영할 때에는 모든 부분에서 완벽하려고 하지 말고 평균 이상을 하라는 말도 있는 거지."

"모든 부분에서 만족하려 애쓰지 말라고?"

"응. 한 부분만 특출한 것도 훌륭한 마케팅이 될 수 있어. 예를 들어 어디에서도 볼 수 없는 인테리어로 고객들의 시선을 끌었다면, 다른 부분에서는 조금 평범해도 괜찮아. 대신 어떠한 부분이든 평균 이상은 되야지. 전부 뛰어날 필요는 없지만 어떤 것 하나도 평균 이하가 되어서는 안 된다는 말이야. 자, 이젠 네 차례. 프랜차이즈 카페들은 주로 어떤 마케팅을 했는지 말해줘."

"응."

해준은 밝게 대답하며 가방에서 창업 노트를 꺼내 예원 앞에 펼쳤다.

카페 마케팅, 기본에 충실하기

온라인처럼 입소문이 빨리 나는 곳도 없다. 예전에는 전단지나 성냥갑 등을 활용한 마케팅을 꼭 해야만 했다면 오늘날은 오히려 마케팅을 하지 않아도 괜찮아진 것이다. 소자본 창업으로도 경쟁력을 획득할 수 있는 상황이니만큼 사람들이 홈페이지나 SNS를 통해 자발적으로 입소문을 낼 수 있는 매력적이면서도 개성 있는 카페를 만들어보자.

메뉴
우리 카페만의 자체 메뉴를 만든다. 다른 카페에서는 맛볼 수 없는 우리 카페만의 메뉴는 그 자체로 훌륭한 마케팅이다.

감각 있는 푸드 스타일링
아기자기한 소품을 이용하여 디테일을 강조한다. 특색 있는 컵이나 접시 등의 식기로 매장의 개성을 살릴 수 있다.

특이한 인테리어 연출
매장 콘셉트 및 메뉴 콘셉트를 개성 있게 잡아 우리 카페만의 인테리어로 고객들에게 어필한다.

친절

손님을 배려하지 않는 무뚝뚝함은 비용을 지불하고도 서비스를 받지 못했다는 불쾌감을 유발한다. 잦은 테이블 서비스로 고객이 귀찮아하거나 부담을 느끼지 않을 정도의 적절한 친절로 우리 카페에 있는 동안만큼은 대단히 편안하다는 인식을 심어주도록 하자.

위생

철저하게 위생을 점검한다. 카페는 사람들의 입으로 들어가는 식품을 다루는 곳이다. 홀, 부엌, 화장실 할 것 없이 항상 청결하게 위생을 유지해야 한다.

마케팅

명함을 수집해서 추첨을 통해 무료 음료 쿠폰을 제공하거나 단골들의 스탬프 카드를 카페에서 보관하여 번번이 챙겨 오는 수고를 덜어주기도 한다. 또한 얼굴을 보고 일상의 인사를 건네는 서비스도 할 수 있다. 주문 시 고객의 커피 스타일을 반영해서 맞춤 커피를 제공하여 즐거움을 주기도 한다. 단골에게는 막 구워낸 쿠키나 빵을 시식할 기회도 주고 가끔은 공짜 커피 리필도 제공한다.

> **한 분야에서 100점을 추구하기보다 전체적으로 70점 이상이 되도록**

어떠한 분야든 70점 이하가 되면 안 된다. 커피 맛이 100점이어도 직원의 친절도가 70점 이하라면 좋은 평판을 기대할 수 없다. 직원은 친절하지만 커피 맛이 없는 경우도 마찬가지다. 모든 분야에서 고루고루 평균점 이상을 받을 수 있어야 실패의 확률이 낮아진다.

프랜차이즈 카페의
마케팅 사례

"일단 내가 조사한 프랜차이즈 카페는 스타벅스, 커피 빈, 카페 베네, 파스쿠치, 탐 앤 탐스야."

"꽤 많이 조사했네."

"뭐, 웬만큼 유명한 프랜차이즈 카페는 한 번쯤 다 가봤지. 커피를 시켜 마시고 회원 카드도 만들어봤어. 대부분의 프랜차이즈 카페는 회원 카드가 있더라고. 각 회사에서 정한 일정 정도의 음료수를 마시면 한 잔은 무료로 주는 식인 거지. 이런 마케팅은 꼭 프랜차이즈가 아니어도 할 수 있는 것 같아. 개인 카페에서도 흔히 하고 있는 것이기도 하고. 하지만 특정한 신용카드로 결제 시 할인을 받는다거나 드라마나 영화 등에 노출시키는 건 아무래도 개인 카페가 하기엔 힘든 마케팅이지. 그건 기업의 힘이니까."

"신용카드와 연계하는 건 힘들지만 드라마나 영화를 통한 노출은 요즘엔 아주 못할 일도 아니야."

"그건 예외 상황이고. 내가 말하는 건 PPL 같은 광고야."

"그치. 드라마나 영화에서 간접광고를 하려면 꽤 많은 돈이 들어가니까."

"일단 각 프랜차이즈 카페들의 마케팅을 정리한 걸 봐. 아주 특이한 마케팅은 없지만 카페 마케팅 시장의 흐름을 파악하는 데에는 도움이 될 거야."

프랜차이즈 카페 업체별 마케팅 방법

개인 매장은 하나부터 열까지 모든 부분에 대해 직접 챙겨야 하기 때문에 자칫 마케팅에 소홀해질 수 있다. 반면 프랜차이즈 카페는 본사에 마케팅 전문가로 이루어진 가맹점 지원팀(마케팅팀)이 있어 여기에서 연간 마케팅 전략(월별 및 시즌 이벤트 일정, 신메뉴 개발 및 출시 등)을 총괄한다. 평소 프랜차이즈 카페의 마케팅을 눈여겨보았다가 우리 매장에 맞는 좋은 마케팅 방법이 있다면 우리 매장에 맞게 변형해 적용해보자.

스타벅스
스타벅스는 비교적 사은품 마케팅과 할인 마케팅을 많이 하는 편이다. 스티커를 모으면 음료나 머핀을 선물하거나 스타벅스 텀블러를 소지하고 내방한 고객에게는 300원 할인을 해주는 식이다. 시즌 음료를 출시하거나 한정 메뉴를 판매해 고객들의 시선을 끌기도 한다.

커피빈&티리프
핑크 카드를 만들어 음료수를 1잔 사 먹을 때마다 도장을 찍어준다. 도장을 12개 찍으면 사이즈, 종류에 상관없이 무료로 음료수 1잔을 제공해 단골을 유치하고 있다.

카페 베네

TV PPL 광고를 주로 활용한다. 사이더스HQ와 손잡고 자사 상품을 드라마에 노출하거나 기획사 소속 연예인을 활용한 이미지 마케팅을 많이 진행했다. 차별화된 메뉴로 젤라토와 와플을 만들어 판매를 촉진하는 방법도 사용하고 있다.

파스쿠치

여느 프랜차이즈 카페에 비해 적립 카드의 적립율을 높게 책정했다. 또한 카드 제휴 마케팅을 활용해 특정 카드로 결제하면 할인을 꽤 많이 받을 수 있다(롯데, 신한, KB 신용카드 결제 시 20% 할인. 우리카드 체크카드로 5,000원 이상 구매 시 최고 20% 할인 및 적립). 또한 시간대에 따라 메뉴의 가격을 달리해 변별력을 주고 있다.

탐앤탐스

다른 프랜차이즈 카페에 비해 비교적 저렴한 커피 가격으로 어필한다. 허니 버터 브레드와 프레즐을 직접 만들어 판매, 맛이 뛰어나다는 느낌을 줌으로써 매출을 증대시키고 있다.

매장 활성화를 위한
다양한 홍보 방법

"확실히 프랜차이즈 카페는 PPL 마케팅이나 카드 제휴 마케팅을 잘 하는 편이구나."

예원이 말했다.

"하지만 개인 카페는 카드 제휴 마케팅이 아니어도 할인할 수 있는 방법들이 많잖아. 예를 들어 특정 음료수는 아주 싼 가격으로 판매하는 거지. 또 시간대에 따라 가격을 달리함으로써 고객들에게 할인 메뉴를 구입했다는 느낌을 줄 수도 있고."

"세트 메뉴로 할인율을 높여도 되고."

예원이 맞장구를 쳤다.

"맞아. 원 플러스 원으로 할인하는 방법도 있고."

"메뉴 마케팅은 아이디어를 짜기 마련이겠네."

"아, 맞다. 우리 지금까지 메뉴 마케팅 위주로만 말했구나. 메뉴 마케팅은 그 카페에 가야 알 수 있는 거잖아. 그러기 전에 꽤 괜찮은 카페가 있다는 걸 알리는 게 먼저지."

"카페의 존재 자체를 홍보하자는 말이지?"

"응. 언니나 나나 이제 곧 오픈을 앞두고 있잖아. 당연히 우리 카페가 문을 연다는 걸 대대적으로 알려야겠지?"

"대대적으로?"

"그럼. 지금이 딱 홍보하기 좋은 시점인 것 같아. 홍보하기에 가장 적절한 시기는 카페 오픈 15일 전이라고 하더라고."

"아, 그래? 그건 또 몰랐네."

"요즘 들어 내가 아는 게 좀 많아졌지? 주변 사람들에게 도움받는 것도 좋지만 나도 도움을 주고 싶어서 공부 많이 했다."

카페 홍보, 어떻게 하는 게 좋을까

시기별 홍보 방법

카페 홍보는 인테리어 공사가 중반을 넘어섰을 때, 혹은 점포 오픈 15일 전에 시작하는 것이 적당하다. 너무 이르게 하기보다는 오픈 직전에 홍보를 함으로서 오픈 효과를 극대화하고 카페의 존재를 알리는 것이 좋다.

오픈 후엔 안정적인 매출을 위해 쿠폰 마케팅이나 메뉴 마케팅을 통한 홍보를 지속하는 것이 좋다.

쿠폰 마케팅의 다양한 음료 쿠폰

적립 카드

신메뉴 출시 홍보 배너 및 입간판

오픈 전후의 홍보 방법 예시

구분		내용
오픈 전	대외 홍보	매장 공사 시 외부에 오픈을 알리는 현수막 설치
오픈 후	오픈 이벤트 (일시적)	개점식을 통해 고객들에게 매장의 정식 오픈을 알리고 주변 상가에 개업 음식을 전달한다.
		커피 및 음료의 가격을 50% 할인하거나 1+1 행사를 하는 방법이 있다. 하지만 두 번째 방문 시 고객이 제값을 주고 사 먹는 걸 아까워하게 될 위험이 있으니 적절한 선택을 필요로 한다.
	쿠폰 마케팅	10회 음료 이용 시 1회 커피 음료를 제공한다.
	메뉴 마케팅	• 오전: 직장인들을 대상으로 베이글과 커피 세트 판매한다. • 오후(12시~2시): 식사 후 후식을 즐기는 고객들을 위해 오늘의 메뉴를 선정하여 파격적인 가격으로 음료를 제공한다. • 테이크아웃 시 모든 음료를 1,000원 할인해준다. • 주말 고객은 데이트 하는 연인이 주고객일 확률이 높으므로 2명이 와서 즐길 수 있는 세트 위주의 메뉴를 개발한다(예. 블루베리 와플 콤버트 세트–블루베리 와플 콤버트+커피 2잔: 단일가보다 약 3,000원 할인).
	추후 진행 예정 마케팅	명함 추첨이나 단골 고객 중 커피에 관심이 있는 고객을 대상으로 커피 클래스를 운영하여 매장의 로열티를 높인다.

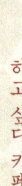

오프라인보다는 온라인

카페 영업에서 가장 좋은 홍보는 입소문이다. 하지만 입소문이 나기 전까지는 보다 적극적으로 고객 유치에 노력을 기울일 필요가 있다.

홈페이지 및 블로그를 통한 홍보

홈페이지 개설, 카페 연관 사이트 가입 등의 방법으로 온라인에서 카페의 존재를 알리는 노력을 활발하게 하자. 오프라인에서 전단이나 할인 티켓을 돌리는 방법도 있지만 정보화 사회에서 홍보 효과를 더 많이 볼 수 있는 것은 온라인을 통한 홍보다.

개인 매장의 경우 홈페이지를 개설하기에는 비용(업체에 의뢰할 경우 최소 200만 원부터 평균 500만 원선)이 만만치 않으므로 블로그를 제작하여 꾸준히 운영하는 것이 좋다. 매장 사진이나 매장 위치, 메뉴 사진 등을 올리고 매장에서 일어나는 일상뿐만 아니라 신메뉴 및 이벤트 등을 수시로 업데이트해보자. 좋은 홍보가 될 것이다.

소셜 커머스를 통한 홍보

소셜 미디어 시대다. 대부분의 사람들이 소셜 사이트를 통해 각종 상품에 대한 정보를 찾기도 하고 얻기도 한다. 시대에 맞춰 발 빠른 홍보를 하려면 소셜 커머스 사이트를 충분히 활용하는 것이 좋다. 대표적인 업체로는 티몬(티켓몬스터), 쿠팡, 위메프(위메이크프라이스) 등이 있고 수수료는 판매 금액의 15~30%이다. 소셜 커머스 업체 본사에 전화를 하거나 홈페이지에 신청하면 해당 지역이나 해당 파트 담당자에게서 연락이 온다. 이후 어떤 방법으로 할인할 것인가를 상담한 후 할인 상품을 만들면 업체에서 직접 매장을 방문하여 매장 사진 및 메뉴 사진을 찍고 이를 이용하여 웹페이지를 만든 다음 사전에 정해진 날짜에 딜을 노출해 마케팅하는 방식이다. 정산은 딜 종료 10일 후 판매 수수료를 제외한 금액의 50~60%, 30일 후 40~50%를 입금해준다.

소셜 커머스를 이용하여 마케팅을 할 때, 매출을 올리기 위한 수단이라기보다는 웹사이트에 노출되어 얻는 홍보 효과를 목적으로 생각하는 것이 좋다. 주의해야 할 점은 50% 할인된 메뉴를 먹기 위해 찾아온 고객들에게 매장에서 즐겁고 유쾌한 경험을 제공해주지 못하면 재방문 기회의 상실 및 부정적인 구전 효과로 득보단 실이 더 많아지는 결과가 초래된다는 점이다. 따라서 평소보다 많은 고객을 맞을 준비가 되어 있지 않다면 소셜 커머스를 절대로 해서는 안 된다. 매장을 오픈하고 자리도 잡지 않은 상황에서 홍보를 할 의욕이 앞서 소셜 마케팅을 서둘러 하려는 매장이 많은데 이는 매우 위험하다.

어느 정도 매장 운영이 정상화되면 소셜 마케팅을 진행하자. 새로운 고객에게 나의 매장을 알릴 절호의 기회가 될 것이다. 하지만 이때도 평소보다 많은 고객들이 매장을 방문하므로 행사 기간 동안 더욱더 신경 써서 고객에게 유쾌한 경험을 줄 수 있도록 최선을 다해야 한다. 그래야 고객이 다시 찾는다.

검색 엔진의 키워드 마케팅

요즘 젊은 고객들은 약속이 있을 때, 본인이 가고자 하는 카페를 미리 알아보고 방문한다. 리스크를 안고 아무 데나 들어가지 않는다. 이런 수요가 늘어나면서 새로 생겨난 마케팅 방법이 바로 키워드 마케팅이다.

검색 엔진(네이버, 다음, 네이트 등)에서 카페 추천, 가로수길 카페, 가로수길 조용한 카페 등 카페와 관련된 다양한 키워드를 검색창에 치면, 블로그, 기사 자료, 홈페이지 등이 나온다. 물론 블로그에 긍정적인 평가가 올라와 있는 상태에서 키워드 마케팅을 하면 더욱 효과가 좋다.

최근 키워드 마케팅이 유행처럼 번지면서 이를 대행해주는 바이럴 마케팅 대행업체가 많이 생겨났다. 이들은 블로그 제작, 언론 홍보, 키워드 마케팅 등을 대행해주는데, 키워드 마케팅의 경우 어떤 키워드를 선택하느냐에 대해 1건당 금액이 책정되어 있기 때문에 사전에 노출하고 싶은 키워드를 선택해서 견적서를 미리 받은 후 금액을 충전해서 이용하면 된다. 이용 금액은 업체마다 다르기 때문에 비교 견적을 받은 후에 이용하는 것이 좋다.

"이게 다가 아냐. 아무것도 하지 않는 마케팅도 있어."

"신선한데? 아무것도 하지 않는 마케팅이라니. 그런데 아무것도 하지 않는데 어떻게 마케팅이 될 수 있는 거니?"

예원은 흥미를 가지고 물었다.

"마케팅을 하지 않아도 되는 시대니까."

해준은 빙긋 웃으며 의미심장하게 대답했다.

"잠깐만. 내가 그 말을 해석해볼게. 그러니까 좋은 카페는 굳이 마케팅을 하지 않아도 고객들이 블로그나 온라인 카페를 통해 자발적으로 광고를 해준다는 뜻 아니야?"

"어? 어떻게 그렇게 빨리 알아차렸어? 좀 더 비밀스럽게 말하려 했더니."

"시대라는 말 때문에. 이 시대가 예전과는 다른 가장 큰 특징은 인터넷이라고도 할 수 있잖아. 한국은 인터넷 강국이기도 하고. 그렇다고 해서 사람들이 자발적으로 광고를 해주는 건 아니지. 그러니까 나름 마케팅이 필요한 거 아니야?"

"따로 마케팅을 고민하기보다는 차라리 콘셉트, 메뉴, 분위기에 더 신경쓰는 것이 낫다는 말이야. 그럼 마케팅을 하기 위해 소모되는 시간이나 비용을 줄일 수도 있고. 고객 스스로가 블로그나 카페 게시판에 소개해주는 것이니 신뢰도도 훨씬 높지."

"흠. 좋은 의견이네. 홍보에 에너지를 쏟기보다는 고객이 매력을 느끼는 카페를 만드는 게 낫다, 그게 비용도 절감하고 신뢰도도 높인다는 말인데……. 말처럼 쉬울까?"

"쉽지는 않겠지. 고객을 감동시키기 위해 끊임없이 노력해야 하니까.

하지만 감동 마케팅처럼 가장 확실하면서도 진정성 있는 마케팅이 어디 있겠어? 감동 마케팅은 고객의 만족도를 높이기도 하지만 오너도 자부심을 가질 수 있는 거잖아."

"오너도 자부심을 가질 수 있는 마케팅이라……. 멋진데?"

"나도 그렇게 생각해. 난 우리 카페가 자부심 강한 카페였으면 좋겠어. 오너인 나뿐만 아니라 찾아오는 고객도 자부심을 느낄 수 있는 그런 카페 말이야. 그리고 직원도. 일하는 직원들이 자부심을 가질 수 있는 카페라면, 그 자체로 충분히 멋진 홍보가 되지 않을까?"

해준은 이제 곧 함께 일할 직원들을 뽑을 생각에 괜히 두근거렸다.

'어떤 사람들이 우리 카페에서 일하게 될까? 어떤 사람들이랑 인연을 맺게 될까? 아니, 그 전에 어떤 사람을 직원으로 뽑는 것이 좋을까?'

개업식 날 개업을 알리기 위한 과도한 할인은 지양하기

사람들은 어떠한 물건을 살 때 처음 지불한 가격을 잊지 않는 편이다. 오늘 3,000원을 주고 마신 커피를 다음 날에는 6,000원을 주고 마셔야 한다면 손해 본다는 생각을 하게 된다. 개업 기념으로 반값 할인 행사를 하는 것보다는 가볍게 즐길 수 있는 공연을 기획하거나 맛있는 다과를 준비해 첫날 찾아준 고객들에게 고마움을 표시하는 것으로 좋은 인상을 남기는 것이 훨씬 바람직할 수도 있다. 또한 첫날이라고 자신이 알고 있는 사람들을 다 불러들여 떠들썩한 분위기를 만드는 것도 지양해야 한다. 특히 동네 카페하면 동네 주민이 호기심에 새로 문을 연 카페에 들어오고 싶어도 그들만의 파티가 벌어진 것 같은 공간으로 쉽게 들어올 수가 없다. 게다가 그 카페는 소란스럽다는 인식을 심어줄 수도 있다.

우리 직원 챙기기

제이와 정희는 인테리어 공사가 끝난 카페를 구경하러 와서는 벽의 마감이 잘되었다느니 화장실이 쾌적하게 꾸며져 좋다느니 등등의 소감을 말해주었다. 대체로 칭찬 일색이라 해준도 기분이 좋아졌다. 그런데 직원 휴게실의 문을 열어본 제이는 어이가 없다는 듯 해준을 돌아보며 물었다.

"이게 다야?"

"어? 이게 다라니?"

해준은 당황해서 되물었다. 25평 남짓한 공간에 직원 휴게실까지 만드는 건 쉬운 결정은 아니었다. 게다가 인테리어 업체 쪽에서는 휴게실을 내는 걸 꺼리기까지 했다. 하지만 해준은 직원이 쉴 만한 공간을 만들어야 한다는 자신의 주장을 꺾지 않았다. 사람이 무슨 로봇도 아닌데 편히 쉴 만한 곳 하나 없이 일하는 게 말이 안 된다는 생각 때문이었다. 그리고 일의 효율 측면에서도 직원 휴게실은 꼭 필요했다. 그 때문에 발 마사지 기계라도 하나 들여놓고 직원들이 피곤하면 언제든 사용할 수 있게 할 요량이었다. 작게나마 2평이라도 직원 휴게실 공간을 뺀 건 꽤 적절한 결정이었고, 그 공간을 보면 친구들도 칭찬해주리라 기대하고 있었다. 그런데 제이는 그녀의 기대와는 전혀 다른 반응을 보이고 있는 것이다.

"카페를 하다 보면 알게 되겠지만 생각보다 보관할 게 많아. 냅킨, 병, 종이컵 등등. 다 한 박스 이상씩은 주문하게 될 텐데 그 많은 물건들은 어디에다 보관할 거야?"

"아!"

"그래서 수납 공간을 여유 있게 짜야 하는 거야. 그런데 홀 안에는 수납 공간이 따로 없잖아. 보나마나 오피스를 창고로 쓰게 될 텐데, 그럼 직원이 잠시나마 앉아 있을 공간이 있겠어? 식사는 또 어디서 하게 할 거야? 마음 편히 밥 먹을 공간 정도는 만들어줘야 하잖아. 그게 바로 오너가 할 일이고."

제이의 말대로였다. 만약 직원 휴게실에 이런저런 물건들을 쟁여놓게 되면 사람이 앉아 쉴 만한 공간이 나오지 않을 것이다.

"미처 생각을 못했어. 인테리어 업체 쪽에서도 이 정도면 됐다고 하고……."

"업체가 그러는 건 이윤을 조금이라도 더 남기기 위해서야. 홀이나 부엌은 평균 공사비가 평당 200만 원 정도 들었지? 그런데 직원 휴게실은 평당 50만 원이면 되잖아. 직원 휴게실엔 따로 인테리어가 필요한 것도 아니고 고급 내장재를 쓰는 것도 아니니까. 당연히 업체 쪽에선 오피스 평수가 클수록 탐탁치 않게 생각하지. 그들의 말을 무조건 따라서는 안 되는 거야."

"그것도 그렇지만 카페 크기가 그렇게 큰 편도 아니잖아. 나라고 직원 휴게실을 좀 더 크게 내고 싶지 않았겠어?"

해준은 어쩐지 억울해져 가볍게 항의했다.

"카페의 승패를 가르는 데 제일 중요한 건 직원이야. 몇 번이나 강조해도 부족하지 않을 정도로 중요해. 스타일, 분위기, 커피, 사이드 메뉴 등등에서 아무리 장점이 많아도 직원이 불친절하면 사람들은 그 카페에 다시 가지 않아. 경희야, 너는 어때? 너도 그렇지 않아?"

"맞아. 편하게 있으려고 가는 건데 사람 때문에 불편하면 잘 안 가게 되지."

경희는 바로 맞장구를 쳐주었다.

"쉴 곳 하나 제대로 마련해두지 않고 직원에게 무조건 친절하기를 바라는 건 말이 되지 않아. 오너는 그 공간을 쾌적하게 만들 책임이 있는 사람이야. 공간이 쾌적하려면 그 공간에서 일하는 사람도 쾌적해야 하는 거고. 홀의 테이블을 하나 줄이더라도 오피스를 좀 더 넓혀야 하는 이유이기도 해. 당장엔 고객을 들일 자리가 좁아지면서 손해를 보는 것 같지만 멀리 내다봤을 땐 매출 향상에 도움이 돼. 카페 오너들이 자주 하는 말이 있어. 매출에 가장 큰 영향을 미치는 건 직원이다. 직원이야말로 고객과 가장 가까운 사람이기 때문이지."

"그걸 모르는 건 아니야. 하지만 조금 전에도 말했듯 그다지 평수도 넓지 않은 카페에서 오피스 공간을 늘리는 건 무리였어."

"그럼 카페 구석구석에 수납공간이라도 잘 마련했어야지."

"물건을 쟁여놓지 않으면 되잖아."

"말처럼 쉬운 게 아니야. 나도 처음 카페를 운영할 땐 그런 실수를 했었거든."

"선배도 실수한 게 있어?"

"나도 사업이라곤 카페가 처음이었는데 그런 실수가 없었겠어?"

"무슨 실수를 했는데?"

"종이컵."

"종이컵?"

"테이크아웃을 하려면 종이컵이 필요하니까. 종이컵 1,000개가 한 박스야. 한 박스를 시키면 종이컵 한 개의 단가가 100원이지. 그런데 3만 개를 구입하면 종이컵 한 개의 단가가 55원밖에 안 돼. 초기 비용이 좀 많이 들더라도 싸게 구입하는 게 좋겠다 싶어 종이컵 3만 개를 덜컥 주문해버렸어. 그러니까 일종의 사재기인 셈이지. 종이컵뿐만이 아니야. 대량 구매 할수록 단가가 낮아지니까 냅킨이나 설탕 등의 물품도 예산보다 더 많이 사게 돼. 그럼 그 물건들을 다 어디 놓겠어? 휴게실이라고 만든 오피스에 보관하게 되지. 하지만 나 같은 경우엔 애초 수납공관을 넉넉하게 만들었기에 그나마 보관에 큰 어려움을 겪지는 않았어. 대신 3만 개나 되는 종이컵을 몇 년간 쌓아뒀어야 했지. 3만 개의 압박 때문에 마음고생도 꽤 했고."

"선배도 참. 3만 개라니."

해준은 웃음을 참지 못하고 킬킬거렸다. 3만 개라니. 테이크아웃 커피를 하루 20잔씩 판다 해도 3만 개를 다 쓰려면 4년은 걸린다. 하지만 이해가 안 되는 건 아니었다. 그녀도 대형 마트에서 장을 보다 보면 늘 필요한 개수 이상으로 사곤 했으니까. 언젠가는 사용할 거라는 생각에 이왕이면 단가가 싸게 먹히는 다량 구매를 선호하는 편이었다.

"웃을 일이 아니야. 물품을 살 때 누구나 다 빠지기 쉬운 함정이라고."

"알았어. 나는 그런 실수는 하지 않도록 조심할게."

"당연하지. 물품을 보관할 마땅한 장소가 있는 것도 아니잖아."

"그나저나 선배 말을 듣고 보니 오피스가 너무 좁은 것 같아 마음에 걸리네. 좀 더 넓게 만들걸."

뒤늦게 후회해봤자 소용없는 일이었다. 하지만 해준은 직원들의 편의에 대한 생각이 많이 짧았다는 것에 대해 자책하지 않을 수 없었다.

"이번 경험을 거울 삼아 다음에 잘하면 되지."

경희가 말했다.

"다음에?"

"카페가 잘되면 2호점, 3호점도 낼 수 있잖아. 그리고 그때쯤이면 나도 같이 할 수 있지 않을까?"

"카페 창업에 대한 미련을 아직 못 버리고 있었구나."

해준은 경희가 틈만 나면 창업을 입에 올리는 게 어쩐지 우스워 빙긋 웃으며 말했다.

"하루에도 마음이 몇 번씩 변한다. 그래도 직장이지. 아니야, 창업 하자. 창업하면 뭐가 좋을까? 카페는 적성에 맞지 않았지? 그래도 내가 할 만한 게 카페밖에 없는걸 등. 하도 갈등이 심해서 어쩔 땐 앞뒤 가리지 않고 창업하지 싶기도 하다. 그래야 뫼비우스의 띠처럼 빙빙 도는 이 고민에서 벗어날 수 있을 것 같아서."

경희의 말에 제이도 결국 웃음을 참지 못했다.

"다들 비웃는 거야?"

"비웃는 게 아니라 사람 마음이 다 거기서 거기구나 싶어 그런다. 나도 하루에 몇 번씩이나 고민하거든. 내가 과연 잘하고 있나? 특히 오늘처럼 생각지도 못한 휴게실 문제가 터졌을 땐 더더욱."

해준이 말했다.

"휴게실 문제는 어차피 벌어진 일이잖아. 오피스가 좁은 대신 직원들이 편하게 일할 수 있도록 다른 편의를 줄 수 있도록 노력해야지."

제이는 앞으로 잘하면 되지 않겠느냐며 위로했지만 해준은 여전히 마음이 편치는 않았다.

창업 노트 36

직원에겐 쉴 곳이 필요하다

인테리어 공사를 할 때, 커피 바, 주방, 좌석 공사에 치중하므로 재고를 적재하는 공간과 직원이 쉴 수 있는 공간을 간과하게 된다. 카페의 특성상 직원들은 하루 종일 선 채로 노동한다. 직원의 건강을 염두에 두는 것도 오너가 할 일이다. 되도록이면 직원들이 편히 쉴 수 있는 공간을 확보하고, 그곳에서 편안하게 식사를 할 수 있도록 배려하자. 하루 종일 서서 일하는 우리 직원들, 피로가 쌓일수록 서비스의 질도 낮아진다. 마음으로는 즐겁게 서비스를 하고 싶어도 몸이 따라주지 않으니 자연스레 짜증이 날 수밖에 없다. 고객 서비스를 직접적으로 하는 것은 직원이지만 직원의 서비스를 유도하는 것은 오너의 배려심이다. 좁아도 1~2평 정도의 공간만 확보가 된다면 간단한 사무를 보거나 유니폼을 갈아입을 수 있으며 식사 및 휴식도 가능하니 되도록 이 공간은 확보하자.

직원 선발,
어떻게 하는 게 좋을까

해준은 벌써 1시간째 제이의 카페에 혼자 앉아 있었다. 뭐가 그렇게 바쁜지 제이는 주방에서 나올 생각도 않고 있었지만 해준의 입장에서는 그런 상황이 오히려 고맙기만 했다. 오늘 제이의 카페를 찾은 건 제이를 만나기 위해서라기보다 직원들을 보기 위해서였다.

'선배 카페가 편안한 이유를 알겠네.'

옆 테이블의 손님이 무례하게 반말을 사용하는데도 20대 초반의 직원은 얼굴 하나 찌푸리지 않고 방실방실 웃는 얼굴로 주문을 받았다. 손님의 무례함을 참아낸다는 태도보다는 웬만한 일은 편안하게 넘길 수 있는 성숙한 태도가 느껴졌다.

다른 두 명의 직원들도 다르지 않았다. 다들 용모와 복장이 단정한 것은 기본이었고 향수도 쓰지 않았다. 표정은 밝았고 동작은 민첩했다.

"뭘 그렇게 살피는 거야?"

해준은 도둑질하다 들킨 사람마냥 깜짝 놀라서는 테이블 옆에 서 있는 제이를 올려다봤다.

"아, 선배."

"그저께 본 걸로는 부족해서 또 보고 싶어 왔나?"

제이는 해준의 맞은편에 앉으며 천연덕스레 말했다.

"바쁘지 않아? 여기에 앉아 있어도 괜찮아?"

"괜찮아. 주방에서 일하는 직원이 개인 사정이 있어 조금 늦게 왔거든. 그 때문에 바빴는데, 지금 왔어."

"아, 그랬구나."

"그건 그렇고, 뭘 묻고 싶어 찾아온 거야?"

제이가 눈치 빠르게 물었다.

"아, 선배도 알다시피 이제 곧 우리 카페에서도 직원을 채용해야 하잖아. 그런데 어떤 사람을 구해야 할지 조언을 구하고 싶어서. 직원이야말로 고객의 가장 가까이에서 서비스를 하는 사람이잖아. 직원이 친절한지 아닌지에 따라 그 카페의 호감도가 좌우되기도 하고. 내가 아는 사람은 직원이 카페를 먹여 살린다는 표현까지 하더라고. 모든 게 다 좋은 카페라도 직원이 불친절하면 그 카페는 잘되려야 잘될 수가 없으니까. 직원이 어떤 사람이냐에 따라 카페의 매출에도 큰 영향을 미친다는 말인데……. 정말 중요한 문제라서 경험자인 선배에게 조언을 구한 뒤 채용하려고."

"정확하게 알고 싶은 게 뭐야?"

"직원을 구하는 기준과 몇 명을 채용해야 좋은지 알고 싶어."

"필요한 직원의 수부터 말하자면, 카페의 규모나 일의 많고 적음에 따라 다르겠지만 20% 정도 일손이 부족하다 싶게 구하면 돼."

"그럼 직원들이 일이 너무 많아지지 않나?"

"그래서 20% 정도 부족하게 말한 거야. 일이 너무 많은데 직원 수를 줄이면 그건 노동 착취지. 하지만 일이 너무 없어도 문제는 생겨."

"일이 편한데 왜 문제가 돼?"

"어느 정도 바쁘게 일해야 성취감을 느끼는 게 사람이니까. 그리고 일이 없어 쉬는 시간이 많아지면 오너가 눈치를 주지 않아도 직원이 자꾸만 눈치를 보게 되어 있어."

"그래?"

"월급을 받을 때에도 왠지 미안하게 여기고."

"그렇구나. 만약 나라면 그냥 좋기만 할 것 같은데."

"경험해봐. 정말 그런가."

"하기야 직장 다닐 때를 생각하면 이해 못 할 것도 없네. 일이 너무 없는 날엔 괜히 상사 눈치를 보게 되더라고. 그럼 직원을 구할 땐 어떤 점을 기준으로 삼는 게 좋아?"

"직원을 구할 때 봐야 하는 기준은 많지."

"그 중에서도 가장 중요한 것을 꼽으라고 한다면?"

"성실!"

"성실……. 아무래도 그렇지? 근데 요즘은 단정하고 호감 가는 외모가 중요하지 않을까 싶기도 하더라고. 서비스 직종이잖아. 아무래도 외모가 많이 어필하지 않을까 싶어서."

"단정한 외모도 중요하지. 하지만 성실하게 오랫동안 근무할 수 있는 사람을 직원으로 구하는 게 가장 좋아. 직원이 자주 바뀌는 카페는 안정감을 가지기 힘들거든."

"하긴 나도 단골 카페를 찾았던 건 익숙한 사람이 늘 반겨주었기 때문이었어. 직원과 가볍게 인사를 주고받을 정도로 안면이 있는 카페는 남의 집에 찾아가는 느낌이 아니라 우리 집 거실에 들어가는 느낌을 받거든."

"그래서 '직원'을 구하는 거야."

해준은 제이의 말을 이해할 수가 없었다. 지금까지 계속 직원 채용을 주제로 대화를 나누고 있었는데 새삼 '그래서 직원을 구하는 거야'라니.

"무슨 소리야?"

해준이 고개를 갸웃거리며 묻자 제이는 의미심장하게 웃었다.

직원 채용 시 주의 사항

일을 할 때 20% 정도 일손이 부족해 직원들이 조금 바쁘다고 느끼는 정도가 가장 적절한 인원 구성이다. 어느 정도 바쁘게 일해야 성취감을 가질 수도 있다.

직원 선발 기준은

- 되도록이면 오랫동안 근무할 수 있는 사람이어야 한다. 직원이 자주 바뀌는 카페는 안정감을 가지기 힘들다.
- 인상이 밝고 좋은 사람일수록 좋다. 종업원의 인상이 좋지 않거나 표정이 어두우면 서비스를 받는 고객까지 불안해진다.
- 직원의 건강 상태, 가족 관계를 사전에 파악하는 것이 필요하다. 복잡한 가족 관계로 고민이 많은 사람은 일에 전념하기 힘들다.
- 민첩하면서도 성실한 사람이어야 한다. 고객이 필요로 할 때 바로 서비스를 할 수 있는 민첩함이 필요하다.
- 카페 경험이 없는 사람보다는 한 번이라도 경험이 있는 사람이 유리하다.
- 카페 종업원인 것에 부끄러워하지 않는 사람이 좋다. 목적의식이 뚜렷하고 자기 일에 자부심을 가지고 있는 사람일수록 밝은 얼굴로 일한다.

직원 면접 시 꼭 질문해야 하는 것

직원 채용 시 오너의 입장에서는 그 직원이 어떤 사람인지를 판단하는 게 중요하다. 따라서 인성이나 성격 및 적성을 알 수 있을 만한 질문을 통해 그 직원이 어떤 유형의 사람인지를 판단해야 한다.

- 카페에서 일한 경력이 얼마나 되나?
- 집에서 오는 데 얼마나 시간이 걸리나?
- 전 직장에서는 왜 그만두었나? 건강 때문이라면 지금은 건강에 문제가 없나?
- 오늘 면접을 보기 위해 준비한 것은 무엇인가?
- 우리 카페를 보고 느낀 점은 무엇인가? 좋은 점과 나쁜 점은 무엇인가?
- 왜 여기서 일하려고 하나?
- 본인이 생각하는 자신은 어떤 사람인가?
- 가족의 구성원은 어떻고 성장 과정은 어떠했나?
- 미래의 꿈은 무엇인가? 또한 그 꿈을 위해 어떤 준비를 하고 있나?
- 우리 카페에서 일한다면 본인이 어떠한 부분에서 도움이 될 수 있다고 생각하나?
- 사람 만나는 것을 좋아하나?

직원 채용 시 꼭 해두어야 하는 일

주민등록등본 받아두기

직원의 신원 조회가 필요할 경우를 대비해 요청해두는 것이 좋다. 또한 직원의 가족 관계를 파악할 수도 있다. 가족 관계를 파악하는 이유는 복잡한 사생활로 일에 영향을 미칠 수 있는지를 알아보기 위해서다.

건강진단서 받기

요식업 종사자(아르바이트 포함)는 건강진단서를 반드시 받아두어야 한다. 건강진단서는 전염병 유무를 확인하는 것이기에 반드시 보유해야 한다. 만약 직원 중 한 명이라도 건강진단서가 없으면 적발 시 사업주는 벌금을 물게 되어 있다.

건강진단결과서는 근처 보건소에서 발급 가능하며 유효기간은 1년이다.

근로계약서 작성하기

2012년 개정된 법에 따라 고용주는 근로계약서를 의무적으로 작성, 반드시 근로자에게 교부해야 한다. 근로계약은 근로기준법 제17조에 따라 근로자가 사용자의 지휘, 감독에 따른 노무를 제공하고 그에 합당한 임금을 사용자가 지급하는 것을 주된 내용으로 하는 계약이다. 근로계약서에는 임금과 근로 시간, 법정 휴일, 휴가, 계약 기간 등을 정확하게 써넣어야 한다.

직원 면접은 1시간 이상을 투자해도 과하지 않다

카페의 직원을 뽑는다는 건 공동의 목적을 가지고 함께 일할 사람을 채용한다는 의미이다. 짧은 면접 시간만으로 신뢰를 기본으로 서로 믿고 의지할 사람을 찾아낸다는 건 무리다. 시간이 좀 들더라도 우리 카페의 직원을 채용하는 일이니 만큼 면접에 좀 더 신중을 기하자.

근로계약서 샘플

근 로 계 약 서

○○○○(주) 대표이사 ○○○(이하 "갑"이라 한다)과 근로자 ○○○(이하 "을"이라 한다)은(는) 연봉에 대하여 다음과 같이 근로계약을 체결한다.

1. 근로자 인적 사항
- 이름: ○○○　　(주민등록번호) :
- 주소:

2. 임금
- 기본급:　　　　원
- 상기의 금액에서 각종 법정 수당(월차, 연차, 시간 외 근로, 휴일 근로)과 회사 자체의 각종 수당은 별도로 근로기준법(또는 취업규칙)에서 정하는 바에 따른다.
- 상여금: 기본급 기준 500%, 단 지급 시기는 구정, 5월 급여, 여름 휴가일, 추석, 연말에 각각 100%씩 지급한다.

3. 근로 시간: ○○시간

4. 업무 내용 및 장소
- 직책:
- 업무 내용 및 장소:
- 단, 업무 내용 및 장소는 회사의 경영상의 사정에 따라 변경될 수 있음

5. 복무 규율 등
- 상기 근로자 ○○○는 회사의 취업 규칙에 따른 일체의 복무 규율에 따라 성실히 근무할 것을 확인한다.
- 상기 근로자 ○○○는 불가피하게 사직하는 경우, 사직을 원하는 날의 30일 이전에 사직서를 제출하여 회사가 정하는 업무 인수인계에 협조한다.

6. 근로계약 기간
본 근로계약은 체결일로부터 1년을 초과할 수 없으며, 특별한 사정이 없는 경우 갱신되는 것으로 한다.

7. 취업규칙의 준수 등
상기와 같은 근로 조건에 따라 '갑'과 '을'은 성실한 근로 관계가 형성되도록 노력하며 본 계약서에서 누락된 사항은 '갑'이 정한 취업규칙에 따라 적용됨을 확인합니다.

년　월　일
갑: ○○○○(주) 대표이사 ○○○　(인)
을:　　　　　　　　　　(인)

아르바이트 근로계약서 샘플

근 로 계 약 서

○○○(이하 "갑"이라 함)과 ○○○(이하 "을"이라 함)은 다음과 같이 근로계약을 체결한다.

1. 근로계약 기간: 년   월   일부터   년   월   일까지
2. 근무 장소:
3. 업무의 내용(직종):
4. 근로 시간: ○시 ○분부터 ○시 ○분까지 (휴식 시간: ○○시 ○○분 ~ ○○시 ○○분)
5. 근무일 · 휴일: 매주 ○일(또는 매일 단위) 근무, 휴일 매주 ○요일
6. 임금

 - 시간(일, 월)급: 원 (해당 사항에 ○표)
 - 기타 급여(제수당 등): 없음( )
          있음: 원(내역별 기재)
 - 가산 임금률(연장, 야간, 휴일 근로 등):   %(내역별 기재)
 - 임금 지급일: 매월(매주 또는 매일)   일(공휴일의 경우는 전일)
 - 지급 방법: 을에게 직접 지급 또는 예금통장에 입금

7. 기타

 - 이 계약에 정함이 없는 사항은 근로기준법에 의함

       년   월   일

                    (갑) 사업체명: (주)○○○○ 주소:
                                전화:
                                대 표 자: (서명)
              (을) 주소: 주민등록번호:
                                전화:
                                성명: (서명)

아르바이트보다는 직원

"그래서 직원을 구한다는 게 무슨 뜻이냐니까?"

해준이 다시 물었다.

"어려운 말 아니야. 아르바이트보다는 직원을 구하는 게 좋다는 뜻이야."

"아르바이트가 직원이잖아."

"개념이 좀 달라. 아르바이트는 시급제로 일하는 사람이지. 직원은 월급을 받고 일하는 사람이고."

"어쨌든 카페에서 일하면서 돈을 받는 건 같지 않나?"

"아르바이트는 시급제잖아. 그러니까 일하는 사람도 카페를 직장으로 생각하기보다 잠깐 일하고 그만두어도 되는 곳으로 여기기 십상이지. 그건 오너 입장에서도 마찬가지야. 시간급을 기준으로 채용한 아르바이트가 자기 카페에서 오랫동안 일할 수 있을 거라는 확신을 가질 수가 없잖아. 하지만 직원에게 카페는 말 그대로 직장이야. 잠시 일하다 떠날 가능성이 있는 사람과 카페를 직장으로 생각하고 일하는 사람의 마인드는 다를 수밖에 없어."

"그럼 오너가 애당초 일하는 사람을 구할 때 아르바이트보다 직원을 구하면 되는 거잖아. 그건 일하는 사람들이 선택하는 것이 아니라 오너의 선택 아닌가?"

"그렇지. 하지만 직원을 채용하지 않고 아르바이트를 쓰는 카페도 많지."

"아르바이트보다 직원이 유리하다면서. 그런데 왜?"

"비용 절감 때문이지. 직원의 월급을 시급으로 따지면 아르바이트를 쓸 때 지불하는 비용보다 20%에서 30% 정도 더 많이 나가거든. 그러니까 비용을 조금이라도 아끼려는 생각에 아르바이트를 쓰는 거야."

"아!"

"그런데 멀리 내다봤을 땐 비용이 좀 더 들더라도 직원을 구하는 게 맞아. 사람들이 작은 카페를 가는 이유는 편하기 때문이잖아. 그런데 갈 때마다 일하는 사람이 바뀌어 있으면 편하겠어? 그리고 직원은 카페의 얼굴이야. 매출과 직결되는 가장 중요한 위치에 있는 사람이지. 카페의 얼굴이 시급제 아르바이트인 것보다는 계속해서 함께 일할 수 있는 직원인 게 훨씬 유리하지 않겠어?"

"그래, 그렇겠네."

해준은 제이의 말에 바로 동의하곤 뒤이어 물었다.

"그럼 아르바이트는 근로계약서를 작성하지 않아도 되는 거야?"

"아르바이트도 근로 계약서를 반드시 작성해야 해. 시간급을 기준으로 한 근로 형태로서 근로자가 아닌 건 아니니까. 아르바이트라고 근로계약서를 작성하지 않으면 사업자가 과태료 처분을 받을 수가 있어."

"그렇구나. 참, 궁금한 게 하나 있는데."

"뭔데?"

"내가 카페 창업을 준비하고 있는 것을 아는 단골 카페 주인들이 하나같이 직원 구하기가 어렵다고 말하더라고. 직원을 구하는 게 정말 어려워? 선배도 그랬어?"

"그것도 시간제 아르바이트를 구하려니까 어려운 거야."

"어? 그래? 이해가 잘 안 되는데. 직원보다는 아르바이트를 구하는 게 더 쉽지 않나? 시간제니까 일하는 사람 입장에서도 부담 없을 것 같은데."

"바로 그 시간제가 문제인 거지. 예를 들어, 오너는 금요일에서 일요일까지 저녁 5시에서 밤 11시까지 근무해줄 사람을 원해. 고객이 많지 않은 낮 시간이나 주중엔 아르바이트를 쓰고 싶지 않은 거지. 시급이 들어가니까. 최대한 비용을 줄이기 위해 고객이 많은 시간만 일해줄 사람만 필요로 하는 거야. 그런데 일하는 사람 입장에서는 그 시간에 일을 하면 다른 일을 하기가 애매하잖아. 월급은 월급대로 적고. 물론 낮에 학교를 다니거나 그 외의 다른 일을 하거나 해서 되도록 자기 시간을 가지고 싶은 사람 입장에서는 시간제 아르바이트가 오히려 도움이 되겠지만 진짜 일을 찾는 사람은 그런 아르바이트를 하지 않지. 그러니까 시간제 아르바이트는 공급이 다양하지 않아. 그리고 그렇게 짧은 시간만 일하는 사람들이 그 카페에 대한 책임감을 가질 수가 있겠어? 빈번하게 그만두고, 다시 일할 사람을 구해야 하고. 그런 과정을 여러 번 겪다 보면 카페 직원을 구하는 게 만만한 일이 아니라는 말이 절로 나오는 거지. 그래서 아르바이트보다는 직원이라고 하는 거야."

"결국 직원을 구하기 쉽다거나 어렵다거나 하는 것도 오너의 마인드에 따라 차이가 나는 거구나."

"그렇지. 직원을 대하는 오너의 자세가 중요해. 좋은 직원이 절로 들어오는 건 아니야. 그럴 만한 인덕이 있어야 해. 그래서 직원을 뽑는 것도 중요하지만 직원을 대하는 방식도 중요하지. 아니, 어떤 면에서는 카페 운영을 통틀어 가장 중요하다고도 할 수 있지. 카페는 사람이 오는 곳이니까. 그리고 사람의 서비스를 받는 곳이니까."

"선배는 직원 관리를 어떻게 해? 노하우가 있으면 가르쳐줘."

"그 전에 하나 물어보자."

"뭐?"

"직원은 어떻게 구할 생각이야?"

"일단 매장 앞에 구인 포스터를 붙여둘 거야. 그리고 아르바이트 사이트에 모집 광고도 낼 거고. 뭐, 또 다른 방법이 있어?"

"커피 학원을 다니고 있잖아."

"응. 그게 왜?"

"그럼 커피 학원 원장에게 소개받는 방법도 있지. 아무래도 학원에 드나드는 사람들이면 그런 일자리에 관심이 많을 테니까."

"아! 맞다. 그 생각을 왜 못했지?"

해준은 가볍게 자신의 머리를 콩 쥐어박으며 말했다.

직원 구하기

직원 구하는 방법
- 매장 앞에 구인 포스터를 붙여둔다.
- 아르바이트 사이트나 구직·구인 사이트를 이용한다.
- 커뮤니티에서 알고 지내던 사람을 모집한다.
- 커피 관련 학원 원장으로부터 추천받는다.

직원이 아르바이트보다 좋은 점
- 직원이 자주 바뀌지 않아 안정적인 분위기를 만들 수 있다. 또한 직원이 바뀔 때마다 발생하는 스트레스와 비용을 줄일 수도 있다.
- 숙련된 서비스와 기술을 갖고 있다. 물론 쉽게 배울 수 있는 있지만 여기에도 전문가는 있다. 안정적이고 숙련된 서비스를 고객에게 제공할 수 있다.
- 팀워크를 향상시킬 수 있다. 팀워크가 갖춰지면 연구 개발에 이들의 지원을 받을 수 있다. 혼자서 할 수 있는 건 없다. 이들의 아이디어와 열정으로 좋은 카페를 만드는 것이다.
- 직원의 참여를 유도해 구체적인 목표를 설정하고 매장을 효율적으로 운영할 수 있다.
- 카페 외부에 쓸 수 있는 가용 시간이 늘어난다. 매니저급으로 생각하는 직원이 있어서 가게를 잘 꾸려나가면 외부에 나가 경쟁 업체를 탐방하고 공부하는 시

간을 벌 수 있다.

믿을 수 있는 매니저 겸 점장을 구하라

만약 규모가 조금 커서 매니저가 필요하다면 카페 매니저는 1년 이상의 유경험자로 바리스타 자격증을 지닌 사람을 채용한다. 리더십이 있으면서도 업무를 효율적으로 분담할 수 있는 사람이라면 더할 나위 없이 좋을 것이다.

직원은 트레이닝을 시키는 과정이 필요하지만 아르바이트라면 초보자도 가능하다. 또한 직원은 언제든 그만둘 수 있으니 그에 대한 대비책을 항상 마련해두는 것도 지혜로운 매장 관리 방법이다.

능력 있는 오너는 직원의 능력을 적재적소에 활용할 수 있는 사람이다

사람들마다 가진 능력은 다르다. 어떤 사람은 가지고 있는 능력이 10이고, 어떤 사람은 5일 수도 있다. 능력이 10이라고 해도 자신의 능력을 알지 못하면 5를 가지고 있는 사람만 못하고, 능력이 5라고 해도 자신의 능력을 정확하게 파악하고 발휘할 줄 아는 사람은 10을 가지고 있는 사람보다 뛰어날 수도 있다. 오너는 직원의 능력이 5에 불과하다고 불만을 갖기보다는 그가 가진 능력을 정확하게 파악하고 적재적소에 활용해 10을 이끌어낼 수 있는 방법을 모색해야 한다.

내 직원은
내가 믿어주자

"직원 관리를 이렇게 하냐고?"

제이는 해준이 질문한 걸 되물었다.

"응."

"관리한다고 생각하기 이전에 먼저 믿어. 사람은 누구나 자신을 믿어주는 만큼 능력을 발휘하게 되어 있어."

해준은 의외의 대답을 듣고는 살짝 놀랐다.

"선배는 사업가 기질이 다분해서 직원 관리도 엄격하게 할 줄 알았는데."

해준은 작은 목소리로 중얼거렸다.

"업무에 대해서는 어느 정도 엄해야 돼. 네가 말한 대로 사업을 하는 거니까. 하지만 그 전에 신뢰가 바탕이 되어야지. 내가 먼저 직원을 신뢰해야 직원도 나를 신뢰하지 않겠어?"

"그건 그렇지."

"서로를 소중하게 생각하며 믿어줘야 해. 카페라는 작은 공간 안에서 매일같이 얼굴을 맞대고 함께 일하는 사람인데, 내가 믿어주지 않으면 누가 믿어주겠어? 직원에게 동료들을 가족처럼 대하라고 요구하기 전에 오너가 먼저 직원을 가족처럼 대하는 게 순서이기도 하고."

"그래서 선배네 카페의 직원들이 얼굴이 밝았구나. 여길 오면 직원들이 하나같이 밝고 편안한 표정이라 괜히 나도 기분이 좋아지곤 했거든."

"이것 하나만 명심하면 돼. 유능한 직원은 오너가 만드는 거야. 만약 직원이 유능하지 않다면 그건 오너의 잘못이기도 해."

"그럼 선배는 직원들을 별다르게 관리하지는 않는 편이야? 다들 알아서 잘하니까?"

"다들 알아서 잘하기까지의 과정이라는 게 있잖아. 우리 카페에도 직원 매뉴얼이라는 게 있어."

"매뉴얼?"

"점포가 클수록 매뉴얼은 기본이지. 오너와 직원의 관계 설정을 확실하게 해두는 것이 필요하니까. 하지만 규모가 작다고 해도 직원 매뉴얼 정도는 가지고 있는 게 좋아. 매뉴얼은 직원에게만 필요한 게 아니라 오너에게도 필요하니까."

"오너에게도?"

"부모님이나 선생님에게 야단을 맞았는데 억울한 때가 있지 않았어?"

"응. 대부분 그런 경험을 하나둘씩 가지고 있지 않나?"

"내가 잘못한 일로 야단을 맞은 것은 억울하지 않아. 하지만 그들이 감정적으로 나를 대했다고 생각하니 억울한 거겠지."

"맞아."

"그런데 그건 오너도 마찬가지야. 원칙이 없는 오너는 쓸데없이 감정적으로 직원을 대하거든. 자기 기분에 따라 기준을 달리하거나 한 직원만을 편애하거나 같은 실수를 두고도 관대했다가 잔혹하게 굴었다가. 그런 사람이 오너라면 직원이 믿고 일할 수 있겠어?"

"당연히 싫지. 직장 생활 할 때도 그런 사람들을 얼마나 싫어했는데."

"그래서야. 오너도 오너만의 매뉴얼이 필요한 이유지."

제이는 그렇게 말하며 직원 관리를 위한 자신만의 매뉴얼을 해준에게 보여주었다.

바람직한 오너의 자세

오너와 직원이 서로 신뢰를 주고받는 사이일수록 카페의 분위기가 편안해지는 만큼 평소에는 직원을 편하게 대해 직원들이 스트레스받지 않고 일할 수 있는 분위기를 조성한다. 하지만 오너와 직원의 친밀도와 상관없이 서로의 관계 설정은 명확히 해두는 것이 좋다. 오너와 직원은 어찌 되었든 공적인 업무로 형성된 관계이니만큼 일에 대한 판단이나 처리를 엄정하게 하기 위해서다.

- 오너부터 자신의 카페에 대한 자부심을 가진다.
- 관리의 기본은 진정성이다. 내 직원은 내가 신뢰하고 직원에게 믿음을 주기 위해 노력한다.
- 카페 일에 대한 책임감과 자부심을 가질 수 있도록 이끌어준다.
- 직원이 기본 업무를 숙지한 후에는 자율적으로 일할 수 있도록 유도한다.
- 능력이 좀 부족해도 성실한 직원이라면 지켜봐주는 넉넉한 마음을 가진다.
- 근무 기준과 업무 분담을 명확하게 해주어야 한다.
- 실수는 용서하되 반드시 주의를 주고 재발하지 않도록 신경 쓴다.
- 자신의 감정 변화에 따라 직원을 대하지 않는다.
- 직원의 경조사를 챙겨준다.
- 포상 제도를 도입해 업무 효율을 높이도록 유도한다.
- 칭찬을 아끼지 않는다.
- 적당한 주기의 회식으로 서로의 관계를 돈독하게 쌓는다.

- 문제가 발생했을 때 무조건 해고하기보다는 만회할 기회를 제공한다. 카페의 분위기를 해치는 직원에게는 주의 조치를 취하고, 그래도 변하지 않으면 해고를 결정하는 것이 좋다.
- 해고를 꼭 해야만 한다면 다른 직원들이 오해하지 않도록 해고 사유를 공개적으로 설명해준다.

카페 오너가 알아야 할 직원 관리 원칙

"직원용 매뉴얼은 없어?"

해준은 오너의 매뉴얼을 다 읽은 뒤 물었다.

"직원이 지켜야 할 일은 비교적 간단한 편이지."

"주로 어떤 거?"

"일단 출퇴근 시간을 지키는 것."

"그것밖에 없어?"

"일에 성실히 임하는 것. 전체 분위기를 흩트리지 않는 것. 언제나 밝은 표정으로 고객을 대하는 것."

"오너의 매뉴얼보다는 간단하구나."

"어떤 면에서 보자면 당연한 거야. 오너는 관리자잖아. 관리자가 제대로 된 관리를 해야 직원도 제대로 근무할 수 있는 거니까."

"그럼 직원이 지켜야 할 것 중에서 가장 중요한 걸 꼽으라면 뭐가 있을까?"

"당연히 고객을 대하는 자세지. 고객은 자기중심적인 존재야. 고객은 카페의 상황이나 직원의 상태 등을 고려하지 않아. 돈을 지불하고 그에 합당한 서비스를 받기 위해 카페를 찾는 거니까. 직원은 그런 고객의 마인드를 정확하게 이해하고 서비스를 해야 해. 만약 직원이 그런 마인드를 이해하지 못하면 고객의 요구에 부응하는 서비스를 해낼 수 없을 거야. 서비스를 제대로 받지 못했다고 여긴 순간 고객은 불쾌함을 느낄 거고. 그럼 다시는 그 카페를 찾는 일은 없겠지. 그래서 직원 교육을 할 땐 '고객이 항상 옳다'고 주지시켜야 해."

"정말 항상 옳아?"

"하하하. 사람이 옳은 게 아니라 서비스업답게 고객이 지불하는 돈에 상응하는 서비스를 할 수 있어야 한다는 말이야."

"그런데 만약 어떤 고객이 직원에게 몹시 무례하게 군다면?"

"그럼 내 직원을 지켜줘야지. 그런 고객이 있으면 다른 고객에게도 민폐니까. 오해를 하는 모양인데, 고객은 무조건 옳으니까 무조건 좋은 서비스를 하라는 뜻이 아니야. 세상에 무조건이라는 게 어디 있어? 항상 예외라는 게 있잖아. 상황에 따라 달라지는 문제에 대해 적절하게 대응할 줄 아는 것도 오너의 역할이야."

"결국 그것도 오너의 책임이구나."

"그래서 오너인 거야. 오너가 왜 오너겠어?"

해준은 제이의 말에 고개를 끄덕였다. 오너라는 단어에는 그만큼 무거운 책임감이 포함되어 있는 것이다. 그건 자기 사업을 한다고 해서 무조건 자유롭게 살 수 없는 이유이기도 했다.

직원 관리 지침

카페의 직원은 직접적으로 고객과 접촉하면서 기본적인 의사소통을 하게 된다. 그 때문에 직원은 고객의 호감을 이끌어내는 최전선에 서 있다고 할 수도 있다. 이처럼 중요한 위치에 있는 사람이 직원이기에 우리 카페의 분위기에서 벗어나지 않는 최소한의 지침서는 처음부터 만들어두는 것이 좋다. 이는 오너가 감정적으로 직원을 대하지 않도록 하는 객관적인 기준이 되기도 한다.

출근 시간 정확히 지키기
정확한 시간관념은 모든 약속의 기본이다. 지각도 일종의 습관이기에 한 번 늦기 시작하면 계속 늦는 일이 발생할 수도 있다. 적어도 우리 카페에서는 출근 시간 만큼은 정확하게 가져야 한다는 것을 충분히 납득시킨다.

용모와 복장 단정히 하기
카페는 요식업체다. 음식을 다루는 장소에서 직원의 용모와 복장이 깨끗하거나 단정하지 않다면 카페 전체의 이미지까지 같이 훼손되기 마련이다. 서비스업에서 일반적으로 단정하지 못한 옷차림은 청바지, 박스 티셔츠, 노출이 극심한 옷 등을 말한다. 또한, 얼룩이 묻어 있거나 세탁한 지 오래된 옷은 불쾌감을 유발하기도 한다. 이러한 요소를 애당초 제거하기 위해서는 직원들에게 단정하면서도 멋스러운 유니폼을 제공하는 것도 한 방법이다. 유니폼은 단정한 옷차림뿐 아니라 카페의 개성을 살릴 수 있는 아이템이기도 하다.

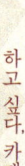

짙은 화장, 향수, 매니큐어 자제하기

짙은 화장이나 향수는 고객의 불쾌감을 줄 수도 있다. 또한 직원이 주문한 음식을 서빙할 때 고객의 시선이 자연스럽게 머무는 곳은 직원의 손일 수밖에 없다. 과한 화장, 향수, 매니큐어를 자제해 고객에게 정갈한 이미지를 주도록 한다.

주문을 받을 땐 다시 확인하기

아무리 좋은 음식이라도 고객이 원하지 않는 것이라면 아무 의미가 없다. 고객이 주문한 것을 정확하게 가져다주기 위해 주문 음식을 반복해 말함으로써 확인하는 과정을 거친다.

언제나 밝고 부드러운 표정으로 대하기

어둡거나 딱딱한 표정은 기껏 좋은 시간을 가지기 위해 찾아온 고객의 감정까지도 상하게 한다. 감정은 생각보다 전염성이 강하다. 서비스를 받으러 온 고객이 되레 기분만 나빠져 우리 카페를 나간다면 다시는 찾아오지 않을 것이다. 또한 좋은 소문보다는 나쁜 소문이 빠르게 퍼지는 법이다. 고객이 언제 어느 때 찾아와도 기분 좋아지는 카페를 만들고 싶다면 직원의 밝고 편안한 서비스를 우선적으로 유도해야 한다.

직원의 동기부여는 업무의 효율을 높인다

부모님이나 선생님이 열심히 공부해야 한다고 아무리 잔소리를 해도 책상 앞에 앉는 게 그리 쉽지는 않다. 오히려 누군가의 잔소리에 그나마 가지고 있는 의욕까지 사라져버린다. 하지만 공부를 해야만 하는 이유, 목표가 생기면 굳이 누가 말하지 않아도 스스로 하게 되어 있는 법이다. 자발적으로 행하는 일은 강요에 의해 하는 일보다 훨씬 더 효율적인 결과를 낳는다. 직원에게도 동기부여가 중요하다. 커피에 대한 애착이 있는 직원이라면 커피에 대한 교육 및 자격증 취득 등의 기회를 제공해주는 것만으로 동기부여가 될 것이다.

카페 성공의 기본은
고객 관리

"고객 마케팅은 고객을 이해하는 것에서 비롯된다고 볼 수 있어."

제이는 고객 관리는 어떻게 하고 있느냐는 해준의 질문에 이 같은 말로 입을 열었다.

"누군가를 관리한다는 생각을 하기 이전에 먼저 내 직원을 내가 믿어주는 진심이 가장 좋은 직원 관리인 것처럼 고객 마케팅에서도 고객 한 명 한 명을 돈으로 보고 관리하는 것이 아니라 그들의 니즈를 파악하려는 진심이 가장 좋은 고객 마케팅이라고 할 수 있어. 고객 마케팅 이론이 중요한 게 아니라 고객에 대한 마음 자세가 중요한 거지. 그러니까 내 카페를 찾아오는 고객이 편안하고 즐거운 시간을 보내었으면 좋겠다는 마음이 먼저인 거야. 그 마음을 먼저 세운 다음 체계적인 관리를 하는 것이 마땅한 거고."

"선배 말을 정리하면 이렇게 되나? 결국 가장 좋은 고객 관리는 고객의 마음을 사로잡는 것이다."

"맞아. 사람들은 바보가 아니거든. 자신을 돈으로 보는지 사람으로 보는지 정도는 다 알아차려. 상대의 호의가 진심인지 아닌지, 진짜 배려인지 계산속인지. 진심이 없는 접근은 궁극적으로 고객의 니즈를 제대로 채워주지도 못해. 친구 관계에서도 그렇잖아. 이 사람이 뭘 원하는지, 뭐가 필요한지 등을 알아차리기 위해선 그가 원하는 것을 해주고 싶다는 마음이 선행되어야 해. 그래야 눈에 보이지. 그런데 그런 마음이 없으면 상대가 원하는 것을 보기보다는 자신의 욕구를 먼저 챙기게 되거든. 그게 당장엔 이익이 될지도 모르겠지만 멀리 내다보면 결국 그게 독이 되어 자신에게 돌아오잖아. 고객도 마찬가지야. 고객이 원하는 걸 알아차리려면 고객의 입장에서 고객의 편의를 생각해봐야 하는데, 그러려면 고객에 대한 애정이 필요한 거지. 생각해보면 얼마나 고마운 일이야? 우리 카페를 찾아와주잖아. 우리 카페에서 시간을 보내고, 우리 카페에서 추억을 만들어. 그러니 단 한 명의 고객도 소홀하게 대할 수가 없는 거지."

"정말 그러네. 내 카페를 찾는 고객. 생각만 해도 멋지다."

아직 카페의 문을 열지 않아 손님을 맞아본 적이 없는 해준은 '우리 고객'이라는 말에 괜히 가슴이 뛰었다.

"카페 창업에서 이윤의 원천이 되는 건 고객이야. 고객 관리만 잘해도 20%의 매출을 올릴 수가 있지. 그리고 그 20% 중 단골 고객이 올리는 매출이 80% 가까이 돼. 또 단골 고객 확보는 잠재 고객을 신규 고객으로 끌어들이기 위해 드는 비용을 줄일 수도 있지. 신규 고객을 끌어들이려면 마케팅 비용이 들잖아. 하지만 단골 고객은 자발적으로 광고를 해주며 우수 고객을 연결해 주는 고리가 되기도 하지. 반복 구매율의 효과뿐 아니라 입소문 효과까지 있어 매출 증대에도 큰 도움을 받을 수 있어. 그래서 우리 카페를 자주 찾는 우리 고객일수록 더 많은 관심을 기울일 필요가 있는 거야. 어떤 가게는 신규 고객 확보에만 관심을 쏟느라 정작 단골 고객 관리에는 소홀하기도 하거든."

"하지만 단골 고객을 만드는 게 쉬운 일은 아니잖아."

"그렇지. 쉬운 일은 아니야. 그러니까 고객 관리에도 전략이 필요한 거야."

고객 관리 기본 개념

고객 관리의 단계
고객의 니즈를 파악 → 고객에 대한 지식 습득 → 고객에 맞는 상품 및 서비스 제공

고객 분류
잠재 고객, 신규 고객, 일반 고객, 단골 고객

고객과의 관계
신규 고객 발굴 → 고객 선별 → 기존 고객의 재구매 유도 → 고객과의 관계 형성

고객 관리의 효과
반복 구매율의 효과, 입소문 효과, 매출 증대 효과

고객 관리에도
전략이 필요하다

"고객 관리 전략으로는 어떤 것이 있어?"

해준이 물었다.

"일단 가장 중요한 건 고객보다 돈을 우선하지 않는 것. 앞에서도 말했지만 고객은 상대가 자신을 돈으로 보는지 아닌지 정도는 바로 눈치채니까. 둘째는 고객의 말에 귀를 기울이는 거야. 고객이 필요로 하는 걸 들을 준비가 되어 있어야 하는 거지. 우리 카페는 완벽하고 좋은데 고객은 왜 저럴까라고 생각하면 안 돼. 고객의 요구를 알고 문제를 해결해야겠지. 셋째는 고객 관리 시스템을 도입하는 거야."

"고객 관리 시스템? 이를테면?"

"고객의 개인 정보와 특징 등을 수집하고 고객에 맞춘 차별화된 서비스를 준비하는 거지."

"고객의 정보나 특징 등을 수집하는 게 말처럼 쉬운 일은 아니잖아."

"내 경우엔 멤버십 카드 제도를 도입하고 있어. 고객의 휴대전화 번호와 기본 정보 등을 써넣고 카페를 방문할 때마다 마일리지를 적립하지. 이렇게 하기 위해선 데이터 구축이 필수야. 컴퓨터를 다루는 게 익숙하면 직접 구축해도 돼. 하지만 그런 시스템을 어떻게 운영하는지 모르겠다면 여타 업체에서 운영하는 고객 관리 시스템을 활용해도 돼. 월 4~5만 원 정도 내면 고객 관리 시스템을 활용할 수 있거든. 예를 들어 '엠스타'에서 운영하는 제이포인트는 고객의 휴대전화 번호와 기본적인 신상 정보를 입력하면 이용 횟수에 따라 자동적으로 마일리지 혜택을 주고, 생일, 기념일 등에 맞춰 할인 혜택을 알려주는 문자 메세지를 보내주기도 해. 자체적으로 고객을 일일이 챙기기 힘들다면 이런 서비스를 이용하는 방법도 있지. 하지만 뭐니 뭐니 해도 제일 좋은 고객 관리는 오너의 배려를 직접적으로 느낄 수 있게 하는 거야. 두 번 이상 온 고객이라면 기억해두었다가 다음번에 그 고객이 왔을 때 가볍게 인사라도 할 수 있다면 더욱 좋겠지. 하지만 그렇다고 처음 온 고객을 등한시하라는 말은 아니라는 거 알지? 가뜩이나 차별이 심한 사회에서 카페에서까지 와 차별받는 느낌을 받는 건 정말 독약이니까. 고객은 제대로 된 서비스를 받기를 원해. 그런데 그 서비스가 과도하면 오히려 불편함을 유발할 수도 있어. 반대로 다른 고객에 비해 질이 떨어진 서비스를 받는다고 느낀다면 다시는 그 카페에 가지 않겠지. 고객의 특징이나 취향에 맞는 차별화된 서비스가 필요하지만, 고객의 입장에서는 차별받는 기분을 들지 않게 하는 것이 중요해. 그러려면 당연히 센스가 필요해. 상대방의 성격을 파악하고 이해하는 센스. 카페는 고객에게 물건을 파는 곳이 아니라 고객에게 편안한 시간을 제공하는 곳이야. 그것만 정확하게 이해한다면 센스가 좀 부족하더라도 마음으로 이해할 수도 있겠지. 직원에게 주의 사항을 말하기 이전에 먼저 고객의 입장에서 생각하는 마인드를 가르치는 것이 먼저야. 자연스러운 행동은 마인드에서 나오는 거니까."

"그렇지. 마음이 따르지 않으면 흉내 내기밖에 되지 않겠지. 그리고 사람들은 상대가 어떤 마음으로 행동하는지 바로 알아차릴 수 있고."

"그래서 카페를 운영할 때 가장 중요한 건 진정성이라고 하는 거야. 어찌 되었든 사람을 만나고 사람을 상대하고 사람에게 매력을 어필하는 게 카페의 본질이니까."

고객 관리 노하우

고객을 대하는 바람직한 자세
- 고객의 입장에서 생각하자.
- 눈앞의 이익에 연연하지 말자.
- 고객과의 만남을 나부터 즐기자.
- 일단 고객의 말에 귀를 기울이자.
- 감정적으로 대처하지 말자.
- 밝은 얼굴로 친절하게 대하자. 단, 지나친 친절은 오히려 역효과를 줄 수도 있으니 적정선을 지키자.
- 고객과의 친밀감을 유지하자. 단, 고객의 사생활에 지나친 관심을 보여서는 안 된다.
- 고객이 필요로 하는 것을 말하기 전에 능동적으로 가져다주자.
- 고객을 차별하지 않는다. 단골 고객에게 더 많은 관심을 기울이되, 다른 고객에게 차별받는 느낌을 주지 않도록 적절히 대처하자.
- 한 번이라도 온 고객이면 기억하도록 노력하자.

단골 고객 만들기
- 고객을 고객으로만 대할 것이 아니라 나는 당신의 친구라는 인상을 깊이 심어주는 것도 단골 고객을 끌어들이는 방법이다. 이때 의도적이거나 가식적인 접

근은 금물이다. 사람을 좋아하고 사람과 인연을 나누는 것을 즐기는 오너라면 굳이 고객 마케팅을 염두에 두고 고객에게 친근하게 굴 필요는 없을 것이다.

- 특이하고 예쁜 장식물의 구입처를 묻거나 핸드 드립 커피를 배우고 싶어 하는 고객이 있다면 감추려 들거나 무뚝뚝하게 대응하지 말고 기꺼이 가르쳐주자. 웬만한 정보는 오픈해 대화를 나누다 보면 호감도나 친밀감도 높아지기 마련이다.
- 끊임없는 메뉴 개발로 고객들이 식상함을 느끼지 않도록 하자. 단골이 될 즈음에 그 카페의 분위기나 메뉴에 지겨움을 느낀다면 고객은 가차 없이 발걸음을 돌린다. 언제 와도 늘 편하지만 지겨운 분위기를 풍겨서는 안 된다.
- 단골 관리 시스템을 따로 마련해 새 메뉴를 개발했거나 이벤트를 진행할 때 단골 고객이 우선적으로 혜택을 받을 수 있도록 배려한다. 잡은 물고기는 먹이를 주지 않는 격으로 단골 고객에게 오히려 소홀한 경우가 많다. 신규 고객 모집도 중요하지만 그보다 더 중요하고 비용도 절감할 수 있는 단골 고객에게 되도록 많은 혜택을 주자.

끈기를 가지고
버텨라

"고객에 대한 진정성은 기본이지만 그들이 구체적으로 느낄 수 있는 혜택도 적절히 활용할 수 있어야 된다는 거네."

제이에게서 고객 전략으로 어떤 것이 있는지를 다 들은 후 해준은 그녀 나름대로 정리해 말했다. 그러자 제이는 고개를 끄덕이며 물었다.

"고객의 입장에 있을 때 너도 그렇지 않았어?"

"그랬어. 그리고 어떨 땐 카페의 주인장과 친분이 있다는 게 그 카페를 찾는 가장 큰 이유가 되기도 했지. 주인장이 나를 알아봐주고, 또 나는 주인장에게 가볍게 인사를 건네고. 그러다 보면 그 카페에 그냥 고객으로 가는 것이 아니라 내가 가진 또 하나의 공간으로 들어가는 기분이 들거든. 그래서 혼자 있어도 어색하거나 민망하지가 않아. 그 카페의 오너가 고맙게 생각될 때도 있어."

"그런 카페는 문을 닫지 않는 한 네 일상의 한 부분으로 남겠지."

"그럴 거야. 그러고 보니 그 카페 오너의 입장에서는 내가 단골 고객이었던 셈이네."

"그렇지. 카페를 오픈한 후에도 늘 역지사지로 생각해야 해. 내가 고객일 때 어떤 서비스를 원했는지, 또 어떤 분위기였으면 좋겠다고 생각했는지를 말이야. 초심을 잃지 않으면 네가 원하는 카페를 계속 유지해나갈 수 있을 거야. 그리고 가장 중요한 건, 절대로 조급하게 굴지 않는 것. 대부분의 사업은 완벽하게 자리 잡는 시간을 길게는 3년까지 봐. 사업을 시작하기 전에는 보이지 않았던 것들이 사업을 시작한 후에야 보이기 시작하거든. 시행착오를 겪기도 하고 이런저런 경험을 하기도 하면서 무엇을 갖추어야 하는지, 또 무엇을 버려야 하는지 알게 되지. 카페도 마찬가지야. 그러다 보면 완전한 형체와 시스템을 갖춘 우리 카페가 자리를 잡게 될 거야."

"나도 그런 각오로 카페를 할 생각이야. 일희일비하지 않고, 자리를 잡을 때까지 끈기 있게 해볼 거야."

"좋았어. 그래야 내 후배답지. 그건 그렇고 카페 개업이 이제 닷새 정도 남았다고 했지?"

"응."

"이제 진짜 시작이네."

"응. 진짜 시작이야."

"긴장되지는 않아?"

제이의 질문에 해준은 고개를 저었다.

"아니 앞으로 어떤 일이 벌어질지 기대가 돼. 그리고 어떤 고객들을 만나게 될지 생각하면 두근거리기도 하고. 자신의 취향에 맞는 좋은 카페를 찾으면 사람들은 즐거워하잖아. 나도 그래. 굳이 여행을 가지 않아도 수많은 사람들을 우리 카페에서 만나게 될 거라는 생각을 하니 벌써부터 궁금해지는걸. 우리 카페가 나를 비롯해 많은 사람들에게 얼마나 많은 기억을 주게 될지."

　해준은 앞으로 닷새밖에 남지 않은 그날, 그녀의 인생도 새로운 전환점으로 들어서게 될 것이라는 생각을 하며 차분한 미소를 지어 보였다.

미처 묻지 못한 질문들

<u>우리 카페의 이름은 어떻게 정하는 것이 좋을까</u>

한 번 정한 이름은 싫으나 좋으나 계속 가져갈 수밖에 없다. 카페의 이름을 정할 때 카페의 콘셉트에 맞으면서도 사람들에게 친근하게 다가갈 수 있는 이름을 신중하게 선택해야 한다.

이름 선정 시 주의 사항

- 카페의 콘셉트에서 벗어나지 않는 것이 좋다. 이름만 듣고도 어떤 카페인지를 알 수 있거나 추측할 수 있는 것으로 선택한다.
- 발음이 어려워 사람들의 입에 찰싹 달라붙지 않는 것은 되도록 피한다.
- 부르기 쉬운 이름으로 친근감을 주는 것도 좋다.
- 호기심을 유발하고 상상력을 자극할 수 있는 이름도 좋다. 이름 자체가 바로 광고 효과로 이어질 수도 있기 때문이다.

<u>오픈 시간은 어떻게 잡는 것이 좋을까</u>

오픈 시간은 주변 상권, 주요 고객층의 활동 범위 등을 염두에 두고 잡는 것이 바람직하다. 오피스 상권이라면 직장인들의 모닝 커피를 염두에 두고 아침 일찍부터 문을 여는 것이 좋다. 점심시간을 잘 활용하면 매출에도 상당한 도움이 될 수 있다. 동네 카페는 오전부터 찾아오는 고객이 드문 편이다. 동네 사랑방 기능까

지 겸한 카페라면 고객들은 주부가 될 것이다. 이들이 찾아오는 시간은 주로 아침 일과를 웬만큼 마치고 한숨을 돌릴 수 있는 오전 시간 이후이다. 오전 10시부터 영업을 시작해 밤 11시나 12시쯤 문을 닫는 것이 좋다.

카페 조명은 어떻게 하는 것이 좋을까

조명은 카페의 분위기를 좌우하는 아이템이다. 기본적인 조명은 인테리어 업자가 알아서 하지만, 색다른 분위기를 내고 싶거나 독특한 아이템으로 시선을 끌고 싶다면 따로 조명을 다는 것도 한 방법이다. 조명 가게가 많은 남대문이나 을지로 상가 등을 둘러본 후 마음에 드는 조명이 있으면 그곳에서 바로 사지 말고 인터넷을 통해 사자. 같은 물건이라도 인터넷이 훨씬 더 싸다.

신선 식품 관리는 어떻게 할까

샌드위치나 핑거 푸드 등에 들어가는 신선 식품은 보관이 핵심이다. 하지만 아무리 꼼꼼하게 관리하더라도 버리는 신선 식품 비율이 상당하다. 그래서 신선 식품이 들어가는 메뉴는 아예 빼는 경우도 많다. 하지만 신선 식품을 쓰기로 했다면 상품에 날짜를 표기하여 관리에 좀 더 주의를 기울이자. 귀찮더라도 물품마다 날짜를 써놓으면 식품의 신선도를 측정할 수 있으며 적어도 상한 음식을 고객에게 내놓는 일을 방지할 수 있다.

커피 외의 재료나 기기 등의 물품을 구입할 때의 주의 사항은

필요한 재료의 리스트를 만들어 개별 단위로 가격과 품질을 비교해 견적부터 내는 것이 좋다. 그렇게 해서 선정된 업체와는 반드시 계약서를 작성해야 한다. 계약서 작성 시 주의할 사항으로는, 배송 의무 명시, 기기와 기물 AS, 정기적인 점검 등이 있다. 중고를 구입할 때도 AS가 관건이다. 계약서 작성 시 AS의 범위도 반드시 설정하도록 하자.

직원 월급이나 아르바이트비는 얼마가 적정할까

오너가 자리를 비워도 맡길 수 있는 점장의 월급은 평균 180만~200만 원 선이다. 이는 평일 9시간, 주말 10시간 근무를 기준으로 한다. 일반 직원은 평일, 주말 10시간일 때 평균 150만~180만 원 정도의 급여를 지급한다. 아르바이트는 법적으로 정해진 최저임금은 2013년 기준 시간당 4,860원이지만 대부분의 카페 오너들은 시간당 5,000원으로 계산한다. 하지만 서비스업의 특성상 아르바이트의 만족도와 일의 효율성을 높이기 위해 최저임금보다 더 높게 임금을 책정하기도 한다.

흡연 문제를 어떻게 하는 것이 좋을까

정부는 2012년 12월 8일부터 약 45평 이상의 식당 및 커피 전문점 등을 금연 구역으로 하는 건강증진법 시행규칙을 시행하고 있다. 2014년엔 약 30평 이상, 2015년에는 평수에 상관없이 모든 식당으로 확대될 예정이다. 법으로 정해지기 전에도 많은 카페가 흡연자들을 위한 자리를 점점 좁혀나가는 추세였다. 그래서 흡연자들이 여러 카페를 돌아다니며 흡연 여부를 물어보는 일도 허다했다. 이젠 법으로 금지됨에 따라 담배 피우는 고객을 그대로 내버려두면 업주가 500만 원 이하의 과태료를 물게 된다. 담배를 피운 고객에겐 과태료 10만 원이 부과된다. 2015년 전에 카페 문을 닫을 것이 아니라면 금연석과 흡연석의 선택은 이제 더 이상 카페 오너의 몫이 아닌 것이다.

보다 좋은 카페를 만들기 위한 팁을 얻을 수 있는 방법은

'서울 카페 쇼'는 세계적인 식음료 문화와 트렌드를 교류할 수 있는 전문 전시회다. 매년 11월에 코엑스에서 4일간 커피, 차, 음료, 주류, 베이커리, 아이스크림 등의 메뉴뿐 아니라 카페에 필요한 장비나 기기를 전시한다. 또한 카페 인테리어와 컨설팅, 프랜차이즈 창업과 개인 카페의 창업 정보를 알 수도 있다. 서울 카페 쇼는 세계 각국의 다양한 식음료 문화를 경험할 수 있는 장이기도 하다. 전문적인 프로그램을 통한 차별화된 홍보나 마케팅에 대한 설명회도 열고 있으니 예비 창업자나 기존의 운영자에게 정보의 장이 될 수 있을 것이다.

• 서울 카페 쇼 홈페이지: www.cafeshow.co.kr

전기 및 인테리어 공사 비용은

전기 및 인테리어 공사에 드는 비용은 자재의 상표나 질에 따라 다르지만 평균적으로 평당 100만 원 정도로 예상 가능하다. 이때 전기 증설 및 소방시설 비용은 포함되지 않는다.

주방 비품 및 초도 물품 비용은 어느 정도 들까

20평 기준으로 식재료, 집기, 테이크아웃 관련 비품 등에 드는 비용은 평균 400만~500만 원 선이다.

에스프레소 메뉴와 핸드 드립 메뉴의 차이는 무엇인가

- 에스프레소 메뉴: 에스프레소 메뉴는 에스프레소 전용 기계로 블렌딩된 원두를 추출해 만든 커피 종류다. 아무것도 넣지 않은 순수한 에스프레소부터 계핏가루나 초콜릿 가루를 뿌려 만든 카푸치노까지 기호에 따라 여러 종류의 커피를 만들 수 있다. 원두의 질과 양, 커피 머신의 압력, 떨어지는 속도에 따라 커피의 맛이 좌우된다. 에스프레소에 뜨거운 물이나 생크림, 계피 등을 첨가하여 캐러멜 라테, 카페 모카, 카페 비엔나, 아포가토 등의 메뉴를 만들 수 있다.

- 핸드 드립 메뉴: 핸드 드립 메뉴는 갓 볶은 신선한 원두로 바리스타가 직접 손으로 내려주는 커피다. 커피 머신에서 추출하지 않고 드리퍼와 종이 필터를 사용해 커피를 추출하기 때문에 바리스타의 역량에 따라 그 맛은 천차만별이다. 하지만 에스프레소 커피에 비해 맛이 깔끔하며 취향에 따라 원두를 선택할 수도 있어 핸드 드립 커피 애호가가 많다. 핸드 드립 커피의 맛에 길들여진 사람은 핸드 드립 커피만 찾는 경향이 있는데, 이것이 곧 원두 매출로 이어지기도 한다.

메뉴 가격 측정은 어떻게 할까

메뉴의 가격을 빈번하게 바꾸면 고객의 신뢰를 잃을 수도 있다. 5,000원에 마시던 커피가 어느 날 6,000원으로 올랐다면 고객 입장에서는 손해 본다는 생각을 지울 수가 없을 것이다. 한 번 정해진 메뉴 가격은 일정 기간 동안은 유지해야 하기에 처음 가격을 산출할 때부터 주의를 기울일 필요가 있다.

메뉴의 가격을 정할 때 기준이 되는 것은 원가다. 원가는 원재료를 구입한 비용만을 측정해서는 안 된다. 구입 비용에다 폐기율로 인해 손해를 보는 비용, 보존 비용까지 합쳐 원가로 봐야 한다. 그렇게 산정된 원가에 주변의 시세까지 고려해 판매 시 50%에서 60% 이상의 이윤을 남길 수 있도록 책정하는 것이 좋다.

메뉴 가격 책정의 조건
- 구입 비용(원가 + 폐기율 + 보존 비율)
- 주변의 시세를 벗어나지 않아야 한다. 주변 시세에 비해 가격이 높으면 경쟁력이 떨어진다.
- 카페의 규모, 형태, 인력을 고려한다.
- 시식회를 거쳐 가격 대에 대한 의견을 듣고 충분히 수렴한다.
- 타깃 고객의 욕구를 자극해 충분히 구매 가능한 가격대를 선정한다.

카페의 콘셉트가 독특하면 무조건 성공할까
소자본으로 창업할 경우 독특하고 개성 있는 카페로 승부를 거는 방법이 있다. 그렇다고 이 방법이 무조건 성공으로 가는 길은 아니다. 고객의 공감을 얻어야 하기 때문이다. 고객의 공감대를 형성하거나 다수의 고객들에게 감탄을 이끌어 낼 수 있는 개성일 때 개성은 빛을 발한다. 과도한 개성을 콘셉트로 정하기보다는 고객의 공감대 형성이 가능한지를 먼저 살펴봐야 한다.

고객은 정말 왕일까
'고객은 무조건 왕이다'라는 구호는 일본식 서비스의 구호일 뿐 한국의 정서에는 그다지 맞지 않는다. 고객은 왕이 아니라 우리 카페를 찾아온 손님이며, 그 손님이 편할 수 있도록 최대한 배려하는 마음을 보여주는 것이 효과적이다. 지나친 친절은 때로 고객의 불편함을 자아내며 상대를 되레 믿지 못하게 만드는 독이 될 수도 있다.

같은 지역에 있는 카페들은 무조건 서로 경쟁 관계일까

카페 거리는 수많은 카페가 생겨 경쟁 관계가 형성되기도 하지만 서로에게 시너지 효과를 주기도 한다. 이처럼 같은 업종이 근거리에 있을 때에는 오히려 고객들에게 선택권을 줄 수 있으며, 바로 그 때문에 잠재 고객의 수를 늘릴 수도 있다. 다른 카페를 경쟁 관계로만 인식하지 말고 전략적으로 협력하도록 노력을 기울이자.

홈페이지 꼭 만들어야 할까

오프라인보다는 온라인 홍보가 더 힘을 발휘하는 시대이니만큼 우리 카페 전용 홈페이지를 만들면 확실히 여러 면에서 장점으로 작용한다. 일단 홈페이지를 통해 좀 더 자유롭게 고객과 소통할 수 있으며 고객이 원하는 바를 읽어낼 수도 있다. 또한 카페 관련 정보를 홈페이지에 올림으로써 광고 효과를 얻을 수도 있다. 홈페이지를 만들거나 유지하는 비용이 부담이라면 포털 사이트에 우리 카페 전용 블로그나 카페를 만드는 방법도 있다.

카페의 로고는 어디서, 어떻게, 언제 만드는 것이 좋을까

매장 이름과 로고는 같이 생각하자. 이름에 맞는 센스 있는 로고는 고객에게 신선한 느낌을 주어 간접적으로 만족감을 줄 수 있다. 매장 콘셉트에 맞는 이름이 나오면 디자인 분야의 일을 하는 지인에게 로고 디자인을 부탁하거나 이것이 여의치 않으면 외식업체의 로고를 주로 만들어주는 대행 업체를 이용하자. 비용은 업체마다 많은 차이가 있으므로 일단 업체 홈페이지를 통해 상담을 받고 진행한다. 카페 이름과 로고는 간판 제작 시에 들어가기 때문에 인테리어 업체 선정 전 단계부터 생각하고 만드는 것이 좋다.

카페 운영에서 가장 힘든 일은 무엇일까

많은 오너들은 카페 운영할 때 가장 힘든 점으로 직원 구하는 것을 꼽는다. 다른 업종에 비해 카페는 이직과 전직이 심한 편이다. 가장 큰 이유로는 인건비가 낮은 데 비해 노동의 강도는 높기 때문이다. 직원의 이직이나 전직을 줄이기 위해서는 오너의 욕심을 조금만 줄이고 단돈 얼마라도 다른 카페에 비해 더 줄 수 있도록 배려하는 것이 필요하다. 또한 다른 카페보다 이직과 전직이 심하다면 오너의 마인드를 되돌아봐야 한다. 오너와 직원의 나이 차이가 10년 이상 나는 경우가 많은데, 되도록 자기 기준에서 젊은 친구들을 보지 말고 그들의 눈높이에서 보도록 노력하자. 사람을 부린다는 개념보다는 공생한다는 개념을 가지는 것도 직원과의 관계를 긍정적으로 발전시키는 방법이다.

카드 수수료는 어느 정도 들까

국세청 부가세, 소득세 등 과세 자료에 근거하여 카드 수수료율을 정한다. 과세 자료가 없는 신설 사업자는 카드 매출 1억 5,000만 원 미만을 기준으로 책정한다. 연 매출이 2억 원 이내일 경우엔 1.5%, 2억 원 초과 6억 원 이하일 때는 1.98%의 수수료율이 적용된다.

직원은 언제 모집하는 것이 좋을까

점장은 오픈 1개월 전에 채용하는 것이 좋다. 이때 점장은 카페 운영 3년 이상의 경력자를 중심으로 모집한다. 다른 직원은 오픈 2주 전에 채용해 실무 트레이닝을 한다.

바리스타 채용 사이트
커피 잡 www.coffeejob.co.kr
커피 코리아 www.coffeekorea.co.kr
푸드 잡 www.foodnjob.com
이케아 바리스타 스쿨 www.ekbarista.com

매장 음악은 어떻게 할까

음악도 경쟁력이다. 그 카페에 가면 좋은 음악을 들을 수 있다는 인식을 심어줄 수 있을 정도로 곡 선정에도 신경 써야 한다. 소리바다, 멜론, 벅스뮤직의 음악들은 편안하고 익숙하지만 획일적이라는 단점이 있다. 이왕이면 주간 단위로 나눠

색다르면서도 감성적인 음악을 틀어주는 것이 좋다. 대략 4시간에 1바퀴를 돌 수 있는 사이클이 적당하다. 음악 소리는 고객들의 대화를 방해하지 않는 수준이어야 한다.

날씨와 매출의 상관관계는

카페 매출에 영향을 미치는 것 중에는 날씨도 있다. 맑은 날씨였다가 갑자기 비나 눈이 내리면 매출은 급격히 떨어진다. 하지만 이틀 연속으로 비나 눈이 내려 거리로 나가기 힘들어지는 상황이면 매출은 오르기 마련이다. 단순 날씨뿐만 아니라 습도도 매출에 큰 영향을 미친다.

카페 오픈 준비 스케줄표 (꼬모 쎔쁘레 1호점 케이스)

D-60

콘셉트 결정
회사에서 커피와 초콜릿을 취급하였기 때문에 처음부터 초콜릿과 커피를 같이 판매하는 매장으로 콘셉트를 정하고 진행

- 초콜릿과 커피의 판매 접점을 찾기 위한 시장조사
  해외: 고디바, awfully chocolate
  국내: 에이미 초코(신사동), 몹시(홍대 초콜릿 카페), 카카오 봄(홍대), 코코 브루니(프랜차이즈), 디초콜릿 카페(프랜차이즈) 등
- 초콜릿과 커피의 비중을 어떻게 둘 것인가에 대해 고민(초콜릿:커피=50:50으로 설정)
- 초콜릿의 경우 패키지가 중요하므로 초콜릿 패키지에 대한 시장조사도 같이 실시(주로 일본의 초콜릿 패키지를 참조)
- 매장별 인기 메뉴 시식 및 분석, 가격대 분석

상권 분석하기
- 신사동 상권 선택: 가로수길 이면으로 디자인 회사들이 많고 가로수길도 가까워 평일 이용 고객와 주말 고객을 동시에 확보할 수 있다는 장점
- 2군데 부동산에서 매장을 의뢰: 후보 매장을 1개월간 관찰(오전, 점심, 오후로 나누어 유동 인구 조사)

D-50

인테리어 업체 선정
- 브랜드 디자인 회사 선정 및 인테리어 시공 업체 선정
- 브랜드 디자인 전문 회사와 콘셉트를 논의하며 본격적으로 카페 브랜딩 시작
  (꼬모쎔쁘레는 브랜드 디자인 회사와 시공 업체를 분리해 인테리어를 함)

매장 계약
- 부동산 계약 및 인테리어 공사
- 인테리어 시안 확정 및 공사

D-40

메뉴 선정
- 커피 메뉴 및 콘셉트에 맞는 초콜릿 메뉴 개발, 3회 이상의 테스트를 통해 메뉴 선정
- 선정된 메뉴의 원가 분석, 소비자 판매 가격 및 원재료 확정

D-30

메뉴 스타일링
- 개성 있는 메뉴 스타일링을 위해 식기나 용기, 특이한 소품을 판매하는 곳 조사
- 선정된 메뉴를 스타일링하고 사진 찍어 메뉴판 준비
- 기기, 기물, 부재료, 소모품 리스트 작성

각종 등록
- 위생 교육, 영업 신고 및 사업자 등록증 발급
- 해당 구청 방문하여 상담을 통해 위생 교육 등 서류 발급받기

직원 모집
- 오픈 1개월 전 직원 면접 및 선발(메뉴 교육)

D-20

비품 발주
- 소모품 및 매장 스탬프 카드, 매장 명함 인쇄
- 카페 브랜드와 로고가 나오면 홀더와 냅킨 등 소모품 발주(약 2주 소요)

D-15

인터넷 신청
- 요즘에는 따로 전화를 신청하지 않고 인터넷 전화를 많이 쓰므로 세트 상품 등을 잘 보고 인터넷 신청(약 1주 소요)

POS기 설치하기
- 인터넷이 되어야 POS기가 작동되므로 주의
- POS사를 알아보고 조건에 맞게 POS기를 선정하고 계약
- 카드사 승인을 받는 데 약 1주 소요되므로 반드시 개업 1~2주 전에 POS기를 먼저 설치

D-10

가구 발주
- 가구는 미리 업체 방문을 통해 디자인을 정해놓고 인테리어 최종 단계인 바닥 마감 후 발주
- 공사 중인 매장은 먼지가 많기 때문에 모든 공사가 끝나고 나서 가구를 들일 것

기기, 기물, 원부·재료 발주
- 인테리어 공사 중 급배수, 전기 공사가 진행되기 전 반드시 인테리어 업체와 미팅을 통하여 바 동선을 상의해서 전기 용량 및 콘센트 자리 결정
- 급·배수가 어디에 공사해야 하는지에 대해서도 사전에 논의(간혹 이 부분의 의사소통이 잘못되어 콘센트 위치 및 급·배수 시설 공사가 원활하게 진행되지 않아 뒤늦게 불편을 호소하는 점주들도 있음)
- 모든 공사가 완료되면 기물과 원·부재료 입고

보안 업체 계약
- 기기 및 가구 등 실질적인 자산이 세팅되었으므로 보안 업체를 선정하여 계약

D-7

매장 스타일링
- 인테리어가 마무리되고 가구를 배치한 후 소품을 통해 매장 스타일링하기
- 그림이나 커피용품을 이용하여 매장에 생기 불어넣기

홍보 및 마케팅
- 매장 홍보를 위해 공사를 시작할 때 카페가 준비 중이라는 현수막을 설치
- 인테리어 공사 기간 중에 매장 오픈 마케팅을 어떻게 할지 고민하고, 홍보물을 오픈일과 맞추어 준비

D-5

시뮬레이션
- 가오픈 2일 전부터 커피 바의 내부를 작업 동선에 맞게 정리
- 선발된 직원과 함께 메뉴를 손에 익히기

D-3

가오픈
- 가오픈은 통상적으로 3~7일 정도의 기간을 잡는다. 이때 오픈 프로모션을 통해 고객 유치
- 개선 및 보완되어야 할 점들을 기록하여 반영

D-DAY

그랜드 오픈
정식으로 오픈하여 정상적인 영업 시작

부록

- 꼬모 쎔쁘레 로고 및 비품 디자인 콘셉트 메뉴얼
- 꼬모 쎔쁘레 메뉴 북
- 꼬모 쎔쁘레 메뉴 레시피 북 샘플

꼬모 쎔쁘레 로고 및
비품 디자인 콘셉트 메뉴얼

CONTENTS

BASIC SYSTEM

CONCEPT NAMING
IDENTITY SYMBOL
IDENTITY LOGOTYPE
IDENTITY COLOR
LOGOTYPE COLOR
LOGOTYPE PROHIBITION
IDENTITY SIGNATURE
DESIGNATED FONTS

APPLIED SYSTEM

BUSINESS CARD
EVENT COUPON
SIGN SYSTEM
PAPER CUP
MENU
MUG CUP
STICKER
NAPKIN
PRICE TAG
MENU BOARD

BASIC SYSTEM

CONCEPT NAMING

COMO SIEMPRE

COMO SIEMPRE(꼬모쌤쁘레)는 '늘 변함없이'라는
뜻의 스페인어로 고객에게 한결같이 선별된
최상급의 커피, 차 음료 및 좋은 먹을 거리
그리고 편안한 공간을 제공하는 프랜차이즈 브랜드로서의
의지와 약속을 의미합니다.

BASIC SYSTEM

IDENTITY SYMBOL

1.
작고 귀여운 소인(小人) 소녀는 'innocent(순결한)'를
상징하는 아이콘으로서 누구나 가지고 있는
유년 시절의 때묻지 않은 순수함을 의미합니다.

2.
노를 젓는 행위는 'passion(열정)'을 의미하며
진취적인 커피 프랜차이즈 브랜드로서의 의지를
상징적으로 나타냅니다.

BASIC SYSTEM

IDENTITY LOGOTYPE

1.
카페테로 커피광, 커피매니아, 커피가게 주인 (스페인어)

COFFEE.CHOCOLATE.DESSERT
cafetero
COMO SIEMPRE
espresso & chocolate

BASIC SYSTEM

IDENTITY LOGOTYPE

로고 타입은 심벌 등 다른 CI 요소와의 조화와 가독성을 고려하여 특별히 제작된 꼬모쌤쁘레만의 독자적인 문자체입니다. 커피전문점으로서의 프로세셔널한 시크함과 주 고객층인 젊은 여성의 취향에 기인한 귀여운 느낌의 컬러를 사용합니다. 심벌과 조합하거나 독자적으로 활용할 수 있습니다.

» BI ENGLISH TYPE

1. Logotype

COMO SIEMPRE
espresso & chocolate

2. Logotype_Negative

3. Logotype_Positive

COMO SIEMPRE
espresso & chocolate

» BI KOREAN TYPE

1. Logotype

꼬모쎔쁘레

2. Logotype_Negative

3. Logotype_Positive

꼬모쎔쁘레

BASIC SYSTEM

IDENTITY COLOR

COMO SIEMPRE는 European Modern & Classic 의 큰 틀 안에서 커피전문점으로서의 프로페셔널한 시크함과 주 고객층인 젊은 여성의 취향에 기인한

귀여운 느낌의 색상을 사용하여 COMO SIEMPRE 만의 Brand Color를 표현하였습니다.

» MAIN COLORS

Spot Colors
PANTONE 1635 C
Color Values
C : 0% M : 39% Y : 48% K : 0%
Monitor
R : 249% G : 171% B : 131%

Spot Colors
PANTONE 1635 C
Color Values
C : 0% M : 39% Y : 48% K : 0%
Monitor
R : 249% G : 171% B : 131%

» SUB COLORS

Spot Colors
PANTONE 1635 C
Color Values
C : 0% M : 39% Y : 48% K : 0%
Monitor
R : 249% G : 171% B : 131%

Spot Colors
PANTONE 1635 C
Color Values
C : 0% M : 39% Y : 48% K : 0%
Monitor
R : 249% G : 171% B : 131%

Spot Colors
PANTONE 1635 C
Color Values
C : 0% M : 39% Y : 48% K : 0%
Monitor
R : 249% G : 171% B : 131%

BASIC SYSTEM

LOGOTYPE COLOR

흰색바탕에 지정된 색상으로 표현 하는 것이 원칙입니다. 적용매체의 상황에 따라 컬러를 표현하기 어려운 경우 단색으로 표현합니다. 로고를

블랙 또는 그레이 등 짙은 계열의 색 위에 적용할 때는 흰색 혹은 COMO SIEMPRE의 Main Color를 사용합니다.

BASIC SYSTEM
LOGOTYPE PROHIBITION

로고 사용시 금지해야 할 규정입니다. 로고로 형태를 변형하거나 색상, 간격 등을 임의로 적용해서는 안됩니다. 예시한 로고들은 식별하기 어렵고 기업 이미지를 혼란을 초래하므로 절대로 사용해서는 안됩니다.

좌우로 변형한 경우

상하로 변형한 경우

로고 색상이 잘못된 경우

바탕을 잘못 사용한 경우

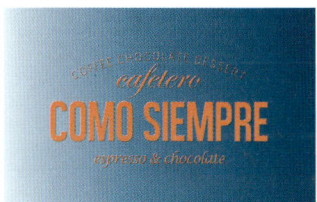

복잡한 바탕 위에 로고를 사용한 경우

로고와 배경색의 조합이 잘못된 경우

BASIC SYSTEM
DESIGNATED FONTS

지정서체는 로고타입 등과의 조화를 고려하여 기존의 서체 중에서 선정한 서체로서 정체, 평체, 장체, 사체 등으로 활용할 수 있습니다. 지정서체는 각종 서식류, 명함, 업무용 봉투 등에 폭넓게 사용합니다. 사용의 통일성과 가독성을 위해 국문과 영문은 각각 다른 서체를 사용합니다.

» ENGLISH FONTS

Frutiger

Light
Aa Bb Cc Dd Ee Fe Gg Hh Ii Jj Kk Ll Mm Nn
Oo Pp Qq Rr Ss Tt Uu Vv Ww Xx Yy Zz

Roman
Aa Bb Cc Dd Ee Fe Gg Hh Ii Jj Kk Ll Mm Nn
Oo Pp Qq Rr Ss Tt Uu Vv Ww Xx Yy Zz

Roman
Aa Bb Cc Dd Ee Fe Gg Hh Ii Jj Kk Ll Mm Nn
Oo Pp Qq Rr Ss Tt Uu Vv Ww Xx Yy Zz

» KOREAN FONTS

윤고딕 300

윤고딕 310
커피와 쵸콜렛을 사랑한 화이트 쇼콜라
커피와 쵸콜렛을 사랑한 화이트 쇼콜라

윤고딕 320
커피와 쵸콜렛을 사랑한 화이트 쇼콜라
커피와 쵸콜렛을 사랑한 화이트 쇼콜라

윤고딕 330
커피와 쵸콜렛을 사랑한 화이트 쇼콜라
커피와 쵸콜렛을 사랑한 화이트 쇼콜라

윤고딕 340
커피와 쵸콜렛을 사랑한 화이트 쇼콜라
커피와 쵸콜렛을 사랑한 화이트 쇼콜라

윤고딕 350
커피와 쵸콜렛을 사랑한 화이트 쇼콜라
커피와 쵸콜렛을 사랑한 화이트 쇼콜라

APPLIED SYSTEM

BUSINESS CARD

명함은 COMO SIEMPRE를 대표하여 고객 또는 기타의 사람들과 만날 때 주고 받는 것으로, 상대방에게 COMO SIEMPRE를 인식시켜주는 중요한 매체입니다. 명함에서 사용된 색상이 잘 나타날 수 있도록 백색 계통의 용지를 사용합니다.

» FRONT

» BACK

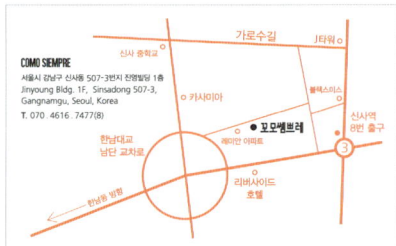

Size
W 100(mm)
L 100(mm)

Paper
몽블랑 엑스트라 화이트 240g/m²

Color
FRONT ● PANTONE 1635 C ● PANTONE Black 3C
BACK ● PANTONE 1635 C ● PANTONE CoolGray 11C

APPLIED SYSTEM

EVENT COUPON

COMO SIEMPRE의 이벤트 쿠폰은 고객이 재방문 후 구매시 무료 음료를 제공하는 서비스를 담은 매체로 COMO SIEMPRE의 로고와 심볼을 조화롭게 배치하여 COMO SIEMPRE의 브랜드 아이덴티티를 소소한 부분에서도 느껴질 수 있도록 표현하였습니다.

» FRONT

» BACK

10th / 무료 음료제공
(단, 커피음료에 한함)

Size
W 100(mm)
L 100(mm)

Paper
무광택 백색 190g/m² 이상 권장
(이매진 엑스트라 화이트 190g/m² 권장)

Color
● PANTONE 1635 C ● PANTONE Black 3C

APPLIED SYSTEM
SIGN SYSTEM

사인 시스템은 방문객 및 임직원이 COMO SIEMPRE 의 위치를 쉽게 찾을 수 있도록 유도하는 시설물로써 설치 위치, 관리 상태 등에 각별한 주의를 요합니다.

상대방에게 COMO SIEMPRE를 인식시켜주는 중요한 매체입니다.

COFFEE.CHOCOLATE.DESSERT
cafetero

COMO SIEMPRE
espresso & chocolate

Size
W 100 (mm)
L 100 (mm)

Color
● PANTONE 1635 C
● PANTONE Black 3C

Material
THK 1.2mm 스테인레스 스틸(또는 갈바스틸)판을 V-Cut 절곡 가공하여 제작하며, 내부를 ㄷ자 형강으로 충분히 보강한 후 지정색으로 플라이머 도장하여 열처리 마감

APPLIED SYSTEM
PAPER CUP

COMO SIEMPRE의 음료를 테이크아웃시 고객에게 직접적으로 전달되어 COMO SIEMPRE의 일관된 이미지를 보여줄 수 있는 매체입니다. 종이컵을

접하는 외부 사람들에게도 COMO SIEMPRE를 간접적으로 경험하게 할 수 있기에 전체적으로 Main Color를 강하게 사용하였습니다.

Size
12-16 oz
공용 홀더

Paper
화이트 골판지

Color
● PANTONE 1635 C   ● PANTONE Black 3C

APPLIED SYSTEM

MENU

COMO SIEMPRE에서 판매되는 메뉴의 안내판으로, 심플한 레이아웃에 실제 판매되고 있는 메뉴의 이미지를 넣어 친절성을 더했습니다.

지정서체를 사용하여 COMO SIEMPRE의 브랜드 아이덴티티를 일관성있게 유지하면서 European Modern & Classic의 스타일을 살렸습니다.

Size
w 100(mm)
L 100(mm)

Paper
화이트 골판지

Color
● PANTONE 1635 C ● PANTONE Black 3C

copyrights 2012 dotdotdot corp. all rights reserved

APPLIED SYSTEM

MUG CUP

매장을 방문하여 머무는 고객들이 주문한 음료를 담는 머그잔입니다. 잔 속의 음료에 둥둥 떠다니는 듯한 소녀 그림은 심볼은 고객들이 COMO SIEMPRE

의 편안한 안락함과 함께 위트있고 사랑스러운 감성을 느끼실 수 있을 것입니다.

» FRONT

» INSIDE

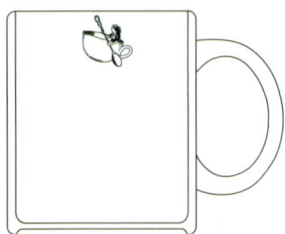

Size
w 100(mm)
L 100(mm)

Paper
화이트 골판지

Color
● PANTONE 1635 C ● PANTONE Black 3C

copyrights 2012 dotdotdot corp. all rights reserved

APPLIED SYSTEM
STICKER

COMO SIEMPRE의 Main Color를 바탕색으로 적용하고 로고와 텍스트를 모두 흰색으로 표현하여 깔끔하고 심플하게 제작되었습니다.

COMO SIEMPRE의 음료, 제과 등 모든 제품의 포장에 사용되는 스티커로 활용성이 높은 매체입니다.

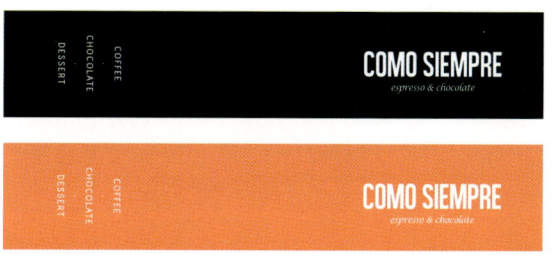

Size
W 100(mm)
L 100(mm)

Paper
화이트 골판지

Color
● PANTONE 1635 C ● PANTONE Black 3C

copyrights 2012 dotdotdot corp. all rights reserved

APPLIED SYSTEM
NAPKIN

COMO SIEMPRE의 로고와 심볼을 심플하게 배치하여 깔끔하게 제작된 냅킨입니다.

Size
W 100(mm)
L 100(mm)

Paper
화이트 골판지

Color
● PANTONE 1635 C ● PANTONE Black 3C

copyrights 2012 dotdotdot corp. all rights reserved

APPLIED SYSTEM
PRICE TAG

COMO SIEMPRE에서 판매되는 제과류의 가격표로, 심플한 레이아웃에 지정서체를 사용하여 COMO SIEMPRE의 브랜드 아이덴티티를 일관성있게 유지하였습니다. 서체에서 산세리프 체와 세리프 체의 조화로 European Modern & Classic의 스타일을 살렸습니다.

Original Brownie	Walnut Brownie	Fondant Chocolat
오리지널 브라우니 3.0	월넛 브라우니 3.5	퐁당 쇼콜라 5.0
COMO SIEMPRE	COMO SIEMPRE	COMO SIEMPRE

Size
W 100(mm)
L 100(mm)

Paper
화이트 골판지

Color
● PANTONE 1635 C ● PANTONE Black 3C

copyrights 2012 dotdotdot corp. all rights reserved

APPLIED SYSTEM
MENU BOARD

COMO SIEMPRE에서 판매되는 메뉴의 안내표로, 심플한 레이아웃에 가독성이 좋은 지정서체를 사용하여 COMO SIEMPRE의 브랜드 아이덴티티를 일관성있게 유지하면서도 보는 사람으로 하여금 잘 읽혀질 수 있도록 제작되었습니다.

COFFEE

ESPRESSO 에스프레소	Hot	Iced
Solo 솔로	3.5	
Double 더블	4.0	
Macchiato 마키아또	4.0	
Con panna 콘파나	4.0	
Affogato 아포가또		6.0
Shakerato 샤케라또	4.5	

AMERICANO 아메리카노	Hot	Iced
Mild 마일드	4.0	4.5
Rich 리치	4.5	5.0

CAFFE LATTE 카페라떼	Hot	Iced
Siempre latte 시엠레 라떼	5.0	
Caffe latte 카페 라떼	4.5	5.0
Vanilla latte 바닐라 라떼	5.0	5.5
Caramel latte 카라멜 라떼	5.0	5.5

HAND DRIP 핸드 드립	Hot	Iced
Yirgacheffe 이가체프	6.0	
Mocha hara 모카하라예멘아이	6.0	
Colombia 콜롬비아	6.0	
Costarica 코스타리카	6.0	

COFFEE COCKTAIL 커피 칵테일	Hot	Iced
Irish coffee 아이리쉬 커피	7.0	
Kahlua milk 깔루아 밀크	6.5	
Kahlua caffe latte 깔루아 카페 라떼	7.0	

CAPPUCCINO 카푸치노	Hot	Iced
Italian cappuccino 이탈리안 카푸치노	4.5	5.0
Dry cappuccino 드라이 카푸치노	4.5	5.0
Caffe romano 카페 로마노	5.0	5.5

ICE BLENDED 아이스 블렌디드		
Milk chocolate blended 밀크 초콜릿 블렌디드		6.0
Dark chocolate blended 다크 초콜릿 블렌디드		6.0
Creamy milk blended 크리미 밀크 블렌디드		6.0
Green tea blended 그린티 블렌디드		6.0

ICE FLAKES 빙수		
Original ice flakes 오리지널 빙수		7.0
Greentea ice flakes 그린티(녹차) 빙수		8.0
Coffee ice flakes 커피 빙수		9.0

CHOCOLATE

ORIGINAL 오리지널	Hot	Iced
Milk chocolate latte 밀크 초콜릿 라떼	4.5	
Dark chocolate latte 다크 초콜릿 라떼	5.0	
Crazy chocolate latte 크레이지 초콜릿 라떼	5.5	

SPECIAL 스페셜	Hot	Iced
Chocolate affogato 쇼콜릿 아포가토		6.0
Como frozen chocolate 코모 프로즌 초콜릿		8.0
Como chocolate fondue 코모 초콜릿 퐁듀	12.0	

COFFEE+CHOCOLATE 커피+초콜릿 음료	Hot	Iced
Caffe mocha 카페 모카	5.5	6.0
Dark caffe mocha 다크 카페 모카	6.0	6.5
White caffe mocha 화이트 카페 모카	5.5	6.0
Caramel caffe mocha 카라멜 카페 모카	6.0	6.5
Deep chocolate-espresso 딥 초콜릿 에스프레소	7.0	

COMO SIEMPRE
espresso & chocolate

Size
W 100(mm)
L 100(mm)

Paper
화이트 골판지

Color
● PANTONE 1635 C ● PANTONE Black 3C

copyrights 2012 dotdotdot corp. all rights reserved

APPLIED SYSTEM

PACKAGE
Small

COMO SIEMPRE에서 판매되는 메뉴의 패키지로, 크기별로 배경색을 각각 다르게 주어 명확하게 구분을 주었습니다. 상단에 COMO SIEMPRE의 로고 및 심볼, 기타 텍스트를 조화롭게 배치하여 한 눈에 많은 정보를 알 수 있도록 제작하였습니다.

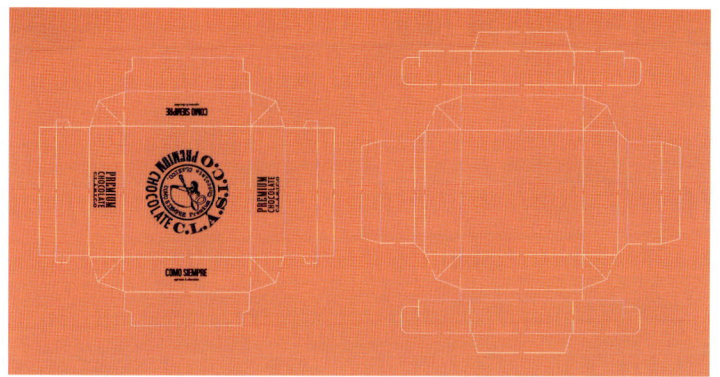

Size
W 100(mm)
L 100(mm)
H 50(mm)

Paper
화이트 골판지

Color
● PANTONE 1635 C ● PANTONE Black 3C

copyrights 2012 dotdotdot corp. all rights reserved

APPLIED SYSTEM

PACKAGE
Middle

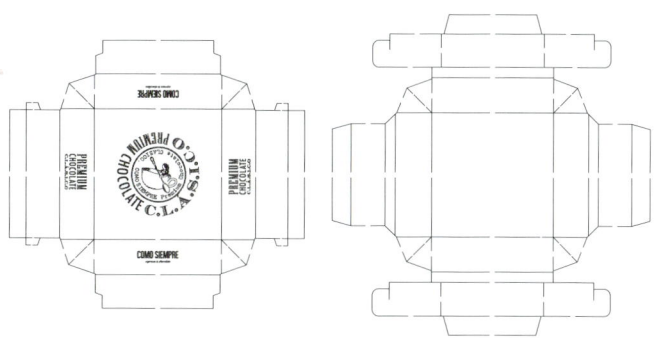

Size
W 100(mm)
L 100(mm)
H 50(mm)

Paper
화이트 골판지

Color
● PANTONE Coolgray 11C

copyrights 2012 dotdotdot corp. all rights reserved

꼬모쎔쁘레 메뉴 북

COMOSIEMPRE ONLY
꼬모쎔쁘레의 스페셜 메뉴

BELGIUM WAFFLE

벨기에 와플

Belgium Waffle / ワッフル　　　8.0

| 바나나 스플릿 와플

매장에서 구워낸 벨기에 와플 위에 바나나와 카라멜 소스를 곁들여 나오는 달콤한 와플입니다.

| 블루베리 콩포트 와플

벨기에 와플 위에 블루베리, 크렌베리, 블루베리 콩포트를 곁들여 새콤 달콤한 맛이 일품인 메뉴입니다. 모든 와플은 하겐다즈 바닐라 아이스크림이 함께 제공됩니다.

| 셋트 메뉴 정통 벨기에 와플 + 아메리카노 2잔 = 15,000원 〉14,000

COMO CHOCOLATE FONDUE

| 세트 메뉴 꼬모 초콜릿 퐁듀 + 아메리카노 2잔 = 16,000원 > 15,000원

꼬모 초콜릿 퐁듀
Como Chocolate Fondue / コモ・チョコレートフォンデュ   **9.0**

다양한 과일과 살짝 구워 말랑하고 쫄깃한 머쉬멜로우, 갓 구은 미니 크로와상을 깊고 진한 맛의 벨기에 다크 초콜릿에 찍어 먹는 꼬모쎔쁘레 만의 메뉴입니다. 퐁듀를 다 드시고 난 후 바리스타에게 따뜻한 스팀 우유를 주문하세요. 이 스팀 우유를 남은 초콜릿에 넣고 저어 주시면 맛있는 초콜릿 음료가 완성됩니다.

FONDANT CHOCOLAT

| 세트 메뉴 꼬모 퐁당 쇼콜라 + 아메리카노 2잔 = 12,000원 > 11,000원

퐁당 쇼콜라
Fondant Chocolat / フォンダン・ショコラ   **5.0**

벨기에 정통 초콜릿으로 만들어진 퐁당 쇼콜라에 상큼한 맛이 일품인 레몬트리 에스프레소를 부어가면서 먹는 꼬모쎔쁘레만의 특제 메뉴입니다. 퐁당 쇼콜라를 한 스푼 떠서 맛본 후, 스푼 홀이 생기면 여기에 에스프레소를 조금씩 부어가며 드셔보세요. 진한 에스프레소에 녹아든 달콤한 퐁당 쇼콜라의 조화로운 맛이 환상적으로 다가 옵니다.

BARISTA'S RECOMMEND MENU
바리스타 추천 메뉴

꼬모 프로즌 초콜릿
Como Frozen Chocolate / コモ・フローズンチョコレート　　*8.0*

| 메뉴 설명 100%무가당 코코아 파우더와 리얼 초콜릿만으로 만든 떠먹는 프로즌 초콜릿, 초콜릿 스틱과 하겐다즈 바닐라 아이스 크림이 곁들여져 제공되는 꼬모셈쁘레만의 대표 메뉴

| 매력 포인트 달콤한 초콜릿과 아이스크림을 처음에는 떠먹다가 마지막에는 스트로우를 이용해 깊게 들여 마시면 끝!

카페 로마노
Caffe Romano / コモ・フローズンチョコレート　　HOT 5.0　　ICED 5.5

▌메뉴 설명　레몬의 은은한 향기가 커피의 쓴맛을 줄여주며, 달콤한 바닐라 시럽과 크리미한 마우스필이 달콤함의 절정을 만들어 주는 메뉴

▌매력 포인트　절대 젓지 마시고, 레몬의 향기를 느끼면서 한입 가득 입안에 넣고 꿈같은 달콤함을 경험하시면 됩니다.

꼰빠냐
Espresso Con Panna / コン・パンナ　　4.0

▌메뉴 설명　엄선된 100% 아라비카 원두로 내린 25ml의 에스프레소 위에, 쉐이킹한 부드러운 크림을 얹어 먹는 매력적인 정통 꼰빠냐

▌매력 포인트　절대 젓지 마세요. 입술에 크림이 먼저 닿으면 잔을 기우려 에스프레소를 입안으로 밀어 넣어 두 맛의 조화를 맛보시면 됩니다.

셈쁘레 라떼
Siempre Late / コモ・フローズンチョコレート 5.0

▌메뉴 설명　독특함을 좋아하는 분들에게 추천드리는 메뉴. 꼬모셈쁘레의 방준배 바리스타가 대회 메뉴로 개발하여 아메리카노의 깊은맛과 우유의 부드러움을 느낄 수 있는 라떼입니다.

▌매력 포인트　우유 거품 위의 매력적이 라떼 아트가 흐트러지지 않게 즐겨보세요.

딥 초콜릿 에스프레소
Deep Chocolate Espresso / ディープ・チョコレートエスプレッソ　7.0

▌메뉴 설명　55%의 벨기에산 다크초콜릿 30ml, 황금빛 크레머의 에스프레소 40ml, 그 위에 얹은 달콤한 크림으로 이루어진 3개 층의 음료가 초콜릿이 흘러내리는 와인잔에 담아 나오는 독특한 메뉴

▌매력 포인트　에스프레소, 초콜릿, 크림을 잔에 묻어 있는 초콜릿과 함께 조금씩 맛을 음미하며 마시면 됩니다. 이 때, 꼭 잔을 돌려가며 먹어야 모든 초콜릿을 드실 수 있습니다.

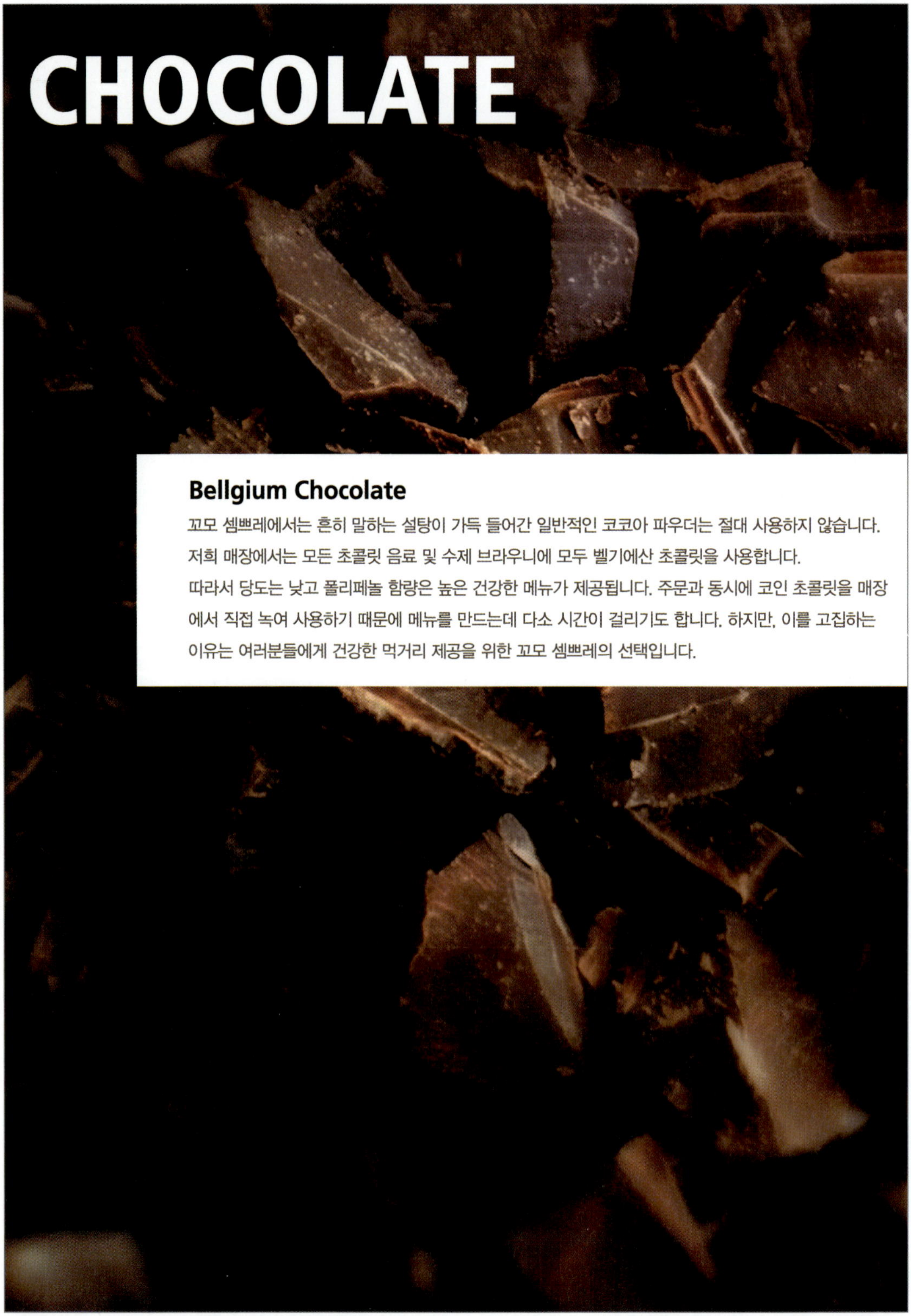

CHOCOLATE

Bellgium Chocolate

꼬모 셈쁘레에서는 흔히 말하는 설탕이 가득 들어간 일반적인 코코아 파우더는 절대 사용하지 않습니다. 저희 매장에서는 모든 초콜릿 음료 및 수제 브라우니에 모두 벨기에산 초콜릿을 사용합니다.
따라서 당도는 낮고 폴리페놀 함량은 높은 건강한 메뉴가 제공됩니다. 주문과 동시에 코인 초콜릿을 매장에서 직접 녹여 사용하기 때문에 메뉴를 만드는데 다소 시간이 걸리기도 합니다. 하지만, 이를 고집하는 이유는 여러분들에게 건강한 먹거리 제공을 위한 꼬모 셈쁘레의 선택입니다.

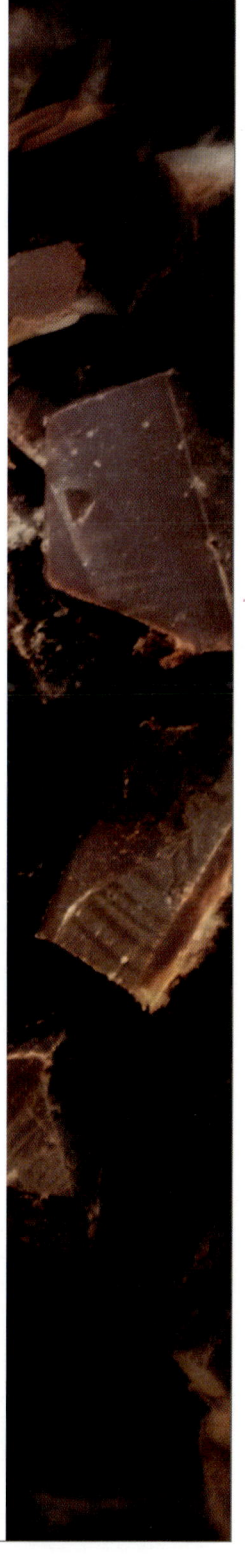

스페셜 SPECIAL / スペシャル HOT ICE

꼬모 프로즌 초콜릿 Como Frozen Chocolate / コモ・フローズンチョコレート		8.0
꼬모 초콜릿 퐁듀 Como Chocolate Fondue / コモ・チョコレートフォンデュ	9.0	
초콜릿 아포가또 Chocolate Affogato / チョコレートのアフォガート		6.0

오리지날 ORIGINAL / オリジナル

밀크 초콜릿 라떼 Milk Chocolate Latte / ミルクチョコラテ	4.5	▮▮▮
다크 초콜릿 라떼 Dark Chocolate Latte / ダークチョコラテ	5.0	▮▮
크레이지 초콜릿 라떼 Crazy Chocolate Latte / クレージチョコラテ	5.5	▮

▮ Bar 표시는 초콜릿의 진하기 정도를 나타냅니다.

커피 + 초콜릿 음료 COFFEE+CHOCOLATE / コーヒー+チョコレート

딥 초콜릿 에스프레소 Deep Chocolate Espresso / ディープ・チョコレートエスプレッソ	7.0	
카페 모카 Caffe Mocha / カフェモカ	5.5	6.0
다크 카페 모카 Dark Caffe Mocha / ダークカフェモカ	6.0	6.5
화이트 카페 모카 White Caffe Mocha / ホワイトカフェモカ	5.5	6.0

아이스 블렌디드 ICE BLENDED / アイス・ブレンデット

밀크 초콜릿 블렌디드 Milk Chocolate Blended / ミルクチョコ・ブレンデット	6.0
다크 초콜릿 블렌디드 Dark Chocolate Blended / ダークチョコ・ブレンデット	6.0
크리미 밀크 블렌디드 Creamy Milk Blended / クリミーミルク・ブレンデット	6.0
그린티 블렌디드 Green Tea Blended / グリンティー・ブレンデット	6.0

TEA & FRUIT

Organic Breakfast
인도의 고급 유기농 홍차잎을 살아숨쉬도록 깨워 블렌딩한 차로서 향이 부드럽고 상쾌하며, 새벽녘부터 황혼녘까지 고요한 명상에 빠져들 수 있는 정통 영국의 블랙퍼스트 차입니다.

Organic Earl Grey
고급 홍차잎의 황금빛 새싹에 천연베르가못 오일을 살짝 섞어, 풍부하고 깊은 맛을 내는 홍차로, 얼 그레이는 그 이름 자체만으로도 자랑스러운 차입니다.

Bombay Chai
인도의 시골 시장을 걷는 듯한 아로마 향과 후추, 오렌지, 시나몬, 카르다몸, 클로브 등의 향신료들이 잘 어우러진, 전통 인도식 차이를 현대적으로 해석한 차입니다.

Chamomile Citrus
한 모금 마시면 향긋한 맛이 입안에 가득 퍼지며, 마음을 진정시켜주는 효과가 있는 이집트산 캐모마일 꽃과 달콤한 과일 조각들의 맛의 하모니를 이루고 있습니다.

Ginger Twist
레몬그라스, 열대과일, 민트 그리고 생강조각들이 적절히 어우러져 있으며 오렌지의 깊은 원기를 가득 머금어 상큼한 맛을 제공합니다.

Organic Mint Melange
모로코 중부 아틀라스 산맥줄기에서 재배한 유기농 민트 잎이 블렌딩 된 제품으로, 마치 몸의 원기를 되찾는 느낌을 주는 달콤한 뒷맛의 여운이 길게 남는것이 특징입니다.

유기농 홍차 ORGANIC BLACK TEA / オーガニック紅茶　　　　　HOT　　ICE

	HOT	ICE
유기농 얼그레이 Organic Earl Grey / オーガニックアールグレイ	5.0	5.5
유기농 블랙퍼스트 Organic Breakfast / オーガニックブレークファスト	5.0	5.5
유기농 봄베이 차이 Organic Bombay Chai / オーガニックボンベイチャイ	5.0	5.5

유기농 허브티 ORGANIC HERB TEA / オーガニックハーブティー

	HOT	ICE
유기농 캐모마일 시트러스 Organic Camomile Citrus / オーガニックカモミールシトラス	5.0	5.5
유기농 진저 트위스트 Organic Ginger Twist / オーガニックジンジャーツイスト	5.0	5.5
유기농 올가닉 민트 멜랑쥬 Organic Mint Melange / オーガニックミントメランジ	5.0	5.5

티라떼 TEA LATTE / ティーラテ

호우지 (볶은마차)라떼 Hougi Latte / ほうじラテ	6.0	6.5
얼그레이 티라떼 Earl Grey Tea Latte / アールグレイティーラテ	5.5	6.0
차이 티라떼 Chai Tea Latte / チャイティーラテ	5.5	6.0
오리지날 그린티(마차)라떼 Original Greentea Latte / 抹茶ラテ	5.5	6.0
호두 고구마 라떼 Hougi Latte / ほうじラテ	5.0	
아몬드 단호박 라떼 Hougi Latte / ほうじラテ	5.0	

신선한 과일음료 FRESH FRUIT / フレッシュ・フルーツ

신선한 레몬 에이드 Fresh Lemon Ade / フレッシュレモネード	6.0
신선한 자몽 에이드 Fresh Grape Fruit Ade / フレッシュグレープフルーツエード	6.0
홈메이드 진저 허니 레몬티 Homemade Ginger Lemon Tea / ホームメイドジンジャーレモンティー	5.0
홈메이드 시나몬 애플티 Homemade Cinnamon Apple Tea / ホームメイドシナモンアップルティー	5.0
꿀유자차 Honey Yuza Tea / フレッシュブルーベリーエード	5.0

수제 벨기에 와플   8.0

| 바나나 스플릿 와플
매장에서 직접 구워낸 벨기에 와플 위에 바나나와 카라멜 소스를 곁들여 나오는 달콤한 와플입니다. 하겐다즈 바닐라 아이스크림이 함께 제공됩니다.

| 블루베리 콩포트 와플
매장에서 직접 구워낸 벨기에 와플 위에 블루베리, 크렌베리, 레몬즙으로 맛을 낸 블루베리 콩포트를 곁들여 새콤 달콤한 맛이 일품인 메뉴입니다. 하겐다즈 바닐라 아이스크림이 함께 제공됩니다.

수제 브라우니   3.0
꼬모 셈쁘레의 베스트 셀러 제품으로, 하루 1번 매장에서 직접 구워내는 리얼 딥 브라우니, 진한 초콜릿과 초콜릿 파우더를 듬뿍 넣어 깊고 쫀득한 식감이 일품인 홈메이드 브라우니

수제 머핀   2.5
꼬모 셈쁘레만의 레시피로 매장에서 직접 구워내는 수제 머핀.
커피와 잘 어울리는 시나몬과 월넛이 가득한 시나몬 월넛 머핀과 몸에 좋은 블루베리가 가득한 블루베리 머핀은 따뜻하게 드셔야 쫀득하고 부드러운 맛을 더욱 깊게 느낄 수 있습니다.

수제 아메리칸 츄잉 쿠키   1.5
꼬모 셈쁘레의 수제쿠키는 기존의 딱딱한 쿠키가 아닌, 말랑 말랑한 미국식 츄잉쿠키입니다. 마카다미아가 가득한 마카다미아 쿠키와 초콜릿과 마쉬멜로가 듬뿍 들어간 초코 청키 쿠키는 여러분의 훌륭한 커피 메이트가 되어 줄 것입니다.

뉴욕 베이글(오리지날/어니언)   3.0
쫄깃쫄깃한 식감이 좋은 뉴욕 스타일 베이글은 크림치즈가 함께 제공됩니다.

수제 초콜릿
다양한 가나슈(블루베리, 모카, 카라멜)가 들어 있는 다양한 고급 수제 초콜릿

1개 단품	*1.5*
4개 세트(예쁜 패키지에 담아 제공됩니다)	*6.0*
9개 세트(예쁜 패키지에 담아 제공됩니다)	*13.5*
16개 세트(예쁜 패키지에 담아 제공됩니다)	*24.0*

꼰빠냐 Con panna
▲ E 20ml + 생크림 80ml + 얼음 2개 넣고 쉐이킹

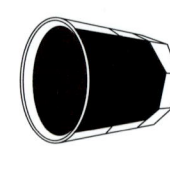

아포가토 Affogato
아이스크림 2스쿱 + E 50ml

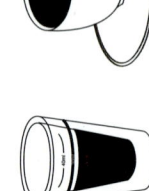

샤케라토 Shakerato
▲ E 50ml + 얼음 4개 + 설탕 1스푼 넣고 쉐이킹

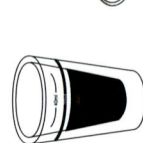

Espresso 에스프레소

솔로 Solo 25ml

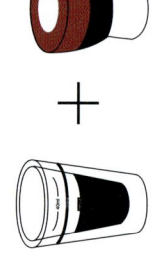

더블 Double 50ml

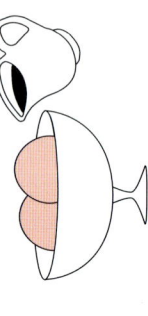

마끼아또 Macchiato
▲ E 20ml + 밀크폼 스티밍한 따뜻한 우유를 중앙에 올리기

꼬모 셀레레
메뉴 레시피 북 샘플

Cafe Latte 카페라떼

카페라떼 Caffee Lattee

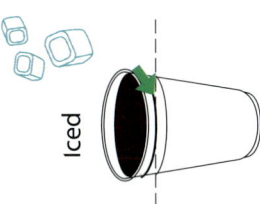

Hot

▲ E 25ml + 스팀밀크 200ml

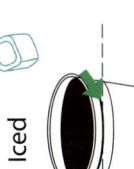
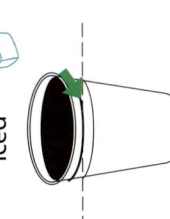

Iced

▲ E 40ml + 차가운 우유 + 얼음14개

Americano 아메리카노

마일드 Mild

Hot

온수 + 에스프레소 25ml
▲ 소네가 타고 있는 커피잔까지
물을 부어줍니다.

Iced

얼음 + 냉수 + 에스프레소 30ml
▲ 첫 번째 큰 테두리선
점선까지 물/냉수+얼음을 부어줍니다.

리치 Rich

Hot

온수 + 에스프레소 40ml
▲ 소네가 타고 있는 커피잔까지
물을 부어줍니다.

Iced

얼음 + 냉수 + 에스프레소 50ml
▲ 첫 번째 큰 테두리선
점선까지 물/냉수+얼음을 부어줍니다.

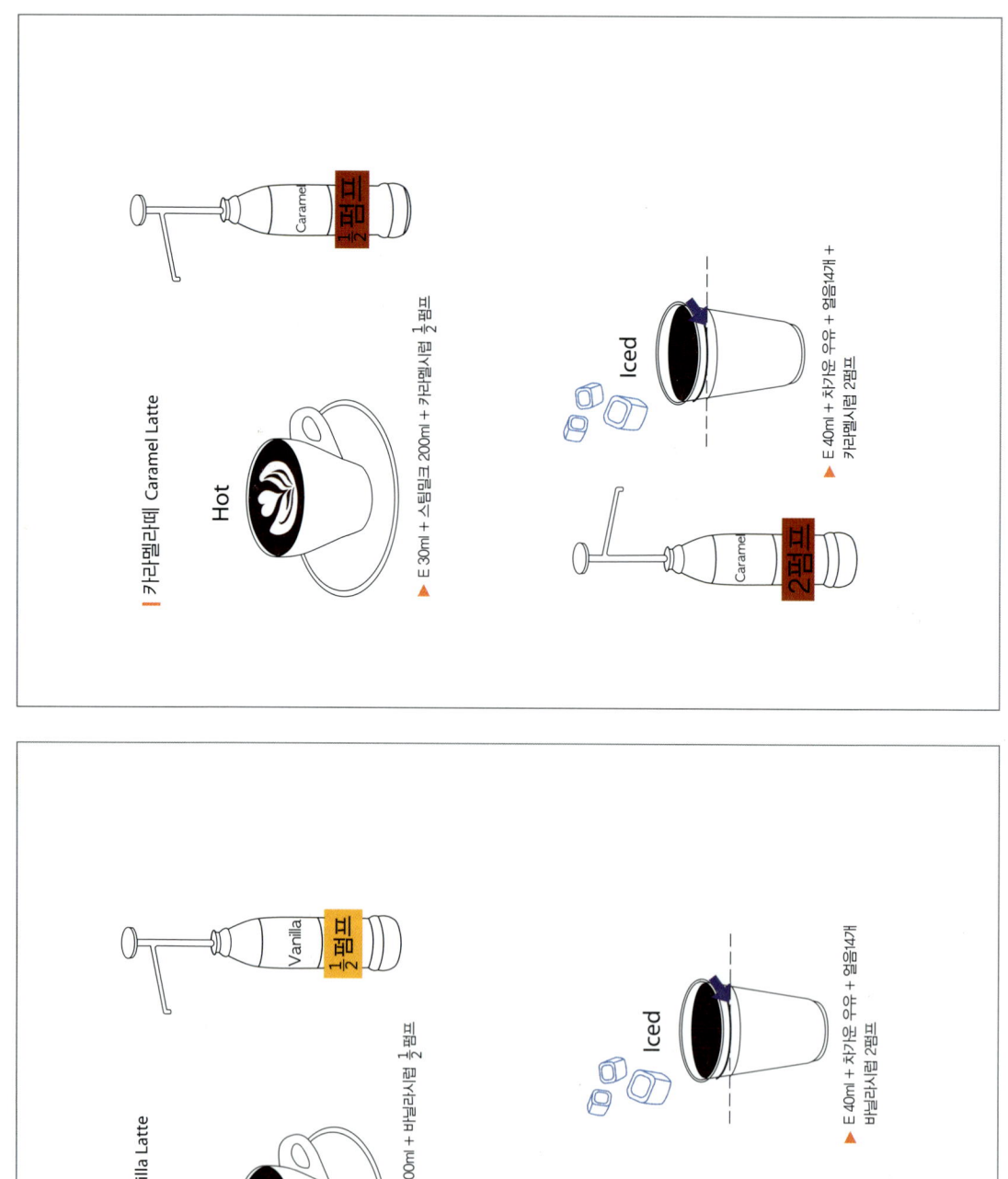

Cappuccino 카푸치노

이탈리안카푸치노 Italian Cappuccino

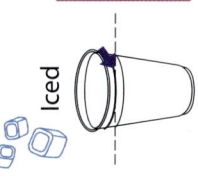
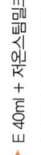

Hot
▶ E 25ml + 저온스팀밀크 190ml

Iced
▶ E 40ml + 저온스팀밀크
1. 아이스 전에 얼음(14개)을 채운다
2. 저온스팀밀크를 아이스 전에 채운다.
3. 가운데 샷E 40ml)을 붓는다.

드라이 카푸치노 Dry Cappucciono

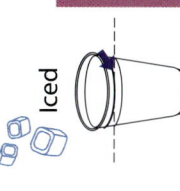
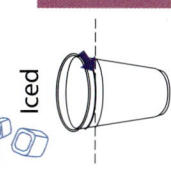

Hot
▶ E25ml + 저온스팀밀크 190ml

Iced
▶ E 40ml + 저온스팀밀크
1. 아이스 전에 얼음(14개)을 채운다
2. 저온스팀밍을 할 때 공기 주입을 더 많이 해준다.
3. 저온스팀밀크를 아이스 전에 채운다.
4. 가운데 샷E 40ml)을 붓는다.

카라멜 마끼아또 Caramel Macchiato

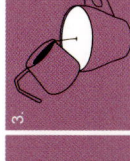

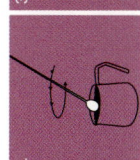

Hot
▶ E 40ml + 스팀밀크 190ml + 카라멜시럽 2펌프 + 카라멜소스 1펌프
1. 저온스팀밀크를 먼저 잔에 따른다.
2. 시럽+소스+E 40ml를 잘 섞는다.
3. 부어놓은 스팀밀크의 중간에 붓는다.
4. 카라멜소스 드리짤로 마무리한다.

카라멜 마끼아또 Caramel Macchiato

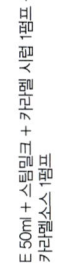

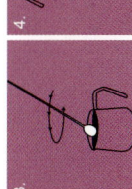

Iced
▶ E 50ml + 스팀밀크 + 카라멜 시럽 1펌프 + 카라멜소스 1펌프
1. 얼음(10개)을 채운 잔에 찬 우유를 따른다.
2. 스팀밀크를 우유 위에 따른다.
3. 시럽+소스+E 40ml를 잘 섞는다.
4. 부어놓은 스팀밀크의 중간에 붓는다.
5. 카라멜소스 드리짤로 마무리한다.

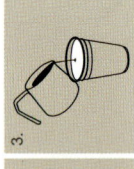 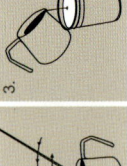 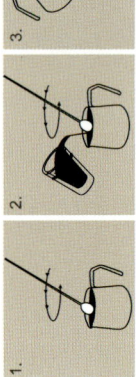

 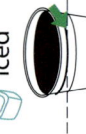
Iced

▶ E 50ml + 초코소스 1펌프 + 모카베이스 30ml

1. 모카베이스 30ml + 초코소스1펌프를 넣고 잘 저어준다.
2. 바 스푼으로 잘 저은 후 에스프레소 50ml를 넣고 잘 저어준다.
3. 얼음 14개와 찬 우유를 넣고 잘 혼합한다.

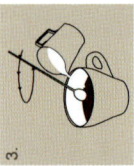 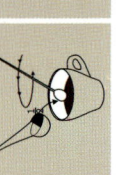 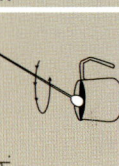 

▶ 다크카페모카 Dark Cafe Mocha

▶ E 40ml + 초코소스 $\frac{1}{2}$펌프 + 코코아파우더 $\frac{1}{2}$손가락 + 스팀밀크

1. 에스프레소 40ml + 초코소스 $\frac{1}{2}$펌프 잘 섞어준다.
2. 에스프레소 + 초코소스 위에 코코아파우더 $\frac{1}{2}$손가락를 넣고 잘 저어준다.
3. 스티밍한 우유와 잘 혼합해준다.

Hot

▶ 카페로마노 Caffe Romano

Hot

▶ E 30ml + 바닐라시럽 $\frac{1}{2}$펌프 + 스팀밀크 + 슬라이스 레몬

1. 에스프레소 30ml + 바닐라시럽 $\frac{1}{2}$펌프를 넣고 잘 저어준다.
2. 이탈리안카푸치노와 동일하게 만든 후 가운데 레몬 슬라이스를 띄워준다.

Coffee + Chocolate

▶ 카페모카 Cafe Mocha

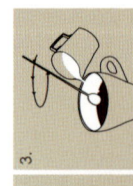 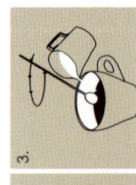 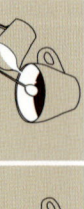 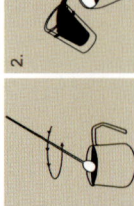 

▶ E 40ml + 초코소스 $\frac{1}{2}$펌프 + 모카베이스 20ml + 스팀밀크

1. 모카베이스 20ml + 초코소스 1펌프 잘 저어준다.
2. 바 스푼으로 잘 저은 후 에스프레소 40ml를 넣고 잘좋저어준다.
3. 스티밍한 우유와 잘 혼합해준다.

Hot

화이트 카페모카 White Cafe Mocha

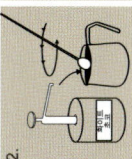
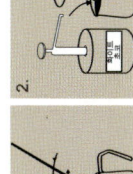
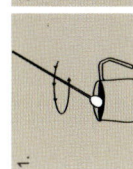

Iced

▶ E 50ml + 화이트초크소스 1펌프

1. 에스프레소 50ml + 화이트초크소스 1펌프를 잘 섞어준다.
2. 차가운 우유(14개)와 잘 혼합해준다.

Coffee Cocktail 커피 칵테일

아이리쉬커피 Irish Coffee

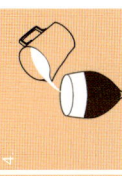

▶ 위스키 15ml + 드립커피 150ml(HOT) + 설탕 + 쉐이킹 생크림

1. 계량 잔에 위스키 15ml를 먼저 따른다.
2. 잔에 위스키 15ml를 따른다.
3. 위스키를 따른 잔에 따뜻한 드립커피와 설탕을 넣고 저어준다.
4. 위에 쉐이킹한 생크림을 부어서 마무리한다.

다크카페모카 Dark Cafe Mocha

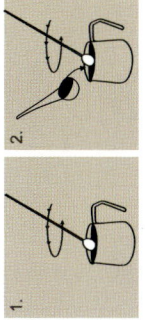
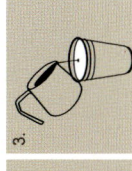
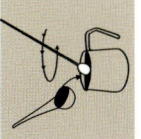

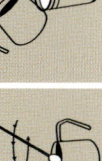

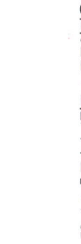

Iced

▶ E 50ml + 초크소스 1펌프 + 코코아파우더 1숟가락

1. 에스프레소 50ml + 초크소스 1펌프를 잘 섞어준다.
2. 에스프레소 + 초크소스 위에 코코아파우더 1숟가락을 넣고 잘 저어준다.
3. 얼음(14개)+차가운 우유와 잘 혼합시켜준다.

화이트카페모카 White Cafe Mocha

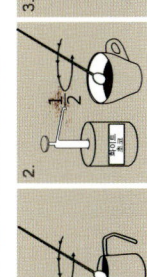
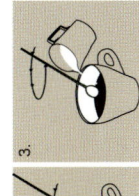
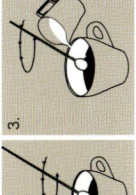

Hot

▶ E 40ml + 화이트초크소스 $\frac{1}{2}$펌프 + 스팀밀크 $\frac{1}{2}$펌프

1. 에스프레소 40ml + 화이트초크소스 $\frac{1}{2}$펌프를 잘 섞어준다.
2. 스티밍한 우유와 잘 혼합해준다.

Ice Blended 아이스블렌디드

밀크초콜릿블렌디드 Milk Chocolate Blended

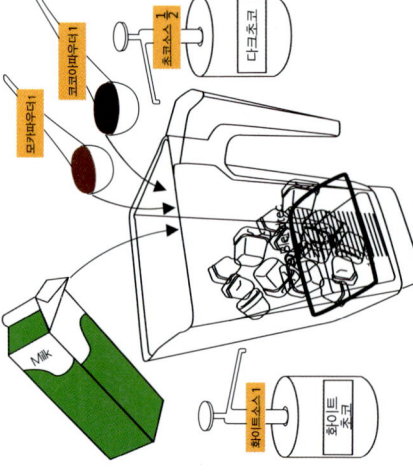

우유 100ml + 초크소스 1펌프 + 화이트소스 1펌프
모카파우더 1숟가락 + 코코아파우더 1숟가락 + 얼음 18개

1. 우유 100ml를 넣는다.
2. 초크소스+화이트소스+모카파우더+코코아파우더를 넣어준다.
3. 얼음 18개와 함께 블렌더로 잘 섞는다.

깔루아밀크 Kahlua Milk

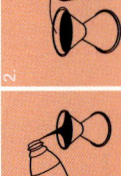 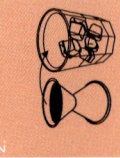 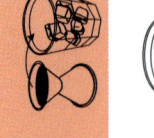 

깔루아 30ml + 얼음 4~5개 + 차가운 우유

1. 계량 지거에 깔루아 30ml를 먼저 따른다.
2. 얼음을 넣은 잔에 위스키를 따른다.
3. 얼음 위로 차가운 우유를 따른다.

깔루아카페라떼 Kahlua Cafe Latte

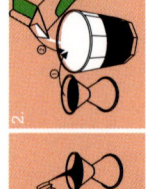 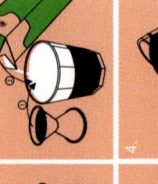 

깔루아 40ml + 얼음 4~5개 + 차가운 우유

1. 계량 지거에 깔루아 40ml를 먼저 따른다.
2. 온더락 잔에 깔루아, 차가운 우유 순으로 따라준다.
3. 얼음을 넣어준다.
4. 얼음 위에 에스프레소를 부어 마무리한다.

그린티블랜디드 Green Tea Blended

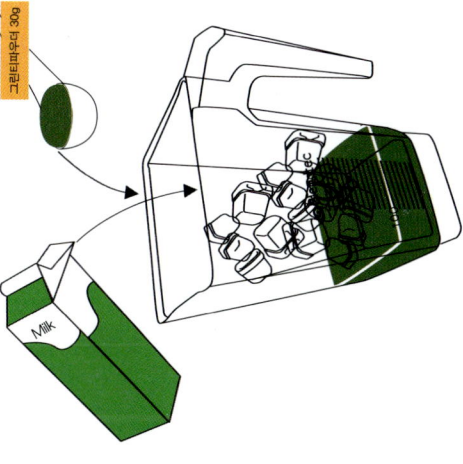

그린티파우더 30g

우유 100ml + 그린티(호우지)파우더 30g

1. 우유 100ml를 넣는다.
2. 저울에 블렌더를 올리고 SET(0점)한다.
3. 그린티(호우지)파우더 30g을 계량하여 넣는다.
4. 얼음 18개를 넣고 블렌더로 잘 섞는다.

다크초콜릿블랜디드 Dark Chocolate Blended

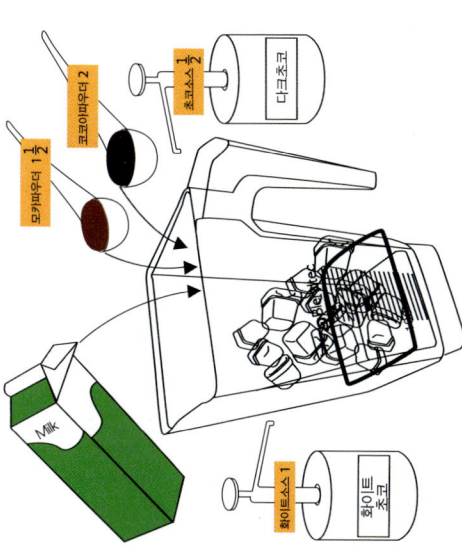

커피파우더 1½
코코아파우더 2
초코소스 ½
다크초코
화이트소스 1
화이트초코

우유(100ml) + 초코소스 ½펌프 + 화이트소스 1펌프 모카파우더 1½순가락 + 코코아파우더 2순가락 + 얼음(8)개

1. 우유 100ml를 넣는다.
2. 초코소스+화이트소스+모카파우더+코코아파우더를 넣어준다.
3. 얼음18개와 함께 블렌더로 잘 섞는다.

설탕시럽

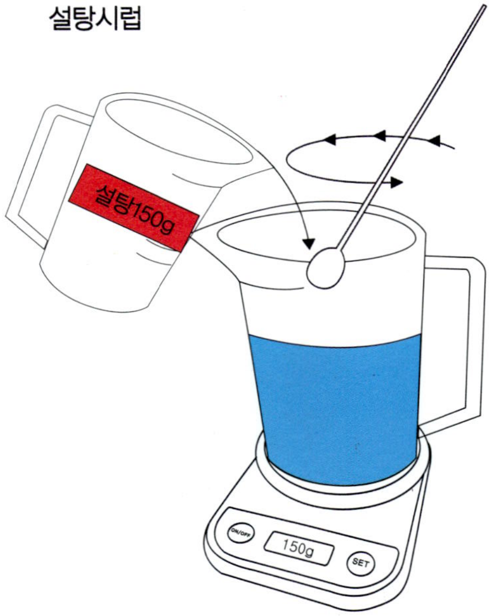

▲ 온수 150g + 설탕 150g (1 : 1)

1. 저울에 계량컵을 올리고 SET(0점)한다.
2. 온수 150g을 넣고 SET(0점)한다.
3. 다른 계량컵에 설탕을 계량한 후 잘 섞어준다.

레몬믹스

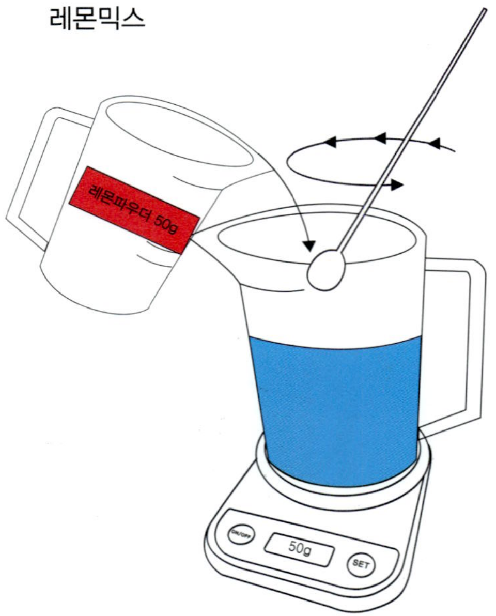

▲ 온수 50g + 레몬파우더 50g (1 : 1)

1. 저울에 계량컵을 올리고 SET(0점)한다.
2. 온수 50g을 넣고 SET(0점)한다.
3. 다른 계량컵에 레몬파우더 50g을 계량한 후 잘 섞어준다.

그린티(훈우지)라떼베이스

▲ 우유 100ml + 그린티(훈우지)파우더 100g
1. 우유100ml를 넣는다.
2. 저울에 블렌더를 올리고 SET(0점)한다.
3. 그린티(훈우지)파우더 100g을 넣고 잘 혼합한다.

모카베이스

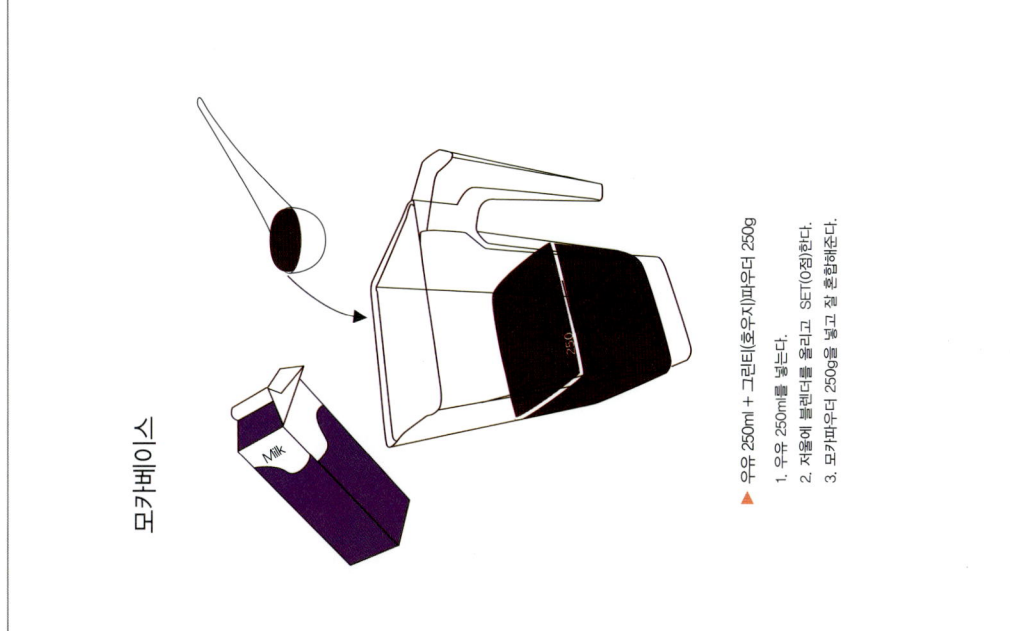

▲ 우유 250ml + 그린티(훈우지)파우더 250g
1. 우유 250ml를 넣는다.
2. 저울에 블렌더를 올리고 SET(0점)한다.
3. 모카파우더 250g을 넣고 잘 혼합해준다.

Homemade Tea
홈메이드 티

시나몬애플 절임

▲ 사과 3개(400g) + 백설탕(350g) + 꿀(50g)
사과 : 백설탕 + 꿀 = 1 : 1(비율 유지)
(백설탕 : 꿀 = 7 : 1)

1. 사과는 잘 씻어서 4등분 한다.
2. 씨만 제거하고 껍질째 1~2mm로 슬라이스한다.
3. 용기에 설탕과 사과를 켜켜이 넣고 마지막에 꿀을 넣어준다.
4. 실온에서 2~3일 정도 숙성시킨다.
5. 숙성 후 냉장 보관한다.

진저허니레몬티 절임

▲ 레몬 3개(300g) + 간 생강 100g + 백설탕 275g + 꿀 35g
레몬 + 생강 : 백설탕 + 꿀 = 1 : 1(비율 유지)
(백설탕 : 꿀 = 7 : 1)

1. 레몬은 잘 씻어서 2등분 한다.
2. 씨만 제거하고 껍질째 1~2mm로 슬라이스한다.
3. 생강도 1~2mm 두께로 슬라이스한다.
4. 용기에 설탕과 사과를 켜켜이 넣고 마지막에 꿀을 넣어준다.
5. 실온에서 2~3일 정도 숙성시킨다.
6. 숙성 후 냉장 보관한다.

시나몬애플티 | Cinnamon Apple Tea

1.
2.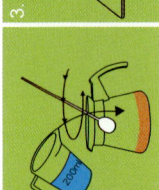
3.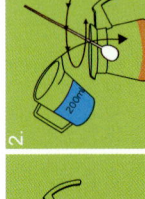

▲ 시나몬애플 절임 70g + 온수 200ml

1. 시나몬애플 절임 70g을 커피 서버에 넣는다.
2. 온수 200ml를 넣고 잘 저어준다.
3. 머그 잔과 함께 서빙한다.

진저허니레몬티 | Ginger Honey Lemon Tea

1.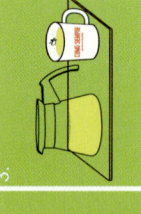
2.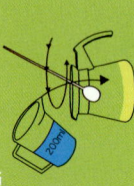
3.

▲ 진저허니레몬 절임 70g + 온수 200ml

1. 진저허니레몬 절임 70g을 커피 서버에 넣는다.
2. 온수 200ml를 넣고 잘 저어준다.
3. 머그 잔과 함께 서빙한다.

Tea & Latte 티 & 라떼

얼그레이티라떼 Earl Grey Tea Latte

Hot

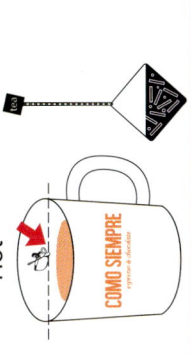

▶ 온수 120ml + 바닐라시럽 1펌프 + 스팀밀크 200ml
▲ 온수를 붓고 4분 동안 뚜껑을 덮고 우린다.

Iced

▶ 온수 120ml + 바닐라시럽 1½펌프 + 찬 우유
▲ 온수를 붓고 4분 동안 뚜껑을 덮고 우린 다음 얼음10개와 차가운 우유를 넣고 잘 섞는다.

Fruitade 과일에이드

레모네이드 lemonade

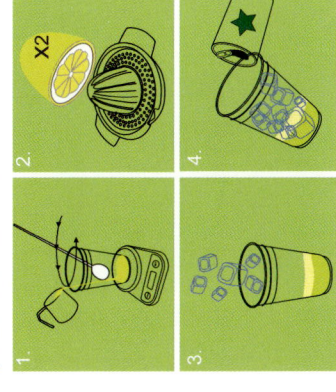

▶ 레몬믹스 40g + 설탕시럽 10g + 레몬 1개 + 얼음 10개 +사이다 1캔

1. 레몬믹스와 설탕시럽을 잘 혼합하여준다.
2. 레몬은 반을 잘라 스퀴즈해준다.
3. 아이스 잔에 분량의 레몬믹스, 설탕시럽, 레몬, 얼음을 넣는다.
4. 사이다 1캔을 거품이 나지 않게 기울여서 따른다.

자몽에이드 Grapefruitade

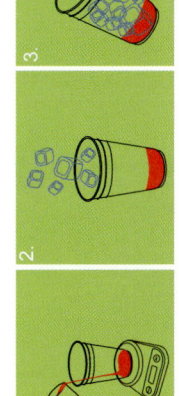

▶ 자몽농축액 50g + 얼음 10개 + 사이다 1캔

1. 잔에 자몽농축액 50g을 계량하여 넣는다.
2. 잔에 얼음을 넣어준다.
3. 아이스 잔에 사이다를 기울여서 부어준다.

호우지(볶은 마차)라떼 Hougi Latte

Hot

▲ 호우지베이스 20ml + 스팀밀크 200ml
호우지베이스는 샷 잔에 계량한다.

Iced

▲ 호우지베이스 30ml + 찬 우유
호우지베이스는 샷 잔에 계량한다.

차이티라떼 Chai Tea Latte

Hot

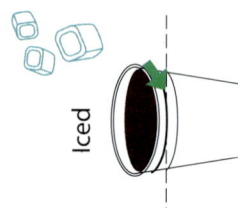

▲ 온수 120ml + 바닐라시럽 1펌프 + 스팀밀크 200ml
온수를 붓고 4분 동안 뚜껑을 덮고 우린다.

Iced

▲ 온수 120ml + 바닐라시럽 1½펌프 + 찬 우유
온수를 붓고 4분동안 뚜껑을 덮고 우린다.
얼음10개, 차가운 우유와 잘 섞는다.

호두 고구마라떼 Walnut Sweet Potato Latte

고구마무스 80g + 온수 조금 + 스팀밀크 200ml + 호두 토핑

1. 저울에 고구마무스를 계량한다.
2. 계량한 고구마무스와 온수를 잘 섞어준다.
3. 스팀밀크와 잘 혼합한다.
4. 가운데에 호두를 토핑으로 얹어준다.

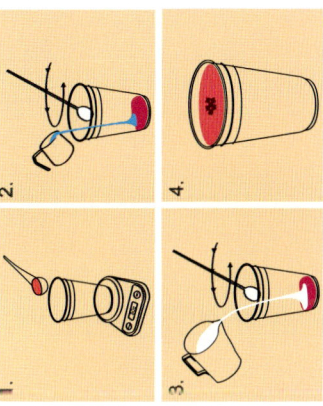

아몬드단호박라떼 Almond Pumpkin Latte

단호박무스 80g + 온수 조금 + 스팀밀크 200ml + 슬라이스 아몬드 토핑

1. 저울에 단호박무스를 계량한다.
2. 계량한 단호박무스와 온수를 잘 섞어준다.
3. 스팀밀크와 잘 혼합한다.
4. 가운데에 슬라이스 아몬드를 토핑으로 얹어준다.

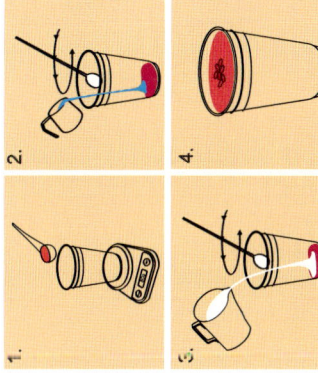

오리지널 그린티(미차)라떼 Original Green Tea Latte

Hot

그린티베이스 20ml + 스팀밀크 200ml을 계량한다.
그린티베이스는 샷 잔에 계량한다.

Iced

그린티베이스 30ml + 찬 우유를 계량한다.
그린티베이스는 샷 잔에 계량한다.

하고 싶다, 카페

초판 1쇄 인쇄 2013년 8월 23일
초판 11쇄 발행 2020년 11월 19일

지은이 지은정
발행 (주)조선뉴스프레스
발행인 이동한
기획편집 김화(출판1팀장), 김민정, 박영빈
제작관리 이성훈(부장), 정승헌
마케팅 박미선(부장), 조성환(팀장), 박경민
기획 김도연
원고정리 김미조
사진 김효진
교정·교열 김현지
디자인 올디자인

구입문의 02-724-6797
등록 제301-2001-037호
등록일자 2001년 1월 9일
주소 서울특별시 마포구 상암산로 34 DMC 디지털큐브빌딩 13층 (주)조선뉴스프레스 (03909)

값 16,000원
978-89-91491-98-4 13320

*이 책은 (주)조선뉴스프레스가 저작권자와의 계약에 따라 발행하였습니다.
저작권법에 의해 보호받는 저작물이므로 무단 전재와 복제, 전송을 금합니다.

*저자와 협의하여 인지를 생략합니다.
*조선앤북은 (주)조선뉴스프레스의 단행본 브랜드입니다.